진인진

매장문화재 보호 정책의 어제와 오늘

The Past and the Present of Archaeological Heritage Protection Policies

진인진

매장문화재 보호 정책의 어제와 오늘

초판 1쇄 발행 ㅣ 2016년 5월 29일

지 은 이 ㅣ 최민정
편   집 ㅣ 배원일
발 행 인 ㅣ 김영진
발 행 처 ㅣ 진인진
등   록 ㅣ 제25100-2005-000003호
주   소 ㅣ 경기도 과천시 별양동 1-14 과천오피스텔 614호
전   화 ㅣ 02-507-3077~8
팩   스 ㅣ 02-504-3079
홈페이지 ㅣ http://www.zininzin.co.kr
이 메 일 ㅣ pub@zininzin.co.kr

ⓒ 진인진 2016
ISBN 978-89-6347-252-2 93350

매장문화재는 일반적으로 과거 인간들의 행위에 의해 땅속이나 물속에 남겨진 물질적 자료와 자연적으로 형성된 흔적을 의미한다. 우리 조상들이 이룩한 역사적 사실과 문화를 복원하고, 우리가 갖고 있는 역사 지식에 대한 확인과 사실에 대한 지평도 넓혀주는 소중한 문화유산이다. 한번 잃어버리거나 훼손·파괴되면 다시는 원형을 회복할 수 없으며, 현재와 미래 세대의 우리 국민과 인류가 함께 누려야 할 공동자산이다.

우리나라의 매장문화재 보호 정책은 문화재보호법이 1962년에 제정된 이래 문화재보호법에서 분법 되어 매장문화재 보호 및 조사에 관한 법률이 2010년에 제정되면서 법적·행정적·제도적 기반과 함께 체계적으로 발전될 수 있는 계기가 마련되는 등 그동안 꾸준히 개선되어 왔다.

하지만 매장문화재의 효율적인 보호·보존과 홍보, 그리고 국토개발과의 조화보다는 개발사업 시행자의 민원 감소 및 편의성 제고, 원활한 개발사업 추진 등 경제성장 및 개발논리에 맞춘 임기응변식 대응 정책의 반복으로 인해 신뢰성과 실효성 및 안정성이 저하되는 결과를 초래했다

국민은 매장문화재가 무엇인지, 보호·보존이 왜 중요한지, 그 가치가 무엇인지 등에 대해 잘 알지 못한다. 단지 매장문화재 보호 정책은 국토의 효율적인 개발을 막는 악법이자 걸림돌로 인식하고 있다.

국가는 국민 불편을 최소화한다는 명분과 비지정문화재라는 이유로 매장문화재에 대한 법적·제도적 보호를 제대로 하지 않는 등 관리 사각지대로 방치하고 있으며, 소극적인 자세로 일관하고 있다. 언론보도나 개발사업이 추진되기 전에는 도굴, 파괴, 훼손, 형질변경 등의 여부를 전혀 파악하지 못하는 것이 현실이다.

매장문화재의 가치와 중요성에 대한 인식부족은 매장문화재 보호·보존을 주장하면서도 매장문화재 보존과 국토개발의 가치문제가 충돌할 경우 경제성장 및 개발논리를 앞세워 매장문화재의 훼손이나 파괴를 관행처럼 당연하게 인식하는 분위기를 형성했다.

매장문화재 보호는 우리나라의 최고 상위법인 헌법에서 규정하고 있는 국가의 당연한 책무이며, 정책과 제도의 수립 및 집행은 매장문화재 보호·보존과 홍보의 출발점이자 기초라고 할 수 있다. 따라서 정책과 제도의 결정 및 행정적 판단은 현재의 상황만을 고려한 미봉책이 되거나 국토개발을 위한 방패로 이용되어서는 안 된다. 매장문화재 보호·보존이라는 기본원칙에 충실해야 한다.

우리 사회는 경제성장 및 개발 우선주의 가치관을 버리고, 개발 계획단계부터 개발주체가 매장문화재 보호·보존 주체라는 인식을 가져야 한다. "매장문화재를 보호·보존하면서 개발한다"는 원칙이 실현될 수 있는 정책과 제도를 수립·집행하고 홍보해야 한다. 이는 1972년 유네스코가 "문화유산 및 자연유산의 국내적 보호에 관한 권고"를 채택하면서 천명한 "보존하면서 개발한다"는 원칙의 실현이기도 하다.

이 책은 이와 같은 기본 인식을 바탕으로 단순히 우리나라 매장문화재 보호 정책의 문제점과 한계점을 밝히고자 하는 것이 아니다. 매장문화재 보호 정책의 성공적인 정착과 발전은 물론 매장문화재의 역사적 가치와 보호·보존의 중요성에 대한 국민의 인식개선과 공감대 형성, 국토개발과 조화를 이룰 수 있는 정책의 수립·집행과 제도개선에 기여할 수 있는 방안과 대안을 제시하고자 하는데 목적이 있다.

이를 통해 매장문화재가 시간 속에 묻힌 누군가의 이야기이고, 이제 우리 가슴에 담아야 할 역사 속 누군가의 삶의 기록으로서 우리 곁에 항상 살아 숨 쉬고 있다는 인식과 공감대가 하루빨리 형성되기를 기대한다.

학제간 연구 및 민관협력 체계구축을 통해 우리나라의 매장문화재 보호·보존에 기여할 수 있는 합리적인 결과가 지속적으로 신속하게 정책과 제도에 반영되어 매장문화재를 연구하고 조사를 담당하는 전문인력이 자부심과 자긍심을 가지는 동시에 이들을 존중하고 배려하는 사회적 분위기가 조성되기를 바란다.

마지막으로 매장문화재 정책 및 제도에 대한 연구가 활성화되고, 우리나라 고고학 연구의 한 분야로 자리 매김할 수 있는 분위기와 여건을 조성하는데 한국고고학계가 함께 노력하고 기여를 했으면 한다.

2016년 5월

최민정

목 차

I . 매장문화재와 보호 정책

매장문화재는 일반적으로 과거 인간들의 행위에 의해 땅속이나 물속에 남겨진 물질적 자료와 자연적으로 형성된 흔적을 의미한다. 우리 조상 나아가 인류가 이룩한 역사와 문화의 증거물로서 한번 잃어버리거나 훼손·파괴되면 다시는 원형을 회복할 수 없다. 묻혀 있는 토지 소유자나 발견·발굴자의 소유물도 이 시대를 살아가는 우리의 것도 아닌 우리 국민과 인류, 그리고 미래 세대가 함께 누려야 할 공동자산이다.

매장문화재라는 용어는 현재 우리나라와 일본에서만 사용하고 있다. 우리나라의 매장문화재에 해당하는 용어를 북한은 "문화유물", 중국은 "고고유적考古遺蹟", 대만은 "유지遺址", 미국은 "고고학 유적지Archaeological Sites", 영국은 "고고학적 지역Archaeological areas", 독일 바이에른 주는 "고고학적 기념물Bodendenkmäaler", 프랑스는 "고고학 유산 L'archéologie patrimoine"으로 사용하고 있다.

하지만 유럽에서는 "고고학 유산의 보호에 관한 유럽 협약European Convention on the Protection of the Archaeological Heritage<Valletta, 16.1.1992>"을 통해 "고고학 유산Archaeological Heritage"이라는 용어를 일반적으로 사용하고 있다. 그리고 유네스코 세계유산으로 등재된 유적의 명칭도 "고고(학) 유적"이라는 용어로 표기 및 사용하고 있다.

매장이란 "묻어서 감추는 것"을 의미한다. 땅속에 묻혀 보이지 않게 됨이 없이는 매장이라고 할 수 없고, 땅위에 세웠던 것이 넘어져 흙에 일부가 파묻혀 있다고 하여 이를 매장된 것이라고 볼 수 없다. 결국 매장문화재인지 여부는 고고학적인 방법에 의한 조사를 통해서만 판단할 수 있다.

문화재라는 용어는 우리나라가 1950년 6월 14일 가입한 유네스코UNESCO에서 1972년 11월 16일 파리에서 열린 제17차 유네스코 총회를 통해 채택한 "세계 문화유산 및 자연유산의 보호에 관한 협약Convention Concering the Protection of the World Cultural and National Heritage"에 의하면, "재산·소유물·성질·특성으로 정의되는 문화재cultural property라는 용어 대신 상속재산·물려받은 것·유산·전통·천성 등으로 정의되는 문화유산cultural heritage"이라는 개념을 사용하고 있다. 그리고 우리나라의 문화재청에서도 문화재의 영문 표기를 "cultural heritage"로 하고, "문화유산"이라는 용어를 일반적으로 사용한다. 이것은 문화재를 재산적인 개념에 의한 경제적 가치 평가보다는 정신적 가치 평가에 의의를 둔 것이다.

우리나라의 매장문화재 보호 정책은 1962년에 문화재보호법이 제정된 이래 문화재보호법에서 분법 되어 매장문화재 보호 및 조사에 관한 법률이 2010년에 제정되기 전까지 30여 차례의 문화재보호법 개정이 이루어졌다. 하지만, 지정문화재 중심의 보호·보존 정책 차원에서 법령과 제도가 정비되어 왔다.

그 결과, 국민은 지정문화재만을 문화재로 인식하는 경향이 강하여 지정문화재가 아닌 매장문화재는 문화재가 아니며, 보호의 대상이 아니라고 생각하는 잘못된 인식을 하고 있다.

국민은 매장문화재가 무엇인지, 매장문화재 보호와 조사가 왜 중요한지, 그 가치가 무엇인지 등에 대해 잘 알지 못하는 것이 현실이다. 단지 사회적 여론과 분위기에 편승하여 매장문화재 보호·보존 정책과 제도는 국토의 효율적인 개발을 막는 악법이자 개발의 걸림돌, 죽은 자가 산 자를 죽인다는 등 부정적으로 인식하고 있다. 또한 매장문화재 보호·보존으로 인한 사유재산권 침해 문제 등을 지속적으로 제기하고 있다.

매장문화재 보호에 대한 국민의 공감대 형성 실패와 사회적 인식의 부족은 매장문화재 보호와 개발의 가치 사이에 충돌이 발생할 경우 경제성장 및 개발논리에 밀려 매장문화재의 훼손이나 파괴를 당연한 것으로 인식하는 분위기를 형성했다.

2011년에는 매장문화재 보호 및 조사에 관한 법률과 하위법령이 시행되었다. 하지만, 매장문화재 보호 정책은 법률의 제정 취지와 목적, 헌법 및 문화유산헌장의 정신에 부합하거나 국토개발과의 조화를 추구하기 보다는 외부에서 요구한 정책과 제도 개선에 대한 의견 반영, 개발사업 시행자의 편의성 제고, 매장문화재조사 수요 억제, 그리고 경제성장 및 개발논리 등에 맞춰 개선 및 추진하여 왔다.

그로 인해 매장문화재 보호 및 조사에 관한 법령은 법령 제정 당시의 상황과 경제성장 및 개발논리만을 고려한 미봉책으로 전락했다. 법령의 체계성 미흡과 법령형식에 관한 헌법 원칙 위배, 현실과의 극심한 괴리현상 등은 적용과 해석에 있어 빈번한 갈등과 분쟁을 발생시키고 있다. 또한 지속적으로 제기되고 있는 매장문화재 보호 및 조사와 관련된 다양한 제도개선 요구에 대한 근본적인 해결책이나 급변하는 사회적·환경적 변화에 따른 능동적·선제적 정책수립과 대안제시, 매장문화재 보호에 대한 국민의 인식개선과 공감대 형성에도 실패했다.

국민의 의식수준과 삶의 질이 높아짐에 따라 다양한 문화유산 향유에 대한 사회적 욕구가 증가하고 있다. 하지만 매장문화재 관련 정책수립과 제도개선은 국토개발에 따른 매장문화재조사와 관련된 부문에만 집중되어 왔다. 그 결과, 매장문화재의 활용을 통한 경제적 효용성과 지역자원으로서 새로운 고부가 가치를 효과적으로 창출할 수 있다는 인식과 접근, 정책개발 및 제도적 지원이 미흡하게 되었다.

한편, 학계의 매장문화재 보호와 관련된 정책 연구 및 논의는 1990년대 각종 택지개발 및 사회간접자본에 의한 대규모 개발사업이 전국적으로 확대되는 과정에서 매장문화재 파괴·훼손 사례가 발생하고, 매장문화재 보호 및 보존 문제가 사회적 이슈로 등장하면서 본격적으로 시작되었다고 할 수 있다.

학계의 매장문화재 보호 정책 및 제도와 관련된 연구는 주로 고고학, 법학, 행정학, 도시계획학 분야에서 이루어지고 있다. 각종 개발사업에 따른 매장문화재조사와 관련된 현실적인 문제점을 중심으로 제도개선을 요구하거나 문화재보호법의 체계와 문제점을 검토하는 과정에서 매장문화재 보호 정책에 대한 개선과 법률 개정의 필요성을 제시하는 수준에서 크게 벗어나지 못하고 있다. 그리고 연구 주제나 논리 전개, 대안 제시와 결론도 대체로 비슷하고, 동일한 내용을 반복적으로 제시하거나 심화하는 수준이다.

학제간 연구를 통한 종합적이고 심도 있는 매장문화재 보호 정책의 연구 및 대안 제시, 매장문화재 보호와 국토개발의 가치 사이에서 겪는 사회적 갈등 해소를 위한 새로운 정책 방향이나 모델 제시 등은 아직까지 미흡한 편이다.

이 글은 이와 같은 문제인식을 바탕으로 우리나라 매장문화재 보호 정책의 문제점을 도출하여 실질적인 대안과 현실성 있는 정책 개선방안을 제시하고자 하는데 목적이 있다. 이를 통해 우리나라 매장문화재 보호 정책의 성공적인 정착과 발전은 물론 매장문화재 보호의 중요성과 가치에 대한 국민의 관심과 공감대 형성, 매장문화재 보호와 국토개발이 조화를 이룰 수 있는 정책과 제도의 수립·집행에도 기여하고자 한다.

우리나라 매장문화재 보호 정책의 문제점 개선과 발전에 기여할 수 있는 방안과 대안을 제시하기 위해 Ⅱ장에서는 매장문화재의 개념과 특성, 매장문화재조사의 특성에 대해 검토하였다. 매장문화재의 개념은 법률적, 사전적, 학술적 개념으로, 특성은 순수공공재, 원형유지, 예측불가능성, 보존하면서 개발한다로, 매장문화재조사의 특성은 전문성, 역사복원, 외부의 환경변화에 민감, 전문지식의 비대칭성으로 구분하여 살펴보았다.

Ⅲ장에서는 지금까지 매장문화재 보호정책 및 제도개선과 관련하여 연구 또는 논의된 내용의 특징과 한계점 등을 고고학, 법학, 행정학 및 도시계획학 분야로 구분하여 검토했다.

Ⅳ장에서는 우리나라 매장문화재 보호 정책의 변천과 특징, 그리고 문제점과 원인을 분석하고, 문제점 해결을 위한 개선방안을 제시하였다.

먼저 문화재보호법에서 분법 되어 매장문화재 보호 및 조사에 관한 법률이 제정된 2010년을 기점으로 매장문화재 보호 정책의 근거가 되었던 문화재보호법상의 매장문화재 관련 법령이 어떻게 변해왔는지, 그 특징은 무엇인지, 현재 시행되고 있는 매장문화재 보호 및 조사에 관한 법령의 제정·개정 배경과 특징 등을 연혁적 측면에서 정리 및 분석함으로서 매장문화재 보호 정책의 문제점과 원인을 파악하였다.

매장문화재 보호 정책의 문제점과 개선방안에 대해서는 매장문화재 법령 체계의 개편, 매장문화재 보호 원칙의 법정화, 매장문화재 보호의 효율성과 체계성 강화, 매장문화재 조사비용의 국가 부담 강화로 구분하여 검토했다.

문제점에 대한 면밀한 검토와 현실성·실효성 있는 대안을 제시하기 위해, 매장문화재 법령 체계의 개편은 매장문화재 보호 및 조사에 관한 법률의 명칭, 법률의 목적, 매장문화재의 정의, 법령의 체계에 대해 살펴보았다.

매장문화재 보호 원칙의 법정화는 매장문화재 보호 원칙의 법률화, 매장문화재 훼손·파괴 등에 대한 처벌기준 강화, 매장문화재조사 관련 기준 준수의 필요성을 제기하였다.

매장문화재 보호의 효율성과 체계성 강화는 국민을 대상으로 한 교육과 홍보, 개발사업 시행자에 대한 교육과 매장문화재 전문인력 채용 의무화, 매장문화재 전문인력의 양성과 사회적 배려, 매장문화재 훼손·파괴에 대한 신고포상금 제도의 도입, 매장문화재 유존지역에 대한 지속적·체계적 관리 및 조사와 정보제공에 대해 검토했다.

매장문화재 조사비용의 국가 부담 강화에 대해서는 현행 우리나라의 제도 및 문제점을 면밀히 분석하고, 국외 선진국 정책과의 비교를 통해 우리나라의 현실을 고려한 실효성 있는 대안을 제시하였다.

Ⅴ장에서는 우리나라 매장문화재 보호 정책의 발전을 위한 개선방안을 모색했다. 이를 위해 입법 정책의 형성과 의견제출 처리의 개선, 정책 결정의 신중성과 전문성 강화, 매장문화재 부담금 신설과 분쟁조정위원회의 설치, 매장문화재의 활용에 대해 살펴보았다.

Ⅵ장에서는 앞에서 검토한 내용을 종합적으로 정리하면서 우리나라의 매장문화재 보호 정책과 제도의 성공적인 정착 및 발전을 바라는 필자의 희망 사항 몇 가지를 간략히 언급하였다.

Ⅱ. 매장문화재의 개념과 조사의 특성

1. 매장문화재의 개념과 특성

1) 개념

매장문화재의 어원은 매장물^{埋藏物}과 문화재^{文化財}를 합한 말이며, 일본에서 1950년 문화재보호법을 만들면서 매장물인 문화재라는 용어가 등장하면서 나타났다[1].

법률상 정의에 의하면, 매장물은 "국유의 토지 기타의 물건 또는 바다에 매장되어 있는 물건으로서 다른 법령에 의하여 처리되는 물건을 제외한 것(국유재산에 매장된 물건의 발굴에 관한 규정 제2조〈정의〉, 대통령령 제22598호)"이다.

문화재는 "인위적이거나 자연적으로 형성된 국가적·민족적 또는 세계적 유산으로서 역사적·예술적·학술적 또는 경관적 가치가 큰 것(문화재보호법 제2조〈정의〉, 법률 제13249호)"을 말한다.

매장문화재 보호 및 조사에 관한 법률(법률 제12350호) 제2조(정의)에서는 매장문화재를 "토지 또는 수중에 매장되거나 분포되어 있는 유형의 문화재, 건조물 등에 포장^{包藏}되어 있는 유형의 문화재, 지표·지중·수중(바다·호수·하천을 포함한다) 등에 생성·퇴적되어 있는 천연동굴, 화석, 그 밖에 대통령령으로 정하는 지질학적인 가치가 큰 것"으로 정의하고 있다.

매장문화재에 대한 사전적 개념은 "땅속이나 물밑 등 사람의 눈에 띄지 않는 곳에 묻혀 있는 유형 문화재" 또는 "사람 눈에 띄지 아니하는 곳에 묻혀 있는 문화적 유물이나 유적"을 의미한다.

학술적 개념에서의 매장문화재는 과거 인간들의 행위에 의해 남겨진 물질적 자료와 자연적으로 형성된 흔적을 의미하며, 크게 유적, 유구, 유물로 구분하고 있다.

유적은 고고학적 자료를 포함한 공간적인 단위로 유물, 유구 등이 확인되거나 포

---

1 장호수, 2007, 「고고 유산의 보호 원리와 보존 활용 방안에 대하여-법과 제도의 비교 고찰을 중심으로-」, 『문화재』제40호, 8쪽, 국립문화재연구소.

함되는 일정한 공간을 의미한다. 유적은 환경조건이나 자연적 자원의 활용에 있어서 상대적 가치를 보여주는 위치에 따라 야외유적, 바위그늘유적, 동굴유적, 산정상부 유적 등으로 구분한다. 또한 과거에 가졌던 기능에 따라 생활유적, 생산유적, 건축유적, 성곽유적, 분묘유적, 구석기유적 등으로 분류하기도 한다.

유구는 인간의 활동에 의해 만들어진 것으로 파괴되지 않고서는 움직일 수 없는 잔존물을 의미한다. 집터, 무덤, 도랑, 수전지, 저장고, 야외노지 등의 단순한 유구와 성곽, 사찰터, 건물지 등의 복잡한 유구로 구분된다. 그리고 유구는 땅위나 땅속에 구축한 것이기 때문에 유물과 같이 연구실로 옮겨서 분석할 수 없는 단점이 있다. 하지만 과거의 문화상, 의례생활, 사회조직 및 생계경제 행위 등 인간의 활동을 이해할 수 있는 중요한 고고학 자료이다.

유물은 움직일 수 있는 잔존물로서 과거의 인간들이 살아가면서 필요에 따라 의도적으로 만든 도구와 활동에 의해 직접 만들어지거나 변형되지 않았지만 과거 인간들의 활동에 관한 많은 지식을 제공하는 자연적 자료를 의미한다. 유물은 재질에 따라 석기·토기·골기·목기·청동기·철기 등으로, 기능에 따라 가락바퀴·그물추·칼·화살촉·창·방울 등으로, 그리고 제작방법이나 형태 등에 의해서도 나누어진다.

2) 특성

매장문화재는 일반적으로 우리 조상들이 남긴 흔적으로서 삶의 지혜가 담겨 있으며, 우리가 살아 온 역사를 보여주는 소중한 유산이기 때문에 당연히 보호·보존하여 후손들에게 물려주어야 할 문화유산으로 인식하고 있다.

매장문화재 보호 및 조사에 관한 법률은 그 목적을 "매장문화재를 보존하여 민족문화의 원형을 유지·계승하고, 매장문화재를 효율적으로 보호·조사 및 관리하는 것"으로 규정하고 있다.

이처럼 매장문화재 보호·보존의 근거는 법률에 명확히 규정되어 있다. 하지만 매장문화재를 효율적으로 보호·보존하고, 관리하기 위해서는 국민의 공감대 형성과 이해가 있어야 가능하다. 이를 위해서는 매장문화재가 어떠한 특성을 가지고 있는지에 대한 검토가 우선적으로 이루어져야 한다.

매장문화재의 특성에 대한 검토와 이해는 매장문화재를 보호·보존 및 관리해야 하는 이유를 국민에게 논리적으로 설명하고, 정책 및 제도의 수립과 집행 시 반드시 고려되어야 하기 때문이다.

이러한 점에서 매장문화재의 특성을 살펴보면 다음과 같다.

첫째, "순수공공재"이다.

공공재란 어떠한 경제 주체에 의해서 생산이 이루어지면 구성원 모두가 소비혜택을 누릴 수 있는 재화 또는 서비스를 의미한다. 공공재가 지니는 특성은 경제적 측면에서 설명할 수 있는데, 재화 또는 서비스를 사용(소비)하는데 있어서의 비경합성(비경쟁성, non-rivalry)과 비배제성$^{non-excludability}$이다.

비경합성$^{non-rivalry}$은 소비자가 늘어나더라도 다른 소비자들의 혜택이 줄지 않는 것을 의미한다. 즉 어떤 특정 공공재를 현재 쓰고 있더라도 다른 사람들도 이를 함께 사용할 수 있는 성질을 말한다.

비배제성은 소비에 대한 대가를 지불하지 않더라도 개개인의 소비를 배제하지 않는다는 것을 의미한다. 특정 재화의 생산과 공급이 이루어지고 나면 생산비를 부담하지 않은 경제주체라고 할지라도 소비에서 배제시킬 수 없다는 특성을 말하는데, 이를 배제불가능성$^{non-excludability}$이라고도 한다.

순수공공재란 비배제성과 비경합성을 모두 갖는 재화를 의미한다. 대표적인 예로 국방, 외교, 치안, 도로, 초등교육 등을 들 수 있으며, 둘 중 어느 하나의 특성만을 가진 재화를 준공공재라고 한다.

매장문화재는 지표조사에서 발견되거나 발굴조사 과정에서 확인된 유물을 매장문화재 보호 및 조사에 관한 법률 시행령(대통령령 제26774호) 제26조(문화재조사로 발견 또는 발굴된 문화재의 소유권의 판정과 국가귀속)와 발견·발굴문화재의 국가귀속 절차 등에 관한 규정(문화재청 고시 제2015-97호)에 의거, 국가로 귀속되어 누구나 박물관이나 전시관 등을 통해 관람할 수 있다(그림 1).

그림 1에서 보듯이 매장문화재 지표조사에서 발견되거나 발굴조사에서 확인된 유물은 2008년 이후 국가에 귀속되는 수량이 급증(연평균 약 15만7천점)하고 있다. 문화재보호법이 제정된 1962년부터 2013년 12월 말까지 국가귀속 조치된 문화재 전체의 56%를 차지하고 있다[2]. 이는 1945년 제2차 세계대전이 막바지에 이르렀을 무렵 일제의 조선총독부 박물관 전체 소장품이 겨우 5만 여점이었던 것과 비교하면

---

2   감사원, 2014, 『감사결과보고서-문화재 보수 및 관리 실태-』, 115쪽.

실로 엄청난 국가 문화재의 증가에 많은 기여를 했음을 보여준다[3].

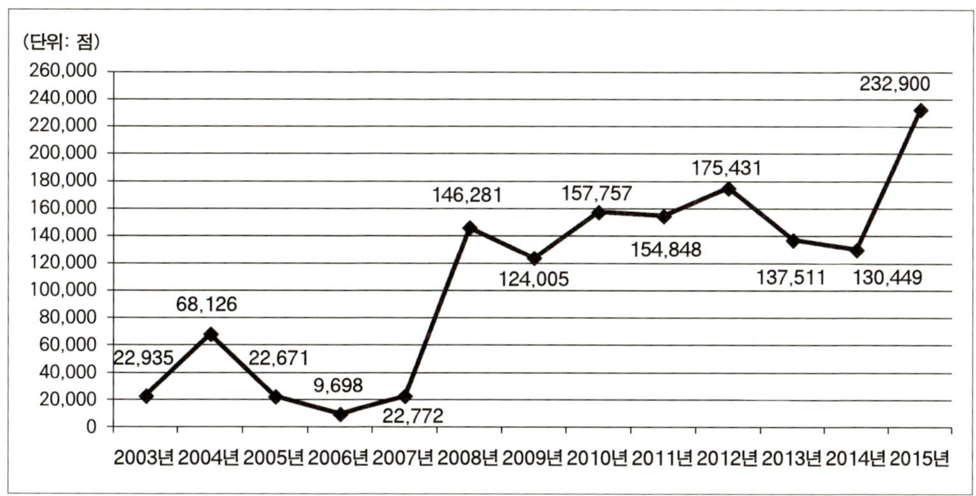

그림 1 매장문화재 발견 및 출토 유물 국가귀속 현황

※ 자료 : 감사원, 2014, 『문화재 보수 및 관리 실태』; 문화재청, 2015, 『주요업무 통계자료집』.

또한, 공간이 허용하는 한 타인의 관람으로 인해 나의 관람효용이 떨어지지 않는다는 점 등을 고려할 때 비배제성과 비경합성을 모두 지닌 순수공공재에 가까운 것으로 이해할 수 있다[4]. 그리고 우리나라 국민이 사회생활을 영위함에 있어서 지켜야 할 일반 사법 중 가장 기본이 되는 민법(법률 제13125호)에서도 매장문화재의 공공재적 성격을 인정하여 국유로 귀속함을 명시하고 있다[5].

매장문화재 발굴조사를 통해 확인된 유적과 유구 및 유물은 종합적인 분석과 연구를 거쳐 그 결과를 보고서로 작성하여 발간한다. 매장문화재 보호 및 조사에 관한

---

3   신종환, 2015, 「한국 매장문화재조사의 변천과 사회적 역할」, 『매장문화재조사 정책 및 제도의 발전 방향』, 106쪽, 한국매장문화재협회: 2015, 「한국 매장문화재조사의 변천과 사회적 역할」, 『매장문화재조사 정책 및 제도의 발전 방향』, 122쪽, 문화재청·한국매장문화재협회.

4   한국의정연구회, 2009, 『매장문화재 조사관련 발굴공영제 도입 타당성 분석』, 6쪽.

5   제255조(문화재의 국유) ① 학술, 기예 또는 고고의 중요한 재료가 되는 물건에 대하여는 제252조제1항 및 전2조의 규정에 의하지 아니하고 국유로 한다.
　② 전항의 경우에 습득자, 발견자 및 매장물이 발견된 토지 기타 물건의 소유자는 국가에 대하여 적당한 보상을 청구할 수 있다.

법률(법률 제12350호) 제15조(발굴조사 보고서)[6]와 발굴조사의 방법 및 절차 등에 관한 규정(문화재청 고시 제2014-36호)에 의거 2년 이내에 문화재청장에게 제출해야 한다. 그리고 보고서는 우리나라의 역사와 문화사를 연구·복원하는데 활용되거나 교과서에 반영되며, 관련분야 연구자뿐만 아니라 관심 있는 일반국민은 누구나 열람하고 활용할 수 있다.

발굴조사 후 보존조치된 유적이나 유구는 발굴학습, 체험학습 및 문화교육 장소 등으로 다양하게 활용되거나 유적공원으로 조성되어 국민이 생활 속에서 자연스럽게 매장문화재를 만나고 즐길 수 있는 역사문화 또는 휴식 공간으로 이용되고 있다[7] (그림 2).

현재 유적공원은 전국에 걸쳐 분포하는데 총 86개소가 있다. 즉 경기도 17개소, 충청남도 11개소, 전라북도 10개소, 전라남도 9개소, 경상남도 9개소, 충청북도 4개소, 강원도 4개소, 광주광역시 4개소, 서울특별시 4개소, 경상북도 3개소, 울산광역시 3개소, 제주특별자치도 3개소, 인천광역시 2개소, 대구광역시 1개소, 부산광역시 1개소, 대전광역시 1개소이다[8].

이러한 점을 고려할 때, 매장문화재는 시장경제 논리에 의해 보호·보존 및 조사되는 것이 아니라 현재와 미래 세대 모두의 공공자산으로서 함께 공유하고 향유되어야 할 순수공공재라고 할 수 있다.

---

6   제15조(발굴조사 보고서) ① 제11조에 따라 발굴허가를 받은 자(허가를 받은 자와 발굴을 직접 행하는 매장문화재 조사기관이 다른 경우에는 발굴을 직접 행하는 기관을 말한다)는 발굴이 끝난 날부터 2년 이내에 그 발굴결과에 관한 보고서(이하 "발굴조사 보고서"라 한다)를 문화재청장에게 제출하여야 한다.

7   매장문화재 보호 및 조사에 관한 법률 시행령(대통령령 제26774호, 2015.12.30, 타법개정).
  - 제14조(발굴된 매장문화재의 보존조치 지시) ①문화재청장은 법 제14조에 따라 발굴된 매장문화재가 역사적·예술적 또는 학술적으로 가치가 큰 경우 문화재위원회의 심의를 거쳐 법 제11조에 따라 발굴허가를 받은 자에게 그 발굴된 매장문화재에 대하여 다음 각 호의 보존조치를 지시할 수 있다
    1. 현지보존
    2. 이전(移轉)보존
    3. 기록보존

8   한울문화재연구원, 2012,『매장문화재 보존조치 유적 정비방안』, 71쪽.

경기도 안성시 공도읍 만정리

충청남도 천안시 불당동

그림 2   유적공원

둘째, "원형유지"이다.

매장문화재 보호 및 조사에 관한 법률(법률 제12350호) 제1조(목적) 및 제4조
(매장문화재 유존지역의 보호)에 의하면, 매장문화재는 기본적으로 개발과 발굴
조사의 대상이 아니라 가능한 한 원형대로 유지·계승 및 보호·보존해야 할 대상

이다[9]. 이는 문화재보호법(법률 제13249호) 제3조(문화재보호의 기본원칙)를 통해서도 알 수 있고[10], 우리나라뿐만 아니라 세계 모든 나라가 마찬가지이다[11].

매장문화재는 우리 조상들이 이룩한 찬란한 역사와 문화의 증거물이자 이를 복원할 수 있는 기초자료이다. 그것이 묻혀 있는 토지 소유자나 발견·발굴자의 소유물도 이 시대를 살아가는 우리의 것도 아닌 우리 국민과 세계 인류의 공동자산이다.

매장문화재는 한번 훼손 및 파괴되면 원형 그대로의 복원이나 회복이 불가능하다. 아무리 높은 수준의 지식과 조사기법 및 최첨단 과학장비를 동원하여 충실한 발굴조사를 진행한다고 해도 현재 우리가 보유한 지식이나 과학기술 수준 등으로는 유적이 갖고 있는 모든 정보를 얻을 수 없으며, 발굴조사된 유적과 유물을 완벽하게 보존할 수도 없다. 그러나 향후 인류의 지식 증대 및 과학기술의 발전은 과거의 매장문화재조사를 통해 알 수 없었던 유적과 유구 및 유물에 대해 더 많은 정보를 얻을 수 있고, 더욱 완벽하게 보존하는 것도 가능할 것이다.

이러한 이유로 인해 매장문화재는 원형유지 및 발굴조사 금지의 원칙이 적용되는 것이다. 또한 이 시대를 살아가는 우리는 매장문화재를 임의대로 처분할 수 있는 소유자가 아니라 선량한 관리자일 뿐이라는 사실을 명심할 필요가 있다.

하지만 경제·사회의 발전을 위해 개발 또한 피할 수 없는 것이 현실이기 때문에 매장문화재 보호 및 조사에 관한 법률(법률 제12350호) 제11조(매장문화재의 발굴허가 등)에서는 발굴금지를 원칙으로 하되 부득이 한 경우에만 매장문화재를 발굴할 수 있도록 하고 있는 것이다[12].

9　제1조(목적) 이 법은 매장문화재를 보존하여 민족문화의 원형(原形)을 유지·계승하고, 매장문화재를 효율적으로 보호·조사 및 관리하는 것을 목적으로 한다.
제4조(매장문화재 유존지역의 보호) 대통령령으로 정하는 바에 따라 매장문화재가 존재하는 것으로 인정되는 지역(이하 "매장문화재 유존지역"이라 한다)은 원형이 훼손되지 아니하도록 보호되어야 하며, 누구든지 이 법에서 정하는 바에 따르지 아니하고는 매장문화재 유존지역을 조사·발굴하여서는 아니 된다.

10　제3조(문화재보호의 기본원칙) 문화재의 보존·관리 및 활용은 원형유지를 기본원칙으로 한다.

11　지병문, 2007, 「매장문화재 조사제도의 문제점과 개선방향」, 『2007년 국정감사 정책자료집 3』 5쪽; 한국산업개발연구원, 2014a, 『매장문화재 부문 법정법인 필요성 및 협회 발전방안 연구』, 13쪽.

12　제11조(매장문화재 발굴허가 등) ① 매장문화재 유존지역은 발굴할 수 없다. 다만, 다음 각 호

셋째, "예측불가능성"이다.

매장문화재 보호 및 조사에 관한 법률(법률 제12350호) 제2조(정의)에 의하면, 매장문화재는 "토지 또는 수중에 매장되거나 분포되어 있는 유형의 문화재, 건조물 등에 포장包藏되어 있는 유형의 문화재, 지표·지중·수중(바다·호수·하천을 포함한다) 등에 생성·퇴적되어 있는 천연동굴, 화석, 그 밖에 대통령령으로 정하는 지질학적인 가치가 큰 것"을 말한다.

법률적 정의에서도 알 수 있듯이 매장문화재는 땅속이나 물속에 있기 때문에 정확한 위치나 범위 및 존재 여부, 유구 및 유물의 시대와 종류 그리고 수량, 묻혀 있는 환경과 상태, 층위와 밀도, 성격과 가치 등을 발굴조사를 실시하기 전에 미리 알 수 없다는 예측불가능성을 갖고 있다.

매장문화재의 예측불가능성은 오랜 기간 매장문화재 발굴조사를 통하여 축적된 경험, 교육과 연구논문 및 발굴조사 보고서 등을 통해 얻어진 전문지식, 첨단 과학 장비에 의한 탐사 등을 통해 예측가능성을 높이기 위한 노력을 끊임없이 하고 있지만, 완전히 극복할 수 있는 것이 아니다.

매장문화재의 예측불가능성은 관련 정책이나 제도의 구체성들이 다소 결여되거나 모호할 수밖에 없는 이유 중 하나이다. 따라서 매장문화재조사 정책 및 제도의 수립·집행은 많은 경험을 필요로 하며, 신중하게 접근할 필요가 있는 것이다[13].

넷째, "보존하면서 개발한다"는 것이다.

우리나라는 2000년대 중반부터 전국적인 국토개발 및 건설공사로 인해 매년 1,300여건의 매장문화재 지표조사와 1,000여건의 매장문화재 발굴조사가 이루어지고 있다(표 1).

의 어느 하나에 해당하는 경우로서 대통령령으로 정하는 바에 따라 문화재청장의 허가를 받은 때에는 발굴할 수 있다.

1. 연구 목적으로 발굴하는 경우
2. 유적(遺蹟)의 정비사업을 목적으로 발굴하는 경우
3. 토목공사, 토지의 형질변경 또는 그 밖에 건설공사를 위하여 대통령령으로 정하는 바에 따라 부득이 발굴할 필요가 있는 경우
4. 멸실·훼손 등의 우려가 있는 유적을 긴급하게 발굴할 필요가 있는 경우

13 　지병문, 2007, 「앞의 논문」, 『2007년 국정감사 정책자료집 3』, 6쪽; 한국산업개발연구원, 2014a, 『앞의 보고서』, 12쪽.

표 1   연도별 매장문화재 지표조사 및 발굴조사 현황

연도	지표조사		발굴조사		합 계	
	건수	면적(km^2)	건수	면적(km^2)	건수	면적(km^2)
1999	66	42	331	7	397	49
2000	299	189	319	10	618	199
2001	429	198	469	13	898	211
2002	665	184	598	19	1,263	203
2003	987	324	705	19	1,692	343
2004	1,295	370	999	34	2,294	404
2005	1,510	484	972(180)	35	2,662	519
2006	1,382	629	947(353)	35	2,682	664
2007	1,530	640	876(383)	43	2,789	683
2008	1,534	1,370	941(441)	64	2,916	1,434
2009	1,449	1,293	1,093(612)	115	3,154	1,408
2010	1,464	638	1,092(535)	63	3,091	701
2011	1,221	453	903(355)	25	2,479	478
2012	1,348	387	1,066(444)	33	2,858	420
2013	1,131	267	1,167(509)	25	2,807	292
2014	1,349	235	1,273(578)	29	3,200	264
2015	1,390	251	1,411(589)	24	3,390	275
계	19,049	7,954	20,141	593	39,190	8,547

※ ( )내는 발굴변경허가 건수임.

※ 자료 : 문화재청, 2011~2015,『주요업무 통계자료집』: 누리집(http://www.cha.go.kr)
　　　행정정보: 문화재 협업포털(http://www.e-minwon.go.kr:8072/webs/main.jsp); e 나라
　　　지표(http://www.index.go.kr).

　표 1에서 보듯이 지표조사는 2008년도(1,534건, 1,370km^2)에 최고 정점을 이룬 후 2010년부터 건수의 변화 폭은 크지 않지만 면적은 큰 폭으로 감소했다. 발굴조사는 2009년도(1,093건, 115km^2)에 최고 정점을 이룬 후 2010년부터 건수의 변화 폭은 크지 않지만 조사면적은 큰 폭으로 감소하는 추세이다.

　2000년 중반부터 매년 1,000여건에 달하는 매장문화재조사가 이루어지고 있지만 매장문화재 보호에 대한 국민의 공감대 형성과 사회적 인식은 미흡한 편이다. 그로인해 매장문화재 보호·보존과 개발 사이에 가치충돌이 발생할 경우 경제성장 및 개발논리에 밀려 매장문화재의 훼손이나 파괴는 당연한 것으로 인식하거나 직접적으로 인체에 해악이 없다는 이유만으로 소홀히 다루어져 왔다(그림 3).

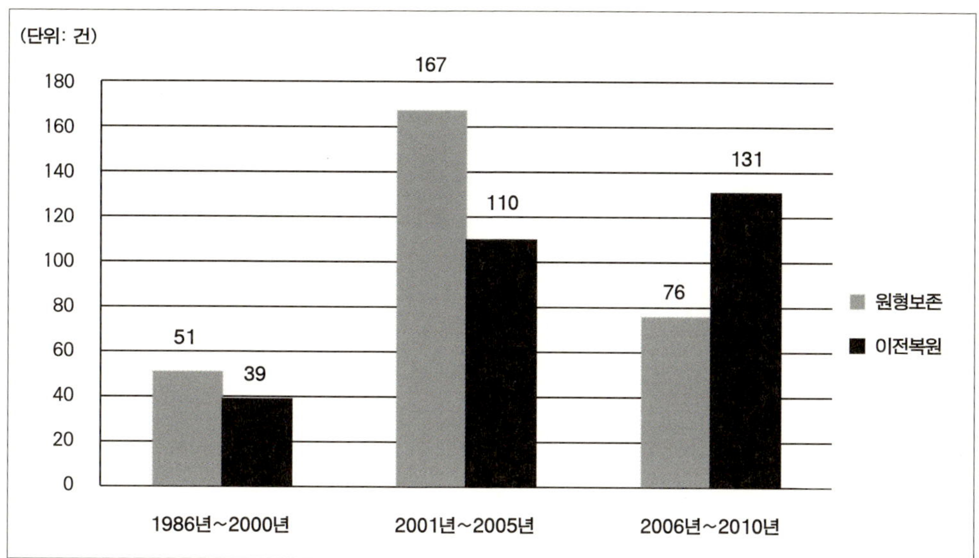

그림 3 보존조치 유적 연도별 현황[14]

※ 자료 : 한울문화재연구원, 2012, 『매장문화재 보존조치 유적 정비방안』.

개발이란 국민의 건강과 문화적인 생활을 적극적으로 보장·증진하기 위해, 국가 및 지방공공단체 등이 자원의 효율적인 개발·이용, 문화·경제·산업·사회의 발전·인간성 존중에 기초를 두는 생활환경의 정비 등을 목적으로 한 국토에 관한 일련의 활동이다[15].

개발은 인류의 발전에 없어서는 안 될 중요한 과제이며, 이 시대를 살아가는 우리의 경제·사회 발전을 위해 피할 수 없는 것이 현실이다. 그러나 국토기본법이나 도시개발법 등의 목적을 보면, 개발은 무차별적인 파괴가 아니라 국토를 보다 효율적이고 쾌적한 삶의 공간으로 만들기 위한 것이다[16].

---

14 원형보존은 문화재의 전부 또는 일부를 현지에 원형대로 보존하는 것(매장화재 보호 및 조사에 관한 법률 시행규칙 제5조제1항제1호, 문화체육관광부령 제191호, 2014.12.30. 일부개정)을 말하며, 이전복원은 문화재의 전부 또는 일부를 전시관이나 인근 장소 등으로 이전하여 복원(모형으로 복원하는 것을 포함한다)하는 것(매장문화재 보호 및 조사에 관한 법률 시행규칙 제5조제1항제2호, 문화체육관광부령 제191호, 2014.12.30. 일부개정)하는 것을 말함.

15 오용암, 2001, 「개발행정과 문화재보존에 관한 법적 고찰」, 건국대학교대학원 석사학위논문, 6~7쪽.

16 국토기본법(법률 제12738호, 2014.6.3. 타법개정).

우리 사회는 경제성장 및 개발 우선주의의 가치관을 버리고, 개발 계획단계부터 개발주체가 매장문화재 보호주체라는 인식을 가져야 할 것이다. 매장문화재 보호·보존과 개발이 조화를 이룰 수 있도록 "개발하면서 매장문화재를 보호·보존 한다"는 원칙이 아닌 "매장문화재를 보호·보존하면서 개발 한다"는 원칙이 실현될 수 있는 정책과 제도를 수립하여 집행해야 한다. 이는 1972년 유네스코가 "문화유산 및 자연유산의 국내적 보호에 관한 권고"를 채택하면서 천명한 "보존하면서 개발 한다"는 원칙의 실현이기도 하다.

2. 매장문화재조사의 특성

우리나라는 매장문화재의 원형을 유지하고, 효율적으로 보호·보존 및 관리하기 위해 일정 규모 이상의 건설공사에 대해서는 건설공사에 앞서 매장문화재 조사기관에 의뢰하여 매장문화재의 매장·분포 여부를 확인하기 위한 문화재 지표조사를 하도록 규정하고 있다[17].

지표조사는 문화재청장에게 등록한 조사기관이 수행하며[18], 지표조사 결과를 토

    - 제1조(목적) 이 법은 국토에 관한 계획 및 정책의 수립·시행에 관한 기본적인 사항을 정함으로써 국토의 건전한 발전과 국민의 복리향상에 이바지함을 목적으로 한다.

제2조(국토관리의 기본이념) 국토는 모든 국민의 삶의 터전이며 후세에 물려줄 민족의 자산이므로, 국토에 관한 계획 및 정책은 개발과 환경의 조화를 바탕으로 국토를 균형 있게 발전시키고 국가의 경쟁력을 높이며 국민의 삶의 질을 개선함으로써 국토의 지속가능한 발전을 도모할 수 있도록 수립·집행하여야 한다.

도시개발법(법률 제13479호, 2015.8.11. 일부개정).

    - 제1조(목적) 이 법은 도시개발에 필요한 사항을 규정하여 계획적이고 체계적인 도시개발을 도모하고 쾌적한 도시환경의 조성과 공공복리의 증진에 이바지함을 목적으로 한다.

17   매장문화재 보호 및 조사에 관한 법률(법률 제12350호, 2014.1.28. 일부개정).

    - 제6조(매장문화재 지표조사) ① 건설공사의 규모에 따라 대통령령으로 정하는 건설공사의 시행자는 해당 건설공사 지역에 문화재가 매장·분포되어 있는지를 확인하기 위하여 사전에 매장문화재 지표조사(이하 "지표조사"라 한다)를 하여야 한다. ② 지표조사의 실시기기에 관하여는 문화체육관광부령으로 정한다.

18   매장문화재 보호 및 조사에 관한 법률(법률 제12350호, 2014.1.28. 일부개정).

대로 문화재청장은 건설공사 시행자에게 문화재 보존에 필요한 조치(현상보존, 건설공사 시 관련 전문가의 입회조사, 매장문화재 발굴조사, 매장문화재 발견 시 신고)를 명한다[19]. 건설공사 시행자는 문화재 보존조치 명령을 이행한 후 그 결과를 문화재청장과 지방자치단체의 장에게 보고한다.

이러한 관계법령과 행정절차를 고려할 때 매장문화재조사의 특징을 정리하면 다음과 같다.

첫째, "조사의 전문성 원칙"이다.

매장문화재는 일반적으로 땅속이나 물속에 묻혀 있기 때문에 첨단 과학 장비로도 정확한 예측이나 판단 및 해석이 불가능하다. 매장문화재를 조사하기 위해서는 매장문화재의 입지와 환경, 시대, 유적 및 유구·유물 등의 특성에 대한 이해와 조사능력, 그리고 조사결과를 바탕으로 역사적·학술적 가치에 대한 종합적인 연구와 해석을 할 수 있는 고도의 전문지식이 필요하다.

즉 고고학 자료에 대한 이해 및 숙지, 기타 문화재 분야에 관한 기초지식, 해양학·지구물리학 기초지식, 매장문화재 관련 법령에 대한 이해, 고고학적 실측도면

- 제24조(매장문화 조사기관의 등록) ① 매장문화재에 대한 지표조사 또는 발굴은 다음 각 호의 어느 하나에 해당하는 기관으로서 문화재청장에게 등록한 기관(이하 "조사기관"이라 한다)이 한다.
  1. 「민법」제32조에 따라 설립된 비영리법인으로서 매장문화재 발굴 관련 사업의 목적으로 설립된 법인
  2. 국가 또는 지방자치단체가 설립·운영하는 매장문화재 발굴 관련 기관
  3. 「고등교육법」제25조에 따라 매장문화재 발굴을 위하여 설립된 부설 연구시설
  4. 「박물관 및 미술관 진흥법」제3조제1항에 따른 박물관
  5. 「문화재보호법」제9조에 따른 한국문화재재단

[19] 매장문화재 보호 및 조사에 관한 법률 시행령(대통령령 제26774호, 2015.12.30. 타법개정).
- 제7조(문화재 보존 조치의 내용과 절차 등) ① 문화재청장은 문화재 보존을 위하여 법 제9조제1항에 따라 해당 건설공사의 시행자에게 다음 각 호의 문화재 보존 조치를 명할 수 있다.
  1. 현상보존
  2. 삭제 〈2015.8.3〉
  3. 건설공사 시 관련 전문가의 입회조사
  4. 매장문화재 발굴조사
  5. 매장문화재 발견 시 신고

에 대한 사전지식, 평면도 및 입단면도에 대한 개념의 이해, 유적 관련 주요 학술 및 자연과학 분석 자료에 대한 지식과 조사방법론의 적용 능력, 도면 판독 기술, 실측대상에 대한 표현능력, 축척에 대한 숙련된 환산능력, 영상장비의 활용 및 운용 능력, 유구 및 유물에 대한 해석 능력, 영상 도면 가공 및 추출법과 관련한 기술이 필요하다[20].

이러한 지식과 기술은 대학에서의 고고학 관련 교육과 단시간의 현장 실습만으로 습득할 수 있는 것이 아니다. 고고학에 대한 기초적인 이론을 습득하고, 이와 병행하여 오랜 기간 동안 현장실습을 해야만 얻을 수 있는 것이다.

따라서 매장문화재를 조사하기 위해서는 전문지식과 현장경험을 모두 갖춘 전문가의 전문성이 반드시 필요하다. 이러한 이유로 인해 매장문화재 보호 및 조사에 관한 법률 시행규칙(문화체육관광부령 제217호)에서도 분야별 매장문화재 조사기관과 조사에 참여할 수 있는 인력의 자격기준을 규정하고 있는 것이다[21].

둘째, "역사복원에 기여"이다.

매장문화재는 일반적으로 과거 인간들의 행위에 의해 땅속이나 물속에 남겨진 물질적 자료(유적, 유구, 유물 등)와 자연적으로 형성된 흔적을 말한다. 선사시대와 역사시대의 마을, 무덤, 조개더미, 가마, 우물, 밭, 논, 궁궐터, 성터, 절터, 관아지, 민가, 저장고, 의례행위 장소, 사냥터, 유물산포지, 동·식물, 곡물, 선박, 화석, 동굴 등과 같은 것이 모두 매장문화재에 해당한다.

매장문화재조사를 통해 우리는 과거의 자연환경과 그 당시에 살았던 사람들의 문화, 사회, 경제, 외교, 교역, 생활, 종교, 예술, 의례, 기술 등 역사기록으로 확인할 수 없는 다양한 정보를 얻을 수 있을 뿐만 아니라 우리가 갖고 있는 역사적 지식 및 사실에 대한 확인과 지평도 넓힐 수 있다.

예를 들면, 구석기유적을 통해서는 당시 자연환경의 복원뿐만 아니라 수십만 년 전부터 우리나라의 여러 지역에 사람들이 살았으며, 당시 사람들의 석기 제작기법과 특징 및 기술, 생계방식과 생활여건, 동식물 분포 현황 등 많은 사실을 알 수 있다.

신석기시대의 조개더미에서는 출토된 유물과 동식물의 생태학적 분석을 통해서

---

20 한국직업능력개발원, 2011, 『문화재 발굴조사 인력 자격인증제 도입을 위한 연구』, 151쪽.

21 제14조(조사기관의 종류 및 등록기준 등) ① 법 제24조제2항에 따른 발굴 분야별 조사기관의 종류는 육상지표조사기관, 육상발굴조사기관, 수중지표조사기관, 수중발굴조사기관으로 나눈다. ② 법 제24조제2항에 따른 조사기관의 조사요원별 자격기준은 별표 3과 같다.

당시 사람들의 식생활이나 생업구조 및 생계유형, 경제활동, 자원의 이용실태 및 획득방법, 환경과 해안선 등을 이해할 수 있다.

청동기시대에서 조선시대의 무덤을 통해서는 당시 지배계층의 모습, 장례문화, 매장풍습, 의례행위, 세계관, 복식, 무덤의 공간배치를 이해할 수 있을 뿐만 아니라 문헌자료에 나타난 장례문화를 사실적으로 고증할 수 있다. 또한 인골의 과학적 분석을 통해 식생활이나 질병, 성장상태 등에 대한 다양한 정보도 얻을 수 있다.

신석기시대에서 조선시대의 집터에서는 마을 구조와 입지, 분포 현황, 집의 시설 구조 및 양식, 살림살이나 식생활, 생계 방식, 교류관계 등을 밝힐 수 있는 다양한 사실을 확인할 수 있다.

삼국시대에서 조선시대의 성곽을 통해서는 성곽의 입지, 규모, 축성재료, 축조기법과 기술, 내부 공간 활용 양상, 방어체계 및 정치상황 등을 알 수 있다. 유물을 통해서는 당시 제작기법과 수준 등도 이해할 수 있다.

물속에 묻혀 있는 매장문화재를 통해서는 삼국시대에서 조선시대의 선박구조와 규모 및 조선기술 등을 밝힐 수 있다. 청자, 도기, 곡물, 젓갈, 선상 생활용품 등의 유물은 당시 사회상과 생활상, 교역관계 및 이동항로 등에 대한 다양한 사실을 생생하게 보여줄 뿐만 아니라 문헌자료를 고증할 수 있는 중요한 사실도 확보할 수 있다.

이밖에도 신석기시대에서 조선시대의 논이나 밭을 통해서는 당시의 경작 규모나 형태, 입지, 토지의 활용과 재배 식물 등에 대한 사실을 알 수 있다. 그리고 고려시대나 조선시대의 가마터를 통해서는 가마의 구조와 생산체계, 공간배치, 생산과 유통, 조업방식, 생산계층 등을, 고려시대나 조선시대의 건물지에서는 건물의 구조와 축조기법, 용도, 사용계층, 문헌자료를 고증할 수 있는 건물의 성격과 위치, 그리고 도시화 과정 등에 대한 다양한 정보와 사실도 확인할 수 있다.

이렇듯 매장문화재조사를 통해서는 그 당시의 문화상과 사회상 및 과학기술 등 문헌기록이 전하는 것 이상의 정보와 역사적 사실을 확인할 수 있다. 또한 문헌기록으로 알 수 없었던 역사적 사실을 밝히고, 우리 조상들이 살았던 그 당시의 생활 모습을 생생하게 이해하는데 중요한 역할을 한다(표 2).

따라서 매장문화재조사는 과거 자연환경과 우리 조상들이 이룩한 찬란한 문화를 복원하고, 잃어버린 역사를 되찾을 수 있는 땅속이나 물속에 남겨진 소중한 보물상자를 열수 있는 결정적인 열쇠라고 할 수 있다.

일자	보도자료 제목
2013.2.14	강릉 신라 토성에서 백제식 저장구덩이와 금제장식 출토
2013.2.22	통일시라시대 논 유적에서 사람 발자국 확인
2012.12.14	궁예의 첫 출가지, 영월 홍교사터에서 통일신라 절터 확인
2012.12.18	용인 할미산성에서 백제 원형저장수혈 확인
2013.2.14	강릉 신라 토성에서 백제식 저장구덩이와 금제장식 출토
2013.2.22	통일시라시대 논 유적에서 사람 발자국 확인
2013.4.24	삼국시대 신라 갑옷의 원형을 밝힌다
2013.5.1	화성 동탄지역에서 고려시대 대형건물지 확인
2013.5.28	인천 강화에서 고려시대 대형 적심 건물지 확인
2013.6.11	경주 방내리·모량리 일원에서 통일신라 도시유적 확인
2013.6.12	인제 부평리에서 구석기 제작터 확인
2013.7.3	경주 미탄사지에서 대형 금당지와 토제 나한상 발견
2013.8.23	백제·신라 접전지인 청주시 부모산성에서 성문지와 집수시설 확인
2013.10.23	하남 미사지구에서 구석기 유적 확인
2013.10.28	강릉 굴산사지, 승탑 부재 추가 확인
2013.11.19	경주 공장신축부지에서 갑산사지의 실체 확인
2013.11.20	원주 법천사지에서 다원식의 가람배치 확인
2013.11.26	익산 왕궁리유적, 백제 후원의 전모를 확인하다
2013.11.27	삼국시대 영산강 유역 최대급 방대형 고분 확인
2013.12.2	경주 명활성 속내를 드러내다
2013.12.3	울주 신암리 유적에서 신석기시대 석영제 마제석부(간돌도끼) 출토
2013.12.5	경주 천원마을 진입로에서 삼국시대 목곽묘 출토
2014.1.6	경남 진해에서 4세기경 완벽한 가형토기 출토
2014.1.23	진도 명량대첩로(오류리) 해역 수중발굴에서 다양한 유물 나왔다
2014.4.1	최초로 확인된 공주 공산성의 백제 시대 판축성벽
2014.5.26	경기도 화성에서 금동관모와 금동신발 등 출토
2014.6.11	경주 미탄사지 '味呑' 사찰명 최초 확인
2014.6.11	남원 실상사에서 대형 고려 시대 정원 출토
2014.6.16	단양 적성면 하진리에서 후기 구석기 유물 쏟아져
2014.7.9	남원에서 신라 후기 횡국식 석실묘와 토기 최초 확인
2014.7.17	제련에서 단야에 이르는 종합적인 제철 공정 확인
2014.7.28	강원도 춘천시 중도동에서 대규모 고인돌 발굴
2014.7.30	경주 남산 창림사지에서 금당지와 회랑지 확인
2014.8.28	충주 호암동에서 구석기~조선시대 대규모 복합유적 발굴
2014.9.16	청주 오송읍 봉산리에서 원삼국시대 대규모 집단 무덤 발굴
2014.9.23	공주 공산성 지하에서 백제가 깨어나다

일자	보도자료 제목
2014.9.25	대가야의 가마터에서 연꽃무늬 벽돌을 확인하다
2014.10.23	마한의 수장, 백제의 금동신발을 신다
2014.10.30	경북 북부지역 5세기 신라 금동제 관모 발견
2014.11.5	수중문화재 보물창고 태안해역에서 고 선박 또 발견
2014.11.6	원주 법천사지 추정 중심 사역 최초 확인
2014.11.13	중부지역 신라 최대 규모의 양평 대평리 고분군 발견
2014.11.26	강릉 굴산사지서 비석 귀부 발견
2014.12.2	전북 순창에서 고려시대 무덤 발굴
2015.1.14	서울 종로구 공평동에서 16세기 도시 골목의 흔적 확이
2015.1.19	충주 호암동에서 세형동검, 잔줄무늬거울 등 청동유물 다량 출토
2015.2.12	김제 벽골제에서 온전한 형태의 진흙벽돌 초낭 확인
2015.3.18	신라 천년의 궁성, 마지막 흔적을 엿보다
2015.4.9	신라 귀족여성 무덤에 순장된 남성
2015.4.15	영남 태간리 자라봉 고분에서 전방후원분 축조기술 규명을 위한 실마리 확인
2015.5.27	고창에서 우리나라 가장 이른 시기의 전방후원분형 고분 확인
2015.6.3	춘천 중도 유적에서 삼국시대 무덤 발굴
2015.6.8	경북 의성에서 경주 천마총 귀걸이와 유사한 희귀 '금제 귀걸이' 출토
2015.6.8	울산 율리 영축사지에서 고려시대 청동유물 일괄 출토
2015.7.2	호남지역 최초, 전북 장수 가야 고분에서 말발굽에 박은 편자 출토
2015.7.13	갯벌 속 고려시대 선박, 잠에서 깨어나다
2015.7.14	백제의 축조기술을 적용한 가야 최초의 대형 지하 목곽고(木槨庫), 고령 주산성에서 발견
2015.8.10	충남 서천에서 사찰터, 건물지, 생산유적 등 백제~조선시대 유구 대단위로 발견
2015.8.25	금빛 범자로 장식된 고려시대 목관, 극락왕생의 염원을 담다
2015.8.26	최초의 조선시대 조운선, 600년 긴 잠에서 깨어나다
2015.9.8	양평 대평리 고분군 2호분, 중부지역 최상위 계층의 신라 굴식돌방무덤으로 확인
2015.9.16	백제 사비도성의 나루터 부여 구드래에서 백제 사찰 건물지와 도로 확인
2015.10.6	나주 오량동 가마터에서 고대 대형 옹관 생산의 실마리를 찾다
2015.10.15	용인 할미산성에서 팔각 건물지와 집수시설 발견
2015.10.19	삼척 흥전리사지에서 확인된 통일신라시대 금당지 일반 공개
2015.10.20	원주 법천사지에서 고려 초기 완전한 형태의 중심사역 확인
2015.10.27	남원 실상사에서 통일신라시대 선종사찰의 장고(醬庫) 확인
2015.10.29	옥천 이성산성, 5세기 신라 토성으로 확인
2015.11.2	안성 도기동 유적에서 백제~고구려시대 목책성 발굴
2015.11.18	예천 삼강리 유적에서 전기·중기 구석기 문화 담은 석기 발굴
2015.11.26	통일신라부터 조선시대까지 이어진 대규모 사찰, 성주 법수사지 발굴 현장 공개
2015.12.21	풍납토성에서 발굴조사를 통해 최초 해자(垓字) 확인

※ 출처 : 문화재청 보도자료(http://www.cha.go.kr/)

셋째, "외부의 환경변화에 민감하다"는 것이다.

매장문화재 지표조사 및 발굴조사는 토목공사, 토지의 형질변경, 토석채취 등 각종 개발사업의 시행에 앞서 이루어지기 때문에 매장문화재조사 수요는 국가의 국토개발이나 민간의 건설 투자 및 경기 흐름 등과 일정부분 상관관계가 있으며, 직·간접적인 영향을 받는다.

국가에 의한 국토개발 및 정비사업, 민간의 건설투자 및 경기흐름 등은 사전에 정확하게 예측하기 어렵다. 국내 경제 침체, 경기 둔화, 세계 금융위기, 글로벌 경기 위축 등과 같은 대내외적인 변수가 국내 건설경기에도 상당한 영향을 미친다. 따라서 매장문화재조사 수요는 국내 경제 및 경기, 국가의 국토개발 및 정비사업, 글로벌 경기 등과 같은 대내외적인 환경변수에 영향을 받기 때문에 외부의 환경변화에 민감하다고 할 수 있다.

한편, 매장문화재조사는 전문지식과 풍부한 현장조사 경험을 갖춘 전문인력이 수행하며, 전문인력의 자격기준도 매장문화재 보호 및 조사에 관한 법률 시행규칙에서 명확히 규정하고 있다.

매장문화재조사 전문인력을 양성하기 위해서는 많은 시간과 금전적인 투자 등이 필요하다. 따라서 매장문화재조사 수요 증가에 따른 전문인력 공급이 원활하지 못할 경우에는 매장문화재 조사용역을 의뢰하는데 상당한 대기기간이 소요되고, 그에 따른 개발사업 지연 등 현실적인 문제가 발생한다. 반대로 매장문화재조사 수요가 감소할 경우에는 전문인력 감원으로 직결되어 대학교 등과 같은 전문인력 양성기관의 입학생 수요가 감소한다. 장기적인 관점에서는 우리나라 고고학의 학문적 발전과 우수한 매장문화재조사 전문인력의 양성 및 지속적인 공급을 저해하는 중요한 요인으로 작용한다.

매장문화재조사 수요 변화에 효율적이고 안정적으로 대처하기 위해서는 항공, 방산, 전기, 통신 등 타 산업 분야와 같이 정부 차원의 지속적인 지원과 인력 양성 및 관리가 반드시 필요하다(표 3).

넷째, "전문지식의 비대칭성"이다.

매장문화재조사는 건설공사의 시행에 앞서 개발사업 시행자가 비용을 부담하고, 매장문화재 조사기관과의 사적계약체결 즉 위탁용역을 통해 전문지식과 현장경험을 갖춘 인력이 수행한다.

개발사업 시행자는 매장문화재의 가치와 중요성, 매장문화재조사의 특성과 원칙,

연도	지표조사(건)	발굴조사(건)	계(건)	조사인력(명)
2008년	1,534	941(441)	2,916	2,046
2009년	1,449	1,093(612)	3,154	2,436
2010년	1,464	1,092(535)	3,091	2,680
2011년	1,221	903(355)	2,479	2,590
2012년	1,348	1,066(444)	2,858	2,542
2013년	1,131	1,167(509)	2,807	2,473
2014년	1,349	1,273(578)	3,200	2,515
2015년	1,390	1,411(589)	3,390	2,442

※ ( )내는 발굴변경허가 건수임.

※ 자료 : 문화재청, 2013~2015, 『주요업무 통계자료집』; e 나라지표(http://www.index.go.kr).

매장문화재조사에 대한 전문지식, 관계법령 및 행정절차 등에 대한 지식과 이해가 부족하다. 따라서 매장문화재조사를 수행하는 조사기관을 관리·감독하기에는 역량과 능력에 한계가 있다. 이로 인해 여러 가지 현실적인 문제와 갈등 및 분쟁이 발생할 수밖에 없는 구조이다.

개발사업 시행자의 역량과 능력의 부족은 개발사업 시행자와 조사기관간의 매장문화재조사에 대한 전문지식과 정보의 비대칭성 현상을 발생시키는 요인으로 작용한다.

개발사업 시행자는 매장문화재의 가치와 조사에 대한 이해 부족, 매장문화재조사의 품질에 대한 무관심, 신속한 개발사업 추진에 따른 경제적 이익추구를 위해 의도적인 유적 누락 및 미조사, 무리한 조사기간 단축 등의 요구를 통해 매장문화재조사 완료를 강요·압박·회유할 수 있다. 그리고 개발사업 시행자에게 유리한 조사기관만 의도적으로 선택하는 등 개발사업 시행자와 조사기관과의 유착관계가 발생할 수도 있다. 이러한 문제는 결국 매장문화재 부실조사 방치, 유적 훼손 및 파괴, 불공정 계약 등 현실적으로 다양한 문제를 발생시키는 원인이 된다.

이러한 문제점은 개발사업 시행자가 매장문화재 조사기관의 조사수행 능력이나 전문적인 역량과는 상관없이 단순히 비용과 조사기간을 최저로 제시하는 조사기관만 선택하게 되는 현상, 즉 역선택^{adverse selection}을 발생시킨다. 그리고 조사기관은 개발사업 시행자가 매장문화재 및 조사와 관련된 전문지식과 법령에 대한 이해가 부족하다는 점 등을 악용하여 개발사업 시행자로부터 자유로운 도덕적 해이^{moral hazard} 현상을 초래할 수 있다.

Ⅲ. 매장문화재 보호 정책 연구의 특징과 한계점

우리나라의 매장문화재 보호 정책은 1962년에 문화재보호법이 제정(법률 제961호)된 이래 문화재보호법에서 분법 되어 매장문화재 보호 및 조사에 관한 법률이 제정·시행(법률 제10001호)되기 전까지 30여 차례 이상 법 개정이 이루어졌지만, 지정문화재 중심의 보호·보존 정책 차원에서 법령과 제도가 정비되어 왔다[22]. 또한, 매장문화재 보호 및 조사에 관한 법률이 제정·시행되었지만 매장문화재 보호의 중요성과 가치에 대한 국민의 인식, 정책 및 제도는 미흡한 편이다.

매장문화재 보호 정책에 대한 연구 및 논의는 1990년대 각종 택지개발 및 사회간접자본에 의한 대규모 국토개발 사업이 전국적으로 확대되는 과정에서 매장문화재 훼손·파괴 사례가 발생하고, 매장문화재 보호·보존 문제가 사회적 이슈로 등장하면서 시작되었다.

전국적인 국토개발사업에 따른 매장문화재조사 수요가 크게 증가한 2000년대에는 매장문화재를 둘러싼 사회적 갈등과 분쟁이 증가·심화되고, 정책 및 제도 개선에 대한 요구가 지속적으로 제기되었다. 그리고 정부기관을 비롯한 민간의 개발사업 시행자에게 매장문화재 보호 정책은 국토의 효율적인 개발을 막는 악법이자 개발의 걸림돌이라는 인식이 팽배해졌다.

이러한 사회적 요구를 수용하고, 매장문화재 보호 및 조사의 전문성과 효율성을 확보하는 한편, 행정적·제도적 기반을 마련하기 위해 2010년에는 매장문화재 보호 및 조사에 관한 법률이 제정되고[23], 관련 법령과 제도가 지속적으로 정비되는 등 다

---

[22]　우리나라 문화재보호법의 연혁과 특징에 대해서는 아래의 글에 잘 정리되어 있다.
　　　오세탁, 1982, 「문화재보호법연구-문화재향유권의 법리를 중심으로」, 단국대학교대학원 박사학위논문, 45~82쪽; 박인균, 2001, 「한국 문화재보호정책의 개선방안에 관한 연구」, 연세대학교행정대학원 석사학위논문, 6~15쪽; 충북대학교 법학연구소, 2002, 『한국 문화재보호법의 발전과정과 정비방향』, 52~127쪽; 박정희, 2007, 「문화재보호에 관한 법적체계와 실현방안 연구」, 목포대학교대학원 박사학위논문, 55~91쪽.

[23]　문화재청 공고 제2008-91호, 「매장문화재 보호 및 조사에 관한 법률 제정안 입법예고」.

양한 제도개선이 추진된다. 그러나 매장문화재 보호·보존을 위한 관계법령이 치밀하게 정비되지 못해 매장문화재 보호·보존을 위한 발전적이고 합리적인 정책과 제도 개선에 대한 요구가 중앙정부 및 산하기관, 지방자치단체, 개발사업 시행자, 고고학계 등 다양한 분야에서 지속적으로 제기되고 있는 것이 현실이다.

현재까지 매장문화재 보호 정책 및 제도 개선과 관련된 연구는 주로 고고학, 법학, 행정학, 도시계획학 등에서 이루어지고 있다. 하지만 각 학문 분야의 개별 연구자들은 사례 연구나 주제 연구를 심화하는 형태로 진행할 뿐 학제간 연구를 통한 종합적이고 심도 있는 연구가 아직까지 미흡한 편이며, 연구자도 많지 않다.

1. 고고학 분야

고고학 분야에서의 매장문화재 보호 정책에 대한 연구 및 논의는 1990년대 신도시 개발사업과 도로건설 등 각종 개발사업에 따른 매장문화재 훼손·파괴 사건, 즉 1993년 9월 대구 시지동 유적과 같은 해 12월 경산 임당동 유적이 개발사업으로 인해 훼손되는 사건을 계기로 본격화되었다.

매장문화재 도굴과 건설공사로 인한 유적 파괴의 현실적인 심각성을 지적하고, 이에 대한 개선책으로 행정기관의 인식 전환, 전국적인 유적 분포조사 실시 및 예산 확보 등의 필요성을 강조했다. 그리고 유적 파괴의 원인이 전문인력의 부족, 문화재 행정의 미흡, 법령의 미비, 전담조직의 부재 등에 있기 때문에 유적 보호 및 관리의 기본이 되는 문화재보호법 및 동법 시행령과 시행규칙을 개정해야 한다는 의견을 제시하였다[24].

매장문화재 파괴의 원인 및 심각성과 관리제도의 문제점을 살펴본 후 해결 방안으로 매장문화재의 개념과 정의 명확화, 매장문화재 보호 원칙의 천명, 매장문화재 보존특별지구의 지정, 매장문화재조사의 의무화, 긴급수습발굴에서의 사유지에 대한 강제조사권, 매장문화재 조사비용에 대한 국가와 개인의 역할 분담, 유적 발견신

---

[24] 김종철, 1991, 「유적파괴의 현실과 대책」, 『영남고고학』제9호, 108~114쪽, 영남고고학회: 1993, 「유적 파괴의 원인과 대책」, 『영남고고학』제12호, 112~117쪽, 영남고고학회.

고에 대한 보상, 매장문화재기금 신설, 고의적인 매장문화재 파괴에 대한 처벌규정 강화 등을 제시했다. 그리고 문화재보호법에서 애매하게 표현된 관련 조항을 구체화하고, 시행령 및 시행규칙을 전면적으로 보완해야 한다고 주장했다[25].

문화재 보존의 의의, 문화유적 보호·보존을 위한 정책 수립, 문화재 파괴 방지를 위한 효율적 방안 모색과 지방자치제에 따른 효율적인 문화재 관리방안을 확립하고, 매장문화재를 보호하기 위해서는 법령의 개정과 발굴조사 전담기구가 필요하다고 했다[26].

유적의 중요성과 발굴 후 유적 보존의 타당성에 대해 검토하고, 발굴조사 종료까지 조사된 유적에 대한 처리 문제를 보류할 수 있는 행정적 조치와 발굴된 유적의 처리를 위한 규정이 제정되어야 한다고 했다[27].

각종 개발사업으로 인한 매장문화재조사 수요 증가에 따른 현실적인 문제점을 개선하고, 효율적으로 대처하기 위해서는 지역별 발굴전담조직의 설립과 육성, 표준 용역계약서의 도입, 객관적인 조사비용 산정기준 마련 등의 필요성을 주장했다[28].

2011년에 제정·시행된 매장문화재 보호 및 조사에 관한 법률 시행규칙에서 규정한 조사요원별 자격기준과 발굴조사의 방법 및 절차 등에 관한 규정에 의한 발굴조사 실시기준의 문제점을 구체적으로 지적하고, 문제점 해결을 위한 개정 작업이 이루어져야 한다는 의견을 제시하였다[29].

매장문화재 조사기관의 운영 실태 및 관리의 문제점과 개선방향, 전문인력 양성

---

25 이선복, 1993, 「매장문화재 관리제도 개선을 위한 제언」, 『영남고고학』제12호, 119~130쪽, 영남고고학회; 1996, 「문화재보호법 및 행정제도 상의 문제점과 개선책」, 『문화재 보존·보호』, 제5회 영남고고학회 학술발표회, 47~54쪽, 영남고고학회.

26 정징원, 1996, 「문화재 보존·보호의 방향과 과제」, 『문화재 보존·보호』, 제5회 영남고고학회 학술발표회, 2~7쪽, 영남고고학회.

27 이희준, 1996, 「발굴유적의 보존문제」, 『문화재 보존·보호』, 제5회 영남고고학회 학술발표회, 27~32쪽, 영남고고학회.

28 조영현, 1996, 「현행 유적발굴의 문제점과 개선방향-학계의 용역발굴을 중심으로」, 『문화재 보존·보호』, 제5회 영남고고학회 학술발표회, 56~71쪽, 영남고고학회.

29 이인재, 2011, 「2011 매장문화재법 하위법령의 두 가지 현안과 과제」, 『역사비평』제95호, 161~189쪽, 역사비평사; 권오영, 2012, 「이명박 정권 매장문화재 정책의 문제점」, 『역사비평』제100호, 245~272쪽, 역사비평사.

문제 등에 대해 검토하고, 문제점 해결을 위해서는 국가, 개발사업 시행자, 조사기관 모두의 인식 전환과 제도 개선이 뒷받침되어야 한다는 점을 강조했다[30].

민간에서 전담하고 있는 매장문화재 지표조사의 공공성 확보를 위해서는 프랑스의 국립예방고고학 체제를 수용하고, 문화재청 발굴제도과와 국립문화재연구소의 고고학연구실을 통합한 국립매장문화재연구소를 설립한 후 전국의 매장문화재 지표조사를 전담하게 해야 한다고 했다[31].

한편, 고고학 분야에서는 이러한 연구 이외에 북한의 문화재 관련법과 현황 등을 검토한 연구가 있으며, 학회 차원에서는 매장문화재 정책 및 제도 개선 모색을 위한 워크숍 등을 개최하기도 했다.

북한의 문화재 관계법에 대한 변천과정과 특징, 문화재 관리 전문기관, 문화재 관리 체계 및 실태, 남북한 문화재 교류 현황을 검토하고, 남북한의 문화재 교류 협력을 확대할 수 있는 방안을 제시하였다[32].

유적 조사제도 개선과 학술성 제고[33], 한국고고학 교육의 현황과 과제[34], 구제발굴제도의 현황과 개선 방향[35], 매장문화재 보호 및 조사에 관한 법률 일부 개정안 입법 예고 검토[36], 발굴조사 현안문제에 대한 보완 방안[37], 매장문화재조사 관련 법령

30　서영일, 2014, 「조사기관의 운영과 관리 및 인력 양성을 위한 정책 방향」, 『매장문화재 가치 인식과 사회적 갈등 관리-2014년 매장문화재조사 국제포럼』, 121～146쪽, 한국문화재조사연구기관협회: 2014, 「조사기관의 운영과 관리 및 인력 양성을 위한 정책 방향」, 『매장문화재 가치 인식과 사회적 갈등 관리』, 136～169쪽, 한국매장문화재협회.

31　박순발, 2015, 「현행 매장문화재조사 제도의 문제점과 개선 방향」, 『매장문화재조사 정책 및 제도의 발전 방향-2015년 매장문화재조사 국제포럼』, 245～262쪽, 한국매장문화재협회: 2015, 「현행 매장문화재조사 제도의 문제점과 개선 방향」, 『매장문화재조사 정책 및 제도의 발전 방향』, 283～303쪽, 문화재청·한국매장문화재협회.

32　하문식, 2007, 「북한의 문화재 관리와 남북 교류」, 『정신문화연구』제30권 제1호, 279～305쪽, 한국학중앙연구원.

33　한국고고학회, 2005, 「한국고고학 발전방향 모색을 위한 워크숍Ⅱ」.

34　한국고고학회, 2005, 「한국고고학 발전방향 모색을 위한 워크숍Ⅲ」.

35　한국고고학회, 2007, 「한국고고학 발전방향 모색을 위한 워크숍Ⅴ」.

36　한국고고학회, 2012, 「매장문화재 보호 및 조사에 관한 법률 일부 개정안 입법 예고 검토 워크숍」.

37　영남고고학회, 2013, 「2013년 12월 워크숍-발굴조사 현안문제에 대한 보완 방안-」

및 규정의 제문제와 개선 방향[38], 소규모 개발사업, 발굴전문법인, 매장문화재 조사비용, 조사인력 자격기준과 관련된 매장문화재 제도개선[39], 보존조치유적 제도개선 모색[40]을 주제로 한 워크숍 개최, 매장문화재 관련 업무의 지방이양에 대한 공청회[41] 등을 통해 개선안을 제시하고, 제도개선을 요구하였다.

고고학 분야에서는 각종 개발사업에 따른 매장문화재조사와 관계된 법령의 정비, 제도개선 및 정책 수립·집행 등에 따른 문제점을 지적하거나 개선을 요구하는 차원에서 주로 연구와 논의가 이루어졌을 뿐, 매장문화재 보호를 위한 종합적이고 지속적인 정책 연구나 대안 제시는 이루어지지 않고 있다.

2. 법학 분야

법학 분야에서는 헌법과 문화재보호법, 문화재보호법의 연혁 및 특징과 체계, 문화재보호법의 문제점 및 입법과 개선방향 등에 대한 연구가 주로 이루어졌다.

문화재보호법의 근거를 헌법에서 찾고, 문화재 보호의 필요성과 국가의 의무를 강조하였다. 그리고 문화재 보호를 위한 문화재 개념의 확대, 문화재 종류 구분의 개정, 고도보존법 제정 등이 필요하다고 주장했다[42].

바람직한 문화재 보호를 위한 적절한 법제 제정과 효과적인 행정수행이 중요하며, 건설공사에 따른 매장문화재 조사비용의 국가 경비보조, 매장문화재 보호를 위한 상설기금설치, 매장문화재조사 전담기구설치, 발굴시행주체의 조건 및 자격에 대

---

38   한국고고학회, 2014, 「한국고고학 발전방향 모색을 위한 워크숍-제도개선위원회 워크숍 2014-Ⅰ」.

39   한국고고학회·영남고고학회, 2014, 「매장문화재 제도개선 Ⅱ」.

40   한국고고학회·한국매장문화재협회, 2015, 「보존조치유적 제도개선 모색을 위한 워크숍」; 2015, 『매장문화재의 합리적인 보존과 활용 방안』.

41   한국고고학회, 2012, 「매장문화재 관련 업무의 지방이양에 대한 학회 공청회」.

42   남궁승태, 1994, 「헌법상의 문화국가와 문화재보호」, 『아태공법연구』제3권, 53~90쪽, 아세아태평양공법학회: 2000, 「역사적 문화환경권과 고도보존의 문제」, 『법과 사회』제19호, 9~45쪽, 법과사회이론학회.

한 법적 규정화를 해야 한다고 했다[43].

　문화재 보호·관리에 대한 지방자치단체의 권한과 책임성 강화를 위한 문화재보호법 개정, 공청회 또는 공개적인 의견 청취를 통한 문화재 보호정책 결정절차에 관한 규정의 필요성을 제기했다. 그리고 매장문화재 보호를 위한 대책으로는 개발사업 확정 전 매장문화재 분포여부 및 보호에 관한 사항을 주무부처와 협의하도록 제도화할 것, 일정 규모 이상의 건설공사에 대한 매장문화재 지표조사 의무화, 지방자치단체의 관내 매장문화재 지표조사 시행 제도화, 발견 문화재에 대한 보호구역을 설정할 필요가 있다고 했다[44].

　매장문화재 파괴의 원인으로 전국 문화유적 종합현황자료와 정부주도의 매장문화재조사 전담기구의 부재를 지적하였다. 그리고 문화재보호법 개정을 통해 매장문화재의 국가 보호원칙, 매장문화재보존특별지구 지정, 매장문화재조사 및 사후 관리비용의 일정부분 국가부담, 유적 발견신고에 대한 보상, 문화재 파괴와 도굴 및 불법 취득 등에 대한 벌칙 강화와 공소시효 연장, 사유지에 대한 매장문화재 긴급조사권을 법제화해야 점을 강조하였다[45].

　기존에 법적 제도화의 필요성이 제기되었던 매장문화재 보호지구의 지정, 매장문화재 사전조사 의무화, 사유지에 대한 매장문화재 긴급조사권, 매장문화재 조사비용의 국가지원 등에 대한 타당성을 검토하고, 이를 실현하기 위해서는 법령 개정과 제도적 장치를 마련할 것을 제안하였다[46].

　개발행정과 문화재보호법과의 관계 및 문제점, 문화국가와 문화재 보호의 중요성, 문화재보호법의 문제점 등에 대해 살펴보고, 매장문화재 보호를 위해서는 선행 연구자와 마찬가지로 매장문화재의 개념 정의 및 보호원칙의 천명, 매장문화재보존특별지구지정, 사유지에 대한 매장문화재 강제 조사권, 매장문화재 사전조사 의무화, 처벌기준 강화를 위한 문화재보호법 개정과 정비가 필요하다고 했다[47].

43　　김지현, 1996,「문화재보호에 관한 공법적 고찰」, 이화여자대학교대학원 석사학위논문, 5〜83쪽.

44　　오세탁, 1997,「문화재보호법과 그 문제점」,『문화재』제30호, 29〜42쪽, 국립문화재연구소.

45　　박은정, 1999,「매장문화재보호를 위한 대책-문화재보호법의 문제점을 중심으로-」,『법학논집』제4권 1·2호, 43〜65쪽, 이화여자대학교 법학연구소.

46　　김수갑, 2000,「문화재보호법의 체계」,『법과 사회』제19호, 47〜79쪽, 법과사회이론학회.

47　　오용암, 2001,「앞의 논문」, 건국대학교대학원 석사학위논문, 6〜91쪽.

문화재보호법에서 규정하고 있는 매장문화재 보호와 관련된 내용을 검토하고, 매장문화재 관리제도의 개선방향으로 선행 연구자들과 마찬가지로 매장문화재 개념의 도입, 매장문화재 보호원칙의 법정화, 매장문화재 기금제도 도입, 전문인력 양성에 관한 규정 도입, 특별지구지정 제도의 도입, 평가제도의 도입, 강제 조사권의 도입, 매장문화재 발굴 및 발견에 대한 보상제도 도입, 처벌규정을 강화해야 한다고 주장했다[48].

문화재보호법의 과제와 주요 쟁점사항에 대한 정비 방안에 대해 살펴보고, 기존에 법적 제도화의 필요성이 주장되었던 매장문화재보호구역 지정, 매장문화재 사전조사 의무화, 매장문화재 조사비용의 국가 지원에 대한 법제 정비방향을 제시하기도 하였다[49].

문화재 보호의 근거를 헌법에서 찾고, 문화재 보호에 대한 국가의 책무와 국민의 역할, 문화재 보호 의식제고를 위한 교육의 중요성과 필요성을 강조했다[50].

문화재보호법의 주요 쟁점사항에 대해 살펴보고, 매장문화재조사의 문제점으로 소규모 건설공사에 대한 사전 지표조사 미비와 조사비용의 원인자부담원칙을 지적했다. 그리고 발굴허가 및 현상변경허가 신청에 대한 심의기간 단축 및 신속한 행정처리를 위해서는 권한의 일부를 시·도에 위임해야 한다고 했다[51].

매장문화재 보호를 위한 원형보존조치 및 조사비용의 사업시행자 부담원칙에 대한 문제점을 지적하고, 개선방안으로 매장문화재 조사비용에 대한 국가의 일정부분 지원과 원형보존 조치된 토지에 대한 매수청구권을 인정하도록 문화재보호법을 개정할 것을 주장하였다[52].

문화재 보호 관련 법령과 개선방안에 대해 살펴보고, 사유재산권 제한 및 침해

---

48 허수중, 2002, 「매장문화재 보호제도의 개선방안」, 『중앙법학』제4집 제2호, 233~251쪽, 중앙법학회.

49 김재호·김창규, 2002, 「문화재보호법제의 연구」, 『법학연구』제13권 제1호, 87~111쪽, 충남대학교법학연구소.

50 최대권, 2003, 「문화재보호와 헌법」, 『서울대학교법학』제44권 제3호, 2~25쪽, 서울대학교법학연구소.

51 박정희, 2007, 「앞의 논문」, 목포대학교대학원 박사학위논문, 110~196쪽.

52 장광철, 2008, 「문화재보호법의 개선방안에 관한 연구」, 조선대학교대학원 석사학위논문, 93~98쪽.

문제로부터 효율적으로 문화재를 보호하기 위해서는 문화재보호구역의 합리적인 관리와 행정, 매장문화재 조사비용에 대한 국고지원의 필요성을 언급하였다[53].

매장문화재 보호 및 조사에 관한 법령에서 사용하고 있는 용어와 흠결규정에 대해 검토한 후 입법체계와 법령위임체계상 법률에서 규정할 사항을 행정편의상 행정규칙으로 정하여 운영하는 것을 지양하고, 법령의 완전성과 무흠결성을 위해서는 법령을 정비해야 한다고 했다[54].

매장문화재 보호 및 조사에 관한 법령에 대해 일반규정과 지표조사 및 발굴조사 관련 규정으로 구분하여 그 내용과 문제점을 분석하고, 문제점 개선을 위한 법령의 개정방향을 제시하였다[55].

한편, 법학 분야에서는 각종 개발사업에 따른 매장문화재조사 수요와 공급의 불균형, 사업시행자의 조사비용 부담 증가, 조사기간 장기화, 매장문화재조사의 객관성과 신뢰성 저하 등에 대한 원인과 문제점에 대해 살펴보고, 해결 방안으로 새로운 유형의 발굴조사기관 운영 모델을 제안하기도 했다[56].

그러나 법학 분야에서는 매장문화재 보호 정책에 대한 문제점과 개선방안을 간략히 언급하거나 고고학 분야에서 논의되었던 내용이나 연구를 심화하는 수준이다. 매장문화재 보호를 위한 합리적이고 효율적인 정책대안 및 개선방안, 그리고 정책모델 제시를 위한 연구는 아직까지 미흡한 편이다.

---

53 홍완식, 2009, 「문화재 보호법제의 개선방안에 관한 연구」, 『토지공법연구』제44집, 239~255쪽, 한국토지공법학회.

54 이준우, 2015, 「매장문화재 보호 및 조사에 관한 법률 개선방향」, 『보존조치유적 제도개선 모색을 위한 워크숍』, 3~18쪽, 한국고고학회·한국매장문화재협회: 2015, 「매장문화재 보호 및 조사에 관한 법률 개선방향」, 『매장문화재의 합리적인 보존과 활용 방안』, 2~22쪽, 한국고고학회·한국매장문화재협회.

55 신옥주, 2015, 「매장문화재 보호 및 조사에 관한 법률의 개정 방향 연구」, 『매장문화재조사 정책 및 제도의 발전 방향-2015년 매장문화재조사 국제포럼』, 3~27쪽, 한국매장문화재협회: 2015, 「매장문화재 보호 및 조사에 관한 법률의 개정 방향 연구」, 『매장문화재조사 정책 및 제도의 발전 방향』, 2~31쪽, 문화재청·한국매장문화재협회.

56 윤광진 외, 2010, 『매장문화재 발굴제도개선에 관한 입법평가』, 한국법제연구원; 정상우·변철희, 2012, 「매장문화재 발굴제도 개선을 위한 입법대안 모색」, 『입법평가연구』제6호, 78~93쪽, 한국법제연구원.

3. 행정학 및 도시계획학 분야

　행정학 및 도시계획학 분야에서의 연구는 문화재보호법의 연혁과 특징, 문화재 보호정책 및 매장문화재조사의 문제점과 개선방안, 원인자부담원칙 및 재산권 제한 문제, 매장문화재조사 공영제 등이 중심을 이루고 있다.

　매장문화재 보호 정책의 문제점으로 전국 매장문화재 분포현황 조사 미비, 조사 비용의 원인자부담원칙, 매장문화재조사의 공공성과 책임성 미흡, 유적 발견신고에 대한 보상제도 부재, 발굴조사 관련 행정주체의 일원화 부재, 전문인력 부재 등을 지적했다. 문제점을 개선하기 위해서는 매장문화재 발굴전문기관과 전문인력 확충, 중앙매장문화재보관센터 건립, 발굴비용 부담제도 개선, 사유재산권 보호 강화, 비지정문화재 보호를 위한 법 개정, 매장문화재 신고에 대한 보상규정 개선, 지방자치단체의 문화재행정 강화가 필요하고 하였다[57].

　매장문화재조사의 현황과 문제점에 대해 문화재보호법상의 개발과 보호의 문제, 매장문화재조사의 현실적인 문제, 대학기관의 문제, 발굴전문기관의 문제, 국·공립기관의 문제로 구분하여 검토하고, 문제점 해결을 위해서는 매장문화재보호법의 정비, 각 기관의 상호 협력, 국가와 지방자치단체의 지원 강화, 문화재조사의 품셈 구축, 통합기구를 설립해야 한다고 했다[58].

　풍납토성 경당지구의 매장문화재 발굴조사와 유적 훼손 사례를 사회적 갈등이론에 대입하여 도시개발과 매장문화재 보존 간의 갈등이 갖는 특징과 사회적 갈등의 파급효과를 분석한 후 매장문화재 훼손의 가장 큰 원인은 원인자부담원칙에 바탕을 둔 법과 제도라고 주장하였다[59].

　공공갈등 이론을 대입하여 풍납토성 경당지구 유적 훼손 사건의 갈등원인을 검토하고, 원인자부담원칙이 문화재보호법의 본질적인 정책 목표인 문화재 보호의 정책수단이 될 수 없다는 점을 지적했다[60].

57　박인균, 2001, 「앞의 논문」, 연세대학교행정대학원 석사학위논문, 64~128쪽.

58　김희준, 2006, 「매장문화재 행정에 관한 연구-매장문화재조사의 문제점과 효율적인 문화재조사 방안을 중심으로-」, 연세대학교정경대학원 석사학위논문, 41~71쪽.

59　김준혁, 2009, 「도시개발과 매장문화재보존 간의 갈등구조에 관한 연구-풍납토성 내부 경당연립재건축사업을 중심으로-」, 서울대학교환경대학원 석사학위논문, 33~99쪽.

60　박종웅, 2011, 「원인자부담원칙이 갈등에 미치는 영향 분석-풍납토성 매장문화재 훼손 사례를

각종 개발사업에 따른 매장문화재조사의 문제점과 이에 대한 개선책으로 기존에 논의되었던 매장문화재조사 공영제가 현실적인 문제점을 해결할 수 있는 합리적인 방안이 아니라고 주장했다. 그리고 매장문화재조사 공영제보다는 현행 행정관리 시스템 보완을 통한 지방문화재청의 신설과 분권화, 민간사업자의 부담경감과 전문성 확보가 합리적인 방안이라고 하였다[61].

문화재보호법과 매장문화재 보호 및 조사에 관한 법률의 문제점을 문화재 주변지역의 재산권 보장과 관련하여 살펴보고, 문제점을 해결하기 위해서는 보존지역 또는 보호구역 토지에 대한 금전적 보상과 매수청구권 인정, 매장문화재 조사비용의 일정부분 국가부담, 매장문화재 발굴에 대한 보상제도 도입, 원형보존 또는 이전복원 조치에 대한 객관적인 평가기준 마련의 필요성을 제시하였다[62].

행정학 및 도시계획학 분야에서의 매장문화재 보호 정책에 대한 연구 주제나 논리 전개, 대안 제시와 결론 등은 고고학과 법학 분야에서 논의되었던 내용이나 결론에서 크게 벗어나지 못하고 있다는 한계점이 있다.

이상으로 매장문화재 보호 정책 및 제도 개선과 관련하여 그동안 연구 및 논의되었던 내용에 대해 살펴보았다.

지금까지의 선행 연구는 각종 개발사업에 따른 매장문화재조사의 현실적인 문제점을 중심으로 제도개선을 요구하거나 문화재보호법의 체계와 문제점을 검토하는 과정에서 매장문화재 보호 정책에 대한 개선과 법률 개정의 필요성을 제시하는 수준에서 크게 벗어나지 못하고 있다. 연구 주제 및 논리 전개, 대안 제시와 결론도 대체로 비슷하고, 동일한 내용을 반복하여 제시하거나 심화하는 수준이다.

학제간 연구를 통한 종합적이고 심도 있는 매장문화재 보호 정책에 대한 연구나 대안 제시, 매장문화재 보호와 개발의 가치 사이에서 겪는 사회적 갈등 해소를 위한 새로운 정책 방향이나 모델 제시 등은 아직까지 미흡한 것이 현실이다.

중심으로-」, 서울대학교행정대학원 석사학위논문, 39~67쪽.

61 황정진, 2011, 「매장문화재 조사 제도의 개선에 관한 연구」, 동의대학교행정대학원 석사학위논문, 17~62쪽.

62 우성기, 2011, 「문화재의 지속가능한 보호를 위한 법제의 개선방안」, 『행정법연구』제31호, 6~18쪽, 행정법이론실무학회.

Ⅳ. 현행 매장문화재 보호 정책의 문제점과 개선방안

1. 매장문화재 보호 정책의 변천과 특징

우리나라의 매장문화재 보호 정책은 문화재보호법이 1962년 1월 10일 법률 제961호로 제정된 이래 문화재보호법에서 분법 되어 매장문화재 보호 및 조사에 관한 법률이 2010년 2월 4일 법률 제10001호로 제정되는 등 그 동안 꾸준히 발전되어 왔지만 아직까지 미흡한 것이 사실이다.

따라서 문화재보호법에서 분법 되어 매장문화재 보호 및 조사에 관한 법률이 제정된 2010년을 기점으로 매장문화재 보호 정책의 근거가 되는 문화재보호법상의 매장문화재 관련법령이 어떻게 변해 왔는지, 그 특징은 무엇인지, 현재 시행되고 있는 매장문화재 보호 및 조사에 관한 법령의 제정·개정의 배경과 특징, 그리고 문제점과 원인에 대해 살펴볼 필요가 있다[63].

2010년을 기점으로 살펴보아야 하는 이유는 매장문화재 보호 정책에 큰 변화를 가져 온 시기이기 때문이다. 즉 문화재보호법에서 분법 되어 매장문화재 보호 및 조사에 관한 법률이 제정되면서 매장문화재 보호 정책은 법적·행정적·제도적 기반과 함께 체계적으로 발전될 수 있는 계기가 마련되었다고 할 수 있다.

1) 2010년 이전

우리나라의 매장문화재 보호 정책은 1962년 1월 10일 법률 제961호로 문화재보호법이 제정되면서 법적·제도적 기틀이 마련되었다고 할 수 있다. 문화재보호법은 "조선보물고적명승천연기념물보존령(조선총독부 제령 제6호, 1933.8.9.)"을 폐지하고, 문화재를 보존하여 이를 활용함으로써 국민의 문화수준향상을 도모하는 동시에 인류문화의 발전에 기여하기 위한 목적으로 제정되었다.

---

63 문화재보호법과 매장문화재 보호 및 조사에 관한 법률의 조문, 연혁 및 제·개정이유는 국가법령정보센터(http://www.law.go.kr)의 법령정보를 참고하였음.

제정된 문화재보호법은 1954년 7월 1일에 개정된 일본의 문화재보호법을 전반적으로 참고하였으며, 전全 7장 73조와 부칙3조로 구성되었다. 매장문화재와 관련된 부분은 제4장(매장문화재)의 제42조(발견신고), 제43조(발굴의 허가 등), 제44조(국가에 의한 발굴), 제45조(처리방법), 제46조(경찰서장등의 매장문화재 처리방법), 제47조(국고귀속과 보상금), 제48조(유실물법의 준용)이다[64].

제정된 문화재보호법에서는 매장문화재를 토지 또는 물건에 포장된 문화재로 정의하고, 토지 기타 물건의 소유자, 관리자 또는 점유자가 발견하였을 때 그 현장을 변경함이 없이 문교부장관에게 신고하도록 규정했다.

연구 목적이나 토목공사, 기타 연구 이외의 목적으로 매장문화재가 포장되어 있는 것으로 인정되는 토지에 대한 발굴은 문교부장관의 허가와 지시를 받도록 하고, 문교부장관이 필요하다고 인정하는 경우에도 매장문화재가 포장되어 있는 토지를 발굴할 수 있도록 했다. 그리고 국가에 의한 발굴은 토지의 소유자, 관리자 또는 점유자가 발굴을 거부, 방해 또는 기피하지 못하도록 규정하였다.

문화재보호법이 제정되기 이전에는 매장문화재를 민법 제254조(매장물의 소유권취득)및 제255조(문화재의 국유)와 유실물법 제13조(매장물)에 의하여 단순히 소유권의 귀속 및 보상 또는 학술, 예술, 고고의 중요한 재료가 되는 물건에 대한 소유권 귀속의 차원으로만 인식하였다. 그리고 조선보물고적명승천연기념물보존령 제18조에 고분 등 발굴의 허가제가 규정되어 있으나 광복 이후의 정치적·사회적 불안정 속에서 매장문화재 발굴을 규제하는 것은 제도적으로나 현실적으로 어려운 상황이었다. 따라서 문화재보호법이 제정될 당시의 시대적·사회적 상황과 인식을 고려할 때 매장문화재와 관련된 조항을 규정한 것은 상당히 발전된 제도였다고 할 수 있다.

하지만 문화재보호법이 제정될 당시에는 전국적으로 매장문화재가 어느 지역에 얼마나 분포하는지를 체계적으로 파악하지 못한 상황이었기 때문에 토지의 형질변경이나 토목공사를 시행할 지역이 매장문화재 분포지역인지 사전에 알 수 있는 정보가 없었다. 토목공사 과정에서 매장문화재가 출토되었다 하더라도 국민이 매장문화재를 인식할 확률은 매우 희박하며, 매장문화재인지 모르고 공사를 진행했다면 이를 처벌하는 것도 불가능했다.

---

64   제정된 문화재보호법의 매장문화재 관련 조항은 부록 1 참조.

따라서 연구 목적이나 국가에 의한 발굴 이외에 토지의 형질변경이나 토목공사 등의 시행에 앞서 매장문화재의 분포 여부를 조사하거나 매장문화재 발견신고를 하는 것은 거의 불가능했다고 할 수 있다. 그리고 현실적으로 토목공사 등의 개발행위가 많지 않았기 때문에 개발행위에 따른 매장문화재의 훼손이나 파괴가 드러나거나 사회적으로 이슈화될 수도 없는 상황이었다.

매장문화재와 관련된 첫 번째 문화재보호법의 개정은 1963년 2월 9일 법률 제1265호로 일부개정한 것이다. 개정된 내용은 발굴한 문화재에 관하여 국가가 발굴한 것과 기타의 자가 발굴한 것과의 구분에 따른 처리방법을 다르게 규정한 것이다[65].

매장문화재와 관련된 두 번째 문화재보호법의 개정은 1970년 8월 10일 법률 제2233호로 일부개정한 것이다. 개정된 내용은 발견·발굴한 문화재에 대하여 소유자를 판명하는데 필요한 소요기간을 설정한 것이다[66].

매장문화재와 관련된 세 번째 문화재보호법의 개정은 1973년 2월 5일 법률 제2468호로 일부개정한 것이다. 개정된 내용은 발견신고를 해야 하는 대상을 소유자, 관리자, 점유자에서 발견자까지 확대하고, 토목공사 등으로 인한 매장문화재 발굴조사 비용을 건설공사 시행자가 부담하도록 하였다[67].

일부개정된 문화재보호법에서 중요한 것은 토목공사 및 기타의 건설공사로 인한 발굴이나 훼손·멸실 등의 우려로 이전 및 보존할 경우의 소요경비를 건설공사의 시행자가 부담하도록 하는 조항을 신설한 것이다. 이는 매장문화재의 현상변경을 통한 개발사업 추진으로 이익을 얻는 수익자가 그 비용을 부담하도록 하는 "원인자부담 원칙"이 수립되는 계기가 되었다. 이러한 원칙은 현재까지 유지되고 있다.

이러한 조항이 신설된 것은 국가나 지방자치단체가 아닌 민간의 수요에 의해 발굴이 이루어질 경우 그 행위에 의해 이익을 얻는 개발사업 시행자가 그 행위로 훼손되거나 망실되는 매장문화재의 처리 및 보존비용을 부담하는 것이 타당하다는 인식[68], 토목공사 등의 시행으로 발견된 매장문화재 중 국가에 귀속되는 건수가 많아짐에

따라 보상금 지급액이 급격히 증가하여 이에 소요되는 경비를 국가가 모두 부담하기에는 당시의 재정으로는 불가능하였기 때문이다[69].

하지만 개발사업 시행자는 토목공사 등 개발사업에 따른 매장문화재 발굴조사를 기피하거나 발견사실을 숨기는 등 부작용이 발생하였다. 당시 제1차 국토종합개발계획(1972년~1981년)의 추진으로 국토개발 우선이라는 시대적 상황 등을 고려할 때 결국 신설된 조항은 그 실효를 거두지 못하였다.

매장문화재와 관련된 네 번째 문화재보호법의 개정은 1982년 12월 31일 법률 제3644호로 전부개정한 것이다.

문화재보호법이 전부개정된 배경은 1970년대부터 제1차 국토종합개발사업이 국가의 최우선시책으로 시행되는 가운데 매장문화재나 전통건조물의 보존 등 문화재 보호·관리에 관한 많은 문제점들이 지적되었고[70], 우리나라 문화재보호법의 모태역할을 하였던 일본의 문화재보호법이 1975년에 대폭적으로 개정되면서 우리나라에 큰 영향을 주었기 때문이다. 또한 대한민국헌법의 전부개정(헌법 제9호)을 통한 제5민주공화국의 출범이라는 시대적·정치적 상황과 전부개정된 대한민국헌법에 신설된 문화국가와 관련된 내용을 반영하고자 한 것이다.

매장문화재와 관련된 주요 개정 내용을 보면, 첫 번째는 매장문화재의 개념 정의를 보완한 것이다. 기존에는 매장문화재의 개념을 토지나 기타 물건에 포장된 문화재로 한정하였던 것을 토지·해저 또는 건조물 등에 포장된 문화재로 정의하였다. 이는 매장문화재의 범위를 확대하고, 향후 수중문화재에 대해 인식할 수 있는 계기를 마련하였다는 점에서는 제도가 긍정적으로 발전한 것이다[71].

매장문화재의 개념이 확대될 수 있었던 계기는 1975년 8월 전라남도 신안군 도덕도 앞바다에서 조업 중이던 어부에 의해 청자화병 등의 유물이 인양되고, 1976년 10월 16일에 이 지역 반경 2km 정도를 문화재보호구역으로 가지정한 후 여러 차례의 발굴조사가 진행되면서 해저에서도 문화재가 발견될 수 있다는 인식을 하였기 때문이다.

---

69 충북대학교 법학연구소, 2002, 『앞의 보고서』, 95~96쪽.

70 김종혁, 1983, 「개정문화재보호법해설」, 『문화재』제16호, 163쪽, 문화재관리국.

71 개정된 문화재보호법의 매장문화재 관련 조항은 부록 5 참조.

두 번째는 매장문화재 발굴조사 금지의 원칙을 규정한 것이다. 기존에는 연구나 토목공사의 목적으로 발굴허가를 득하면 언제든지 매장문화재를 발굴할 수 있었으나 전부개정에서는 매장문화재 발굴조사의 금지를 원칙으로 하고, 연구목적이나 부득이한 경우에만 허가를 득하여 매장문화재를 발굴할 수 있도록 하였다. 이는 매장문화재가 발굴조사의 대상이 아니라는 원칙을 천명함으로서 무분별한 개발로부터 매장문화재를 보호하고, 경제·사회 발전을 위해 부득이한 경우에 한해서만 매장문화재를 발굴할 수 있다는 기준을 설정했다는 점에서 발전적으로 법이 개정된 것이다.

매장문화재와 관련된 다섯 번째 문화재보호법의 개정은 1995년 1월 5일 법률 제4884호로 일부개정한 것이다. 매장문화재와 관련하여 개정한 내용은 발굴에 소요되는 경비를 건설공사의 시행자가 부담하는 것을 원칙으로 하되, 일정 규모의 건설공사에 대해서는 국가나 지방자치단체에서 발굴비용을 부담할 수 있도록 했다[72].

이렇게 개정하게 된 배경은 건설공사 등으로 인해 부득이 매장문화재를 발굴할 경우 발굴에 소요되는 경비를 건설공사의 시행자가 부담하도록 함에 따라 건설공사 시행자가 매장문화재 발견신고를 기피하거나 민원을 제기하는 등 현실적으로 다양한 문제가 발생했기 때문이다. 특히, 문화재가 밀집된 경주지역에서는 매장문화재 발견신고를 기피하거나 문화재보호법 위반으로 인해 지역주민이 전과자가 되는 등 많은 민원이 제기되었다.

문화재보호법 개정에 따라 시행령(대통령령 제14750호)은 대통령령이 정하는 건설공사의 범위를 규정한 조항을 신설하고, 국가나 지방자치단체가 발굴비용을 부담할 수 있는 범위를 "대지면적 330제곱미터 이하, 건축연면적(지하층의 면적 제외) 165제곱미터 이하인 단독주택"으로 규정하였다[73].

대통령령이 정하는 건설공사의 범위를 일정면적 이하의 단독주택으로 한정함에 따라 규정된 면적 이상에서 시행하는 건설공사와의 형평성 문제가 제기되었다. 그리고 발굴비용 지원이 필요한 농어업시설물, 개인사업자의 소규모 건축물, 마을회관, 보육시설 등이 제외되었기 때문에 문화재 발견신고 기피나 현실적으로 제기된 다양한 민원을 효율적으로 해결하기에는 많은 한계가 있었다.

---

72   개정된 문화재보호법의 매장문화재 관련 조항은 부록 6 참조.

73   개정된 문화재보호법 시행령의 조항은 부록 7 참조.

매장문화재와 관련된 여섯 번째 문화재보호법의 개정은 1999년 1월 29일 법률 제5719호로 일부개정한 것이다.

매장문화재와 관련된 조항을 개정하게 된 배경은 1990년대 지역균형개발 등을 목표로 한 제3차 국토종합개발계획(1992년~2001년)의 추진으로 신산업단지의 조성·육성, 도로·철도·항만 등 국토개발기반시설의 확충, 국민의 생활 및 복지 향상을 위한 주택·상수도 건설 등 각종 국책사업과 함께 민간부분의 개발사업이 전국적으로 확대되는 과정에서[74] 이전에 비해 매장문화재 파괴 및 훼손 사건이 증가하였기 때문이다. 또한 1993년 9월 대구 시지동 유적과 같은 해 12월 경산 임당동 유적이 공사 중 훼손되는 사건을 계기로 매장문화재 보호를 위한 법적·제도적 정비의 필요성과 개선에 대한 요구가 지속적으로 제기되었고, 매장문화재 보호와 개발이익 추구에 따른 사회적 갈등이 표면화되기 시작했기 때문이다.

매장문화재와 관련된 주요 개정 내용을 보면, 첫 번째는 매장문화재 조사용역대가의 기준을 고시할 수 있는 근거를 마련하였다는 것이다[75]. 개발사업의 전국적인 확대에 따라 건설공사의 시행자가 부담해야 하는 매장문화재 발굴비용은 증가하였지만, 발굴비용 산정을 위한 대가기준이 없었다. 그로 인해 학술용역이나 엔지니어링 대가기준 등을 적용하는 과정에서 건설공사 시행자와 조사기관 사이에 갈등과 분쟁이 빈번하게 발생하였고, 발굴비용을 합리적으로 산정할 수 있는 대가기준이 필요했기 때문이다.

하지만 매장문화재 조사용역 대가기준을 고시할 수 있는 법적 근거가 마련되었음에도 불구하고 대가기준이 제정·고시 및 시행된 것은 2002년 2월 15일(문화재청 공고 제2002-8호)이다. 당시 고시된 대가기준은 조사요원의 등급별 인건비 기준단가와 항목별 구성 등에 대한 기준만 제시되었기 때문에 합리적인 조사비용을 산정할 수 없어 여전히 건설공사 시행자와 조사기관간의 합의에 의해 조사비용을 결정하였다.

두 번째는 문화재 지표조사를 의무화하고, 지표조사 결과 매장문화재가 매장된 것으로 판정된 지역에서 개발사업을 하고자 하는 경우 사전에 협의하도록 한 것이

---

74 이홍영·이순자, 1995, 『제3차 국토종합개발계획 추진실적평가(Ⅰ)』, 19~21쪽, 국토개발연구원.

75 개정된 문화재보호법의 매장문화재 관련 조항은 부록 8 참조.

다. 이에 문화재보호법 시행령(대통령령 제16413호)은 "15만제곱미터 이상인 사업을 계획할 경우 사전에 협의"하도록 하고, 지표조사 대상은 "사업면적이 3만제곱미터 이상인 건설공사, 사업면적이 3만제곱미터 이하인 건설공사 중 매장문화재가 포장되어 있는 것으로 인정되어 당해 개발사업의 인·허가를 하는 지방자치단체의 장이 지표조사를 명하는 건설공사"로 규정하였다[76].

이러한 규정은 매장문화재 보호·보존을 위한 발전적인 정책이지만, 매장문화재 조사에 따른 사업시행자의 비용부담 증가, 지표조사 의무면적으로 3만제곱미터가 적정한 기준인지에 대한 신중한 검토가 없었다는 점, 3만제곱미터 이하에서 이루어지는 건설공사에 대해 지표조사를 하지 않음에 따라 발생할 수 있는 다양한 문제에 대한 대처나 해결책을 제시하지 못했다는 한계점이 있다.

또한 매장문화재 지표조사는 각종 개발사업 시행 이전에 매장문화재의 존재여부를 확인하는 것인데, 매장문화재 훼손에 대한 "원인자부담원칙"을 적용하여 개발사업 시행자에게 지표조사 비용 전액을 일방적으로 부담케 한 것은 문제가 있다.

매장문화재 보호는 헌법에서 규정한 국가의 당연한 책무로 국가는 미리 매장문화재 유존지역을 파악하여 체계적으로 관리하고, 국민이 알 수 있도록 관련 정보를 제공해야 한다. 그러나 국가가 매장문화재 보호에 따른 책무 분담을 하지 않고, 개발사업 시행자에게 그 비용을 전적으로 부담케 한 것은 합리적이지 못한 제도이다.

세 번째는 매장문화재조사 전문기관의 설립을 적극 지원·육성하도록 한 것이다.

이는 신산업단지조성, 신도시개발, 도로·철도·항만·댐 등 각종 개발 사업으로 인한 매장문화재조사 수요가 증가하고 대규모화되었지만, 당시 매장문화재조사를 전담하고 있던 대학박물관으로는 이를 감당할 수 없었다. 급증하는 매장문화재조사 수요에 효과적으로 대처하기 위해서는 매장문화재조사를 전담할 수 있는 전문기관의 필요성과 설립에 대한 공감대가 형성되었기 때문이다. 그러나 시행령이나 시행규칙에 매장문화재조사 전문기관 설립의 지원이나 육성을 어떻게 해야 하는지 등에 대한 구체적인 내용을 규정하지 않아 실제적으로는 육성·지원을 할 수 없었다는 점에서 이 조항은 실효성이 없는 사문화된 조항에 불과했다.

매장문화재와 관련된 일곱 번째 문화재보호법의 개정은 2000년 1월 12일 법률

76　개정된 문화재보호법 시행령의 조항은 부록 9 참조.

제6133호로 일부개정한 것이다. 매장문화재와 관련하여 개정한 내용은 국가귀속 대상문화재의 범위, 보관기관 및 보존할 필요가 없는 발굴유물의 처리방법 등에 관한 근거를 마련한 것이다[77].

매장문화재와 관련된 조항을 개정하게 된 배경은 각종 개발사업으로 인해 지표조사와 발굴조사가 증가하면서 수습 또는 출토되는 유물 수량이 증가함에 따라 국가에 귀속되는 유물의 기준을 명확히 하는 동시에 귀속되지 않는 유물을 효율적으로 처리할 필요가 있었기 때문이다. 따라서 문화재보호법 시행규칙(문화관광부령 제44호)에서는 국가귀속대상 문화재의 범위를 "유적의 연대를 추정하거나 문화사 등 역사의 복원에 중요한 자료로서 역사적·학술적 가치가 있는 것과 화석·광물 등의 문화재로서 학술적 가치가 있는 것"으로 규정했다. 국가에 귀속되지 아니한 유물은 학술자료 등으로 활용하거나 일정한 장소에 매장할 수 있도록 하는 조항을 신설하였다[78].

매장문화재와 관련된 여덟 번째 문화재보호법의 개정은 2002년 12월 30일 법률 제6840호로 일부개정한 것이다.

매장문화재와 관련된 조항을 개정하게 된 배경은 1999년 1월 29일 법률 제5719호로 지표조사를 의무화하였지만, 사업시행자가 이행하지 않아도 처벌할 수 있는 근거가 없었기 때문이다. 따라서 문화재 지표조사 제도의 안정성과 실효성을 확보하고, 이를 이행하지 않을 경우 처벌할 수 있는 근거를 마련할 필요가 있었기 때문이다.

매장문화재와 관련하여 개정한 내용은 문화재 지표조사를 정당한 사유 없이 거부·방해 또는 기피 시 5년 이하의 징역 또는 5천만원 이하의 벌금에 처하도록 하는 규정을 신설한 것이다[79].

이 규정은 매장문화재 지표조사 미이행에 따른 처벌 근거를 마련하였다는 점에서는 발전적인 정책이지만, 처벌기준을 사안에 따라 세부적으로 구분하여 구체적으로 명확하게 규정하지 않았다는 한계점이 있다. 그 결과 실제 처벌된 결과는 벌금이나 기소유예 등으로 너무나 미약하였고, 개발사업 시행자는 지표조사 미이행에 따른

77　개정된 문화재보호법의 매장문화재 관련 조항은 부록 10 참조.

78　개정된 문화재보호법 시행규칙의 조항은 부록 11 참조.

79　개정된 문화재보호법의 매장문화재 관련 조항은 부록 12 참조.

벌금을 납부하더라도 개발사업 추진에 따른 경제적 이득이 크다는 인식을 하여 매장문화재 보호나 관계법령의 준수를 대수롭지 않게 생각하는 결과를 초래했다.

매장문화재와 관련된 아홉 번째 문화재보호법의 개정은 2005년 1월 27일 법률 제7365호로 일부개정한 것이다.

매장문화재와 관련된 조항을 개정하게 된 배경은 균형국토, 녹색국토, 개방국토, 통일국토를 목표로 한 제4차 국토종합계획(2000년~2020년)의 추진으로 도로·철도·항만·공항 등의 교통망 및 물류 기반시설 구축, 기업도시·행정중심복합도시·경제자유구역·지역특화발전특구·혁신도시의 조성, 공공주택 건설 등의 개발사업으로 인해 매장문화재 지표조사와 발굴조사가 2003년부터 크게 증가하였다[80]. 그러나 조사기관 섭외의 어려움으로 인한 매장문화재조사 대기기간의 장기화 및 그에 따른 사업시행자의 허가사항 위반, 고의적인 발굴지역 훼손, 조사기관의 허가사항 위반 및 발굴조사 보고서의 기한 내 미제출 등 다양한 현실적인 문제와 사회적 갈등이 발생했기 때문이다.

매장문화재와 관련하여 개정한 내용을 보면, 첫 번째는 지표조사와 발굴조사를 제한한 것이다[81]. 즉 지표조사를 거짓 그 밖의 부정한 방법으로 행한 경우에는 지표조사기관에서 제외하도록 한 것이다. 그리고 발굴허가 내용이나 허가 관련 지시를 위반하여 고의 또는 중대한 과실로 발굴지역을 훼손한 행위, 문화재청장의 발굴 정지 또는 중지의 명령이나 그 허가취소에도 불구하고 계속하여 발굴하는 행위, 법에서 정한 발굴조사보고서의 제출기한을 경과하는 행위, 지표조사기관에서 제외되었을 경우 등에 대해서는 조사기관과 그 대표자 및 조사단장 또는 책임조사원을 2년의 범위 내에서 발굴조사에 참여하지 못하도록 한 것이다.

이는 지표조사의 부실을 방지하고, 발굴 허가사항이나 지시사항과 다르게 발굴하여 매장문화재가 훼손되는 것과 발굴조사보고서를 기한 내에 제출하지 않는 현실적인 문제점 개선에는 상당한 기여를 하였다. 하지만 지표조사 또는 발굴조사를 조사기관에 의뢰하여 용역을 관리·감독하고, 발굴허가 사항 및 문화재청장의 보존조치 명령 등을 실질적으로 이행해야 할 의무가 있는 개발사업 시행자의 위반행위에 대

---

80   대한민국정부, 2000, 「제4차 국토종합계획 2000~2020」.

81   개정된 문화재보호법의 매장문화재 관련 조항은 부록 13 참조.

한 처벌기준이나 제재조치를 할 수 있는 근거를 마련하지 못했다는 한계점이 있다.

두 번째는 지표조사기관 및 발굴조사기관에 대한 기준을 마련한 것이다. 문화재보호법의 개정에 따라 시행규칙(문화관광부령 제121호)에서는 발굴조사기관과 지표조사기관이 갖추어야 할 기준에 대한 조항을 신설하였다[82]. 지표조사기관은 육상과 수중으로 구분하고, 해당 기관이 갖추어야 할 기준과 조사요원별 자격기준을 규정하여 문화재청장이 인정한 기관을 고시하도록 했다. 그러나 발굴조사기관에 대해서는 그렇게 하지 않았다는 문제점이 있다.

세 번째는 발굴조사보고서의 제출 기한을 규정한 것이다. 즉 발굴조사를 완료한 때부터 2년 이내에 제출하도록 하되 2년의 범위 안에서 그 제출기한을 연장할 수 있도록 하였다. 이는 발굴조사기관 및 전문인력의 공급과 발굴조사 수요의 불균형이라는 현실, 발굴조사 대기기간의 장기화로 인한 사업시행자의 민원해소 및 제도개선 요구사항 등이 반영된 결과이다.

네 번째는 지표조사 및 발굴조사에서 발견된 유물에 대한 소유권 주장기간을 30일 이내로 명시한 것이다.

다섯 번째는 문화재 지표조사를 문화재청장이 정하여 고시하는 문화재 관련 전문기관만이 수행하도록 한 것이다. 이는 지표조사의 객관성과 결과에 대한 공신력을 확보하는 동시에 지표조사를 의뢰해야 하는 개발사업 시행자에게 사전에 지표조사기관 정보를 제공한다는 점에서 합리적인 제도이다. 하지만 발굴조사의 경우에는 발굴허가를 받고자 하는 개발사업 시행자가 발굴조사기관과 그 대표자, 조사단장 및 책임조사원을 기재한 허가신청서를 제출하도록 법에서 규정하고 있음에도 불구하고 문화재청장이 발굴조사기관을 지정하여 고시하도록 규정하지 않았다는 문제점이 있다.

매장문화재와 관련된 열 번째 문화재보호법의 개정은 2007년 1월 26일 법률 제8278호로 일부개정한 것이다.

매장문화재와 관련된 조항을 개정하게 된 배경은 2000년부터 각종 개발사업에 따른 매장문화재조사 수요가 증가함에 따라 발견·발굴된 유물이 크게 증가하여 그 소유권을 증명할 수 있는 충분한 기간과 문화재의 소유자임을 주장하는 자가 있는

---

82   개정된 문화재보호법 시행규칙의 조항은 부록 14 참조.

경우 소유권 판정절차를 거쳐 정당한 소유자에게 반환할 필요가 있었기 때문이다.

매장문화재와 관련하여 개정한 내용은 매장문화재의 발견·발굴에 따른 소유권을 주장할 수 있는 기간을 30일에서 90일로 연장하고, 소유권 판정절차에 대한 근거를 마련한 것이다[83].

매장문화재와 관련된 열한 번째 문화재보호법의 개정은 2007년 4월 11일 법률 제8346호로 전부개정한 것이다.

매장문화재와 관련된 조항을 개정하게 된 배경은 당시 정부(노무현 정부)가 법 문장의 표기를 한글화하여 일반국민이 쉽게 읽고 잘 이해할 수 있도록 하는 등 국민 중심의 법률 문화를 지향함에 따라 문화재보호법을 한글화하고, 복잡한 문장을 체계적으로 정리할 필요가 있었기 때문이다.

매장문화재와 관련하여 개정한 내용은 매장문화재에 대해 규정한 법률의 장과 조항 번호가 변경되고, 그에 따라 조문에 있는 관련 조항 번호를 단순히 변경한 것이다[84].

매장문화재와 관련된 열두 번째 문화재보호법의 개정은 2010년 2월 4일 법률 제10000호로 전부개정한 것이다.

매장문화재와 관련된 조항을 개정하게 된 배경은 문화재보호법에 규정된 매장문화재에 관한 부분을 분리하여 매장문화재 보호 및 조사에 관한 법률이 2010년 2월 4일 제정되어 2011년 2월 5일부터 시행됨에 따라 문화재보호법의 매장문화재 관련 조항을 정비·보완할 필요가 있었기 때문이다.

매장문화재와 관련하여 개정한 내용은 매장문화재에 관한 조항을 분리하고, 관련 조항을 단순 정비·보완한 것이다. 즉 제54조(발견 신고), 제55조(발굴의 제한), 제56조(발굴조사보고서), 제57조(국가에 의한 발굴), 제58조(매장문화재 조사용역 대가의 기준), 제59조(처리 방법)는 제5장 등록문화재에, 제60조(경찰서장 등의 매장문화재 처리 방법), 제61조(국가 귀속과 보상금)는 제6장 일반동산문화재에, 제62조(매장문화재의 보호), 제63조(매장문화재의 기록 작성 등), 제64조(매장문화재조사전문기관의 육성·지원), 제65조(「유실물법」의 준용)는 제7장 국유문화재에 관한 특례에, 제91조(문화재 지표조사)는 제12장 보칙에 수록하였다.

83　개정된 문화재보호법의 매장문화재 관련 조항은 부록 15 참조.

84　개정된 문화재보호법의 매장문화재 관련 조항은 부록 16 참조.

법률	제정·개정 일자	시행 일자	주요내용
제961호	1962.1.10	1962.1.10	조선보물고적명승천연기념물보존령(1933.8.9, 제령 제6호)을 폐지하고 문화재보호법 제정
제1265호	1963.2.9	1963.2.9	발굴한 문화재에 관하여 국가 발굴한 것과 기타의 자가 발굴한 것과의 구분에 따른 처리방법 규정
제2233호	1970.8.10	1970.9.10	발견·발굴 문화재에 대한 소유자 판명 소요기간 설정
제2468호	1973.2.5	1973.2.5	건설공사로 인한 발굴이나 훼손·멸실 등의 우려로 이전 및 보존할 경우의 소요경비를 건설공사의 시행자가 부담하도록 규정
제3644호	1982.12.31	1983.7.1	매장문화재의 개념 정의를 토지·해저 또는 건조물 등에 포장된 문화재로 보완 및 매장문화재 발굴조사 금지 원칙 명시
제4884호	1995.1.5	1996.1.1	발굴조사 비용의 일부를 국가 또는 지방자치단체가 부담할 수 있도록 규정
제5719호	1999.1.29	1999.7.1	문화재 지표조사 의무화 및 매장문화재 매장지역에서의 개발사업 사전 협의 규정 매장문화재 조사용역 대가기준 고시 근거 마련 매장문화재조사 전문기관의 설립 지원·육성 근거 마련
제6133호	2000.1.12.	2000.7.1	국가귀속 대상문화재의 범위, 보관기관 및 보존할 필요가 없는 발굴유물의 처리방법 등에 대한 근거 마련
제6840	2002.12.30	2003.7.1	문화재 지표조사 거부·방해 또는 기피에 대한 처벌 규정 마련
제7365호	2005.1.27	2005.7.28	지표조사 및 발굴조사 제한 근거 마련 지표조사기관 및 발굴조사기관의 기준 마련 발굴조사보고서 제출기한 명시 매장문화재 발견·발굴에 따른 소유권 주장기간 30일로 명시 문화재 지표조사전문기관 고시 근거 마련
제8278호	2007.1.26	2007.7.27	매장문화재의 발견·발굴에 따른 소유권 주장기간 30일에서 90일로 연장 및 소유권 판정절차에 대한 근거 마련
제8346호	2007.4.11	2007.4.11	매장문화재 관련 법률의 장 및 조항 번호 변경
제10000호	2010.2.4	2010.2.4	매장문화재에 관한 부분을 분리하여 매장문화재 보호 및 조사에 관한 법률로 제정하기 위하여 관련 조항 정비 및 보완

한편, 문화재보호법에 근거한 매장문화재 보호 정책은 문화재보호법과 시행령 및 시행규칙의 정비보다는 지표조사 또는 발굴조사 업무처리 지침을 통해 법·시행령·시행규칙의 미비점과 한계점을 보완하려고 했다. 또한 매장문화재조사와 관련된 제도개선 요구사항이 있거나 현실적인 문제가 발생할 때 마다 임기응변식으로 지침 개정을 통해 해결하려고 시도했을 뿐 발생 가능한 다양한 문제를 사전에 예측하고, 법·시행령·시행규칙의 개정을 통해 개선하려고 하는 노력은 미흡했다.

따라서 문화재보호법에 근거한 매장문화재 보호 정책의 특징을 이해하기 위해서는 매장문화재 보호 및 조사에 관한 법률이 제정된 2010년 이전까지의 지표조사 및 발굴조사 업무처리 지침의 변천과 주요 특징, 그리고 문제점 등도 살펴볼 필요가 있다.

문화재보호법이 1999년 1월 29일(법률 제5719호) 개정됨에 따라 문화재 지표조사와 사전협의가 의무화되고, 그 결과에 따라 매장문화재 발굴조사를 실시하도록 하였다. 그러나 지표조사 대상사업이나 건설공사의 범위, 업무처리절차 등이 명확하지 않고, 지표조사와 관련된 각종 서식이 표준화되어 있지 않아 다양한 민원과 현실 적용에 있어 혼란이 발생하였다.

매장문화재 발굴조사와 관련해서도 발굴허가와 처리절차, 발굴조사보고서 발간, 발굴 유물의 국가귀속처리 등 업무처리 절차가 명확하지 않고, 각종 서식이 표준화되어 있지 않아 발굴조사 수행 및 행정처리 등에 효율성이 저하되었다.

이러한 미비점과 한계점 및 현실 적용에서의 애로사항을 해결·보완하기 위해 2001년 4월 27일에 문화재 지표조사 업무처리 지침(문화재행정지침 제6호)이, 2001년 4월 17일에 매장문화재 발굴조사업무 처리지침(유형86705-0725호)이 제정되었다.

2001년 4월 27일 제정된 문화재 지표조사 업무처리 지침에는 문화재 지표조사 대상사업과 범위, 지표조사 시기, 지표조사기관, 업무처리절차, 지표조사 방법과 내용, 지표조사 보고서 제출과 행정처리, 사전협의 대상사업과 절차, 지표조사에서 발견한 문화재의 국가귀속 대상과 시기, 각종 표준서식 등 문화재 지표조사와 관련된 업무처리에 필요한 세부사항을 규정하였다.

지표조사 업무처리 지침의 개정은 2004년 3월 9일에 이루어졌는데 지표조사 행정처리 기간을 단축하고, 문화재청의 조치사항에 대한 사업시행자의 이행여부에 대한 확인 주체를 명확히 하고자 하였다.

개정된 주요 내용을 보면, 첫 번째 지표조사 보고서를 시·도지사를 경유하여 문화재청에 제출하도록 한 것을 시·군·구청장에게 제출하고, 시·군·구청장이 해당 시·도와 문화재청에 제출하도록 하였으며, 시·도지사는 문화재청에 의견 제출이 가능하도록 하였다.

두 번째는 지표조사 결과에 대한 조치사항을 시·도지사에게 통보하도록 한 것을 해당 시·도지사와 시·군·구청장에게 통보, 시·도지사가 조치사항을 사업시행자에게 통보하도록 한 것을 시·군·구청장이 하도록 수정하였다. 그리고 시·도지사 및 시·군·구청장이 사업시행자에게 통보된 조치사항의 이행여부를 철저히 확인해야 한다는 내용을 신설하였다.

2005년 1월 27일(법률 제7365호) 문화재보호법이 개정됨에 따라 지표조사 업무처리 지침이 폐지되고, 2005년 10월 19일 문화재지표조사 방법 및 절차 등에 관한 규정이 제정(문화재청 고시 제2005-74호)된다. 이 규정은 명칭만 변경되었을 뿐 제정 이후 여러 차례의 개정을 통해 현재까지 유지되고 있다.

제정된 문화재지표조사 방법 및 절차 등에 관한 규정은 전^章 5장 22조와 부칙으로 구성되어 있다. 주요 내용은 지표조사의 종류를 육상조사와 수중조사로 구분하고, 각 유형별·단계별 조사절차와 방법, 조사내용, 보고서의 작성, 보고서 내용에 대한 조사기관(조사단장과 책임조사원 포함)의 책임, 각종 표준서식 등에 관한 사항을 구체적으로 명시하였다. 그리고 지표조사 소요기간을 원칙적으로 30일 이내로 규정하고, 이 기간 내에 지표조사를 의뢰한 자에게 결과 보고서를 제출하도록 하였다.

지표조사 방법 및 절차 등을 구체적으로 세분화하게 된 것은 매장문화재의 보호보다는 제4차 국토종합계획(2000년~2020년)의 추진으로 도로·철도·항만·공항 등의 교통망과 물류 기반시설 구축, 기업도시·행정중심복합도시·경제자유구역·지역특화발전특구·혁신도시의 조성, 공공주택 건설 등의 개발사업으로 인한 매장문화재 지표조사 수요와 대상면적이 크게 증가함에 따라 지표조사 결과의 객관성과 신뢰성에 대한 사업시행자의 불신과 불만, 지표조사 기간 단축의 필요성 등이 지속적으로 제기되었기 때문이다. 따라서 이를 해소하고, 지표조사 및 행정처리에 소요되는 기간을 최소화하여 사업시행자가 개발사업을 원활히 추진할 수 있도록 편의를 도모하고자 한 것이다.

제정된 지표조사 규정은 "매장문화재의 존재여부 확인을 위해 가장 기초가 되는 지표조사의 중요성, 지표조사 결과에 따라 매장문화재 발굴조사 여부가 결정된다는 점, 지표조사의 객관성과 신뢰성 강화를 위해서는 투입되는 조사인력의 역량 강화와 우수 인력양성이 필요하다는 점" 등을 반영하지 않은 현재의 상황만을 고려한 임기응변식의 단순한 미봉책이자 근시안적인 사고방식에 의한 제도개선이었다.

문화재지표조사 방법 및 절차 등에 관한 규정은 제정된 이후 2007년 5월 4일 문화재청 고시 제2007-29호로 처음 개정이 이루어진다.

개정된 주요 내용을 보면, 첫 번째는 지표조사를 면제하는 사업에 대한 처리방법을 규정한 것이다. 즉 지표조사를 미실시하는 입목죽 식재의 범위, 유물 또는 유구 등의 포함층이 훼손된 경우, 사업면적 2,000제곱미터 이하 건설사업에 대한 지방자치단체의 처리방법을 구체적으로 명시하였다.

두 번째는 지표조사의 절차와 방법을 보완한 것이다. 육상지표조사의 경우 지질, 동굴 등에 관한 자연과학적 조사는 필요할 경우에 한하여 선별적으로 실시하도록 했다. 수중지표조사는 사업대상 지역의 여건 및 특성에 따라 조사절차와 방법을 선택적 또는 신축적으로 적용할 수 있거나 기존 조사자료 또는 사업시행자가 제공하는 자료로 조사자료를 대체할 수 있으며, 정밀조사를 실시해야 할 경우 사전에 문화재청과 협의하도록 하는 내용을 신설하였다. 그러나 지질, 동굴 등에 관한 자연과학적 조사를 필요한 경우 선별적으로 실시한다고만 규정했을 뿐 어떠한 경우에 선별적으로 실시하는지에 대한 구체적이고 명확한 내용이 없어 적용과정에서 사업시행자의 불만과 민원을 발생시키는 요인으로 작용했다.

세 번째는 지표조사 결과에 대한 건설공사 시행자의 문화재 보존조치 이행 방법을 구체화한 것이다. 표본지역 선정 발굴조사의 경우 조사대상지의 2퍼센트 내외의 범위에서 조사를 하고, 유적의 분포여부 확인을 위한 토층 또는 분포조사는 조사대상지의 1퍼센트 내외의 범위에서 별도 허가 없이 조사를 할 수 있도록 하였다. 건설공사 시 문화재전문기관의 입회 확인은 조사에 필요한 최소한의 장비·인부 등을 사업시행자가 투입하여 조사기관이 유구·유물 출토 여부를 확인하도록 하였다.

이러한 문화재 보존조치 이행과 관련된 내용은 표본지역 선정 발굴조사 및 토층 또는 분포조사, 입회조사에 대한 정의나 구체적인 조사방법이 명시되어 있지 않아 현실 적용과정에서 개발사업 시행자와 조사기관 사이에 갈등과 분쟁을 야기하는 등 많은 문제를 발생시켰다. 그리고 조사면적을 2퍼센트 또는 1퍼센트 내외로 규정하는 것이 합리적인지에 대한 면밀한 검토가 사전에 이루어지지 않았고, 법적 근거도 없었다는 문제점이 있다.

네 번째는 지표조사 보고서와 관련된 조항을 정비한 것이다. 지표조사 실시 이후 2년이 경과한 보고서는 보완하여 제출하며, 지표조사 착수신고서는 조사기관이 문화재청장 및 지자체장에게 동시에 제출하도록 하였다. 또한 문화재청장이 지표조사 보고서를 접수한 일로부터 20일 이내에 처리상황을 시장·군수·구청장 및 시·도지사에게 통보하도록 하였다.

문화재지표조사 방법 및 절차 등에 관한 규정은 2008년 6월 10일 문화재청 고시 제2008-50호로 개정되는데 지표조사 및 행정처리 소요기간을 최소화하고, 입회조사를 할 수 있는 매장문화재 관련 전문가를 명확히 하였다.

개정된 주요 내용을 보면, 첫 번째 지표조사에 소요되는 기간을 종전 30일에서 20일 이내로 단축하고, 이 기간 내에 지표조사 결과보고서를 의뢰자에게 제출하도록 하였다. 지표조사 결과보고서를 20일 이내에 제출하도록 한 것은 지표조사 대상 지역의 면적에 따른 조사일수와 지표조사의 중요성, 지표조사 결과가 미치는 영향 등을 고려하지 않고, 단순히 사업시행자의 불만과 불편 해소에만 치중한 근시안적인 제도개선이었다.

두 번째는 지표조사 결과에 대한 문화재청장의 조치사항 통보 소요기간을 종전의 20일에서 10일 이내에 처리하도록 하였다.

세 번째는 입회조사를 할 수 있는 매장문화재 관련 전문가의 자격을 명확히 규정한 것이다. 발굴기관(법인에 한함)의 조사원 이상 자격으로 재직하고 있는 자, 매장문화재 전공자로써 고등교육법 제2조제1호에 따른 대학에서 전임강사 이상의 자격으로 재직하고 있는 자, 국립문화재연구소 또는 국립중앙박물관에 재직 중인 학예연구사 이상인 자로써 3년 이상의 발굴조사 경력을 갖춘 자가 입회조사를 하도록 하였다.

2001년 4월 17일 제정된 매장문화재 발굴조사업무 처리지침은 제정된 이후 몇 차례의 개정이 이루어졌으며, 개발사업의 원활한 추진을 위해 매장문화재 발굴조사와 관련된 다양한 제도개선 요구사항이 반영된 결과물이라고 할 수 있다.

제정된 매장문화재 발굴조사업무 처리지침은 발굴허가 신청절차, 발굴허가 신청과 발굴조사계획서, 발굴조사기관 선정과 조사단구성, 발굴허가 심의기준, 긴급발굴 비용 지원, 발굴조사 착수 및 준수사항, 지도위원회 개최, 발굴결과의 발표, 발굴조사 완료, 발굴조사보고서 발간과 제출 부수, 발굴된 유물의 국가귀속 처리절차와 신고,

발굴조사기관의 의무, 각종 표준서식 등 매장문화재 발굴조사 관련 업무 및 행정처리 등에 필요한 세부사항을 규정하였다.

표 5 문화재 지표조사 지침(규정) 주요 개정 현황

고시 번호	제정·개정 일자	시행 일자	주 요 내 용
행정지침 제6호	2001.4.27	2001.5.1	문화재 지표조사 업무처리 지침 제정
-	2004.3.9	2004.4.1	지표조사 행정처리 기간 단축 및 사업시행자의 조치사항 이행여부 확인 주체 명시
제2005-74호	2005.10.19	2005.10.19	문화재 지표조사 업무처리 지침을 폐지 문화재 지표조사 방법 및 절차 등에 관한 규정 제정
재2007-29호	2007.5.4	2007.5.7	지표조사 면제 사업의 처리방법 규정 지표조사 절차 및 방법 보완 문화재 보존조치 이행 방법 구체화 지표조사 보고서 관련 조항 보완
제2008-50호	2008.6.10	2008.6.10	지표조사 및 행정처리 소요기간 최소화 입회조사 관련 전문가 자격기준 명시
제2009-73호	2009.8.28	2009.9.1	재검토기한(2012년 8월 31일까지) 신설
제2009-127호	2009.12.14	2009.12.14	관련 서식 수정

매장문화재 발굴조사업무 처리지침은 2002년 5월 2일에 수정·보완하여 개정된다(매장86705-0393호). 개정된 주요 내용은 조사단장이나 책임조사원 등 조사단 구성에 변동이 있는 경우 그 내용과 사유를, 발굴조사가 중단된 경우에는 중지 사유와 재착수일 등 향후 계획을 문화재청에 통보하도록 하였다. 그리고 보고서가 발간되지 않은 발굴정보를 논문 작성 등 개인적인 목적으로 사용할 경우 발굴 참여 자격을 제한할 수 있도록 하였으며, 보고서 발간 형태를 인쇄매체뿐만 아니라 CD-ROM 등 전자매체로도 할 수 있도록 했다.

2003년 6월 19일 매장문화재 발굴조사업무 처리지침은 발굴허가의 심의기준, 발굴조사의 착수, 발굴조사기관의 준수사항, 보고서 미제출에 따른 제재조치, 발굴 문화재의 훼손·망실 등에 대한 제재조치 등과 관련된 내용을 신설 및 보완하여 개정된다(매장86705-1565호).

개정된 주요 내용을 보면, 첫 번째 발굴허가(심의) 검토기준의 발굴조사기관 적정성 부분에 사업시행자와 발굴기관이 이해관계가 없어야 한다는 것과 유물수장시설을 갖추지 않은 개인 설립 연구소나 타기관 소속 책임조사원이 포함된 기관에 대해서는 발굴을 제한한다는 내용을 신설하였다.

두 번째는 발굴조사 착수와 관련하여 발굴허가 후 착수신고서가 1년 이내에 이루어지지 않을 경우 문화재청장의 재허가를 받아야 한다는 내용을 신설하였다.

세 번째는 발굴기간의 연장신청은 당초 발굴기간 완료 이전에 문화재청에 접수하도록 하고, 기간연장과 변경허가를 구분하였다. 기간연장은 동일 발굴허가 면적 내에서 유구 중첩, 유물 다량 노출 등으로 발굴기간을 연장할 필요가 있을 때, 변경허가는 동일 사업구간 내에서 조사지역 추가로 면적과 발굴기간이 동시에 늘어나는 경우에, 별도 허가신청은 동일 사업구간이라도 지형, 조사기간, 유적·유구의 성격이 기 조사지역과 구분되어 별도의 보고서 및 유물정리가 가능하거나 필요한 경우에 하도록 하였다.

네 번째는 보고서 미제출에 따른 조치사항을 규정하였다. 즉 책임조사원으로서 발굴조사 후 보고서를 미발간하고 특별한 사유 없이 타 발굴기관으로 옮긴 경우 개인에 대한 발굴 참여 자격을 제한하였다.

다섯 번째는 발굴 문화재의 훼손·망실 등에 대한 제재 조치 내용을 신설하였다. 즉 발굴 유물을 도난·훼손·망실하거나 관련 사실을 미신고할 경우에는 최고 6개월 동안 발굴허가를 제한하거나 발굴법인 허가를 취소할 수 있도록 했다.

2005년 10월 13일 매장문화재 발굴조사업무 처리지침은 "발굴조사 업무처리 지침"으로 명칭이 변경되고, 시굴 및 발굴조사의 통합, 발굴조사 허가 행정절차 간소화와 처리기간의 구체적인 명시, 대학의 발굴조사 참여범위 연간 150일로 제한, 소규모 발굴조사 지원단 운영, 발굴조사 정보의 공개 등에 대한 내용을 신설하여 개정된다(발굴조사과-1852호).

개정된 주요 내용을 보면, 첫 번째는 문화재청장의 발굴허가 처리기간을 15일 이내로 명시하여 처리기간을 단축하였고, 발굴허가 신청 시 허가 신청서와 발굴조사 계획서 이외에 토지(임야)대장 등본, 지적도 또는 임야도 등본, 발굴에 관한 설계도서, 토지 및 해면의 소유자·관리자 또는 점유자의 승낙서를 제출하도록 하였다.

두 번째는 발굴허가 시 검토사항을 세부적으로 명시하였다. 특히 대학의 발굴조사 참여 범위를 연조사기간 150일 및 연조사면적 4,000평 내로 제한하고, 1대학 1기관이 발굴조사를 수행하는 것을 원칙으로 하였다.

세 번째는 소규모 발굴조사 지원 절차를 구체적으로 설명하고, 각 지역별 소규모 발굴 지원단(주관기관 및 참여기관)을 명시하였다.

네 번째는 발굴조사 허가 행정절차 간소화에 따른 업무 처리, 즉 기존의 시굴조사 허가와 발굴조사를 통합하여 발굴허가로 일원화하고, 진행 절차를 구체적으로 설명하였다.

다섯 번째는 지역주민과 이해당사자들이 함께 참여하는 지도위원회 및 현장설명회를 적극 개최하고, 관련 사실을 사전에 문화재청에 통보 및 언론에 홍보하도록 하였다. 또한 발굴조사 관련 정보를 문화재청 홈페이지를 통해 일반에 공개하는 것으로 하였다.

여섯 번째는 발굴조사 보고서 미제출에 대한 발굴허가 제한 조치를 강화하였다. 기존에 최대 6개월까지 제한한 규정을 보고서 미제출기간에 최대 허가 제한기간 2년을 합산한 기간만큼 제한하는 것으로 개정하였다.

일곱 번째는 발굴 문화재의 신고와 공고, 국가귀속 절차를 단계별로 구체화하고, 각 단계별 업무 내용과 처리 주체를 명확히 하였다.

여덟 번째는 발굴조사 계획서 작성요령, 매장문화재 발굴지역 토지(임야) 조서, 지도위원회(현장설명회) 개최, 발굴조사 완료신고서, 출토유물 현황, 발굴문화재의 공고문 및 공고결과 보고, 국가귀속문화재 보관·관리 현황 등에 대한 각종 표준 서식을 제시하였다.

2007년 4월 30일 발굴조사 업무처리 지침은 발굴허가 및 행정절차 등과 관련된 내용이 대폭 수정 및 신설되고, 세부적으로 구체화된다(발굴조사과-1055호).

이 시기는 매장문화재조사로 인한 개발사업 시행자의 불만이 절정에 달한 때라고 할 수 있다. 즉 개발사업 지연이나 그로 인한 금융손실 비용의 발생, 건설사 파산 등의 모든 원인을 매장문화재조사와 조사기관 탓으로 돌리고, 매장문화재 보호 정책은 국토의 효율적인 개발을 막는 악법이자 개발의 걸림돌이라는 부정적 인식이 팽배해져 있었다. 이때부터 매장문화재 보호 정책과 제도는 효율적인 매장문화재 보호와 개발사업의 조화보다는 개발사업 시행자의 불편·불만 및 민원 해소, 개발사업의 원활 추진 등에 모든 초점이 맞추어진다.

발굴조사 업무처리 지침에 신설된 주요 내용을 보면, 첫 번째는 시굴조사에서 발굴조사로 전환될 경우, 발굴기간 연장이 필요할 경우, 조사면적과 발굴기간이 동시에 증가될 경우에는 발굴조사 변경허가를 신청하도록 하였으며, 신청 및 통보 절차를 명시하였다.

두 번째는 문화재 보존조치(유적보존, 이전복원, 전시관 건립) 통보에 따른 사업시행자의 조치결과 보고와 절차를 규정하였다.

세 번째는 건설공사에 따른 연차 발굴조사에 대해서는 연도별 발굴조사 완료 시 약보고서 제출로 대체하되, 2년 단위로 합본하여 중간보고서를 발간하는 것을 의무화하였다.

네 번째는 시행규칙에서 규정한 발굴조사기관의 인력, 시설과 기자재 기준을 갖춘 후 발굴조사기관 등록 신청 및 심의를 하고, 발굴조사기관으로 등록된 기관을 공고하도록 하였는데 주요 내용은 다음과 같다.

① 기존 발굴허가의 신청과 발굴조사 조항을 발굴허가 및 발굴조사의 행정절차로 통합하고, 발굴허가 신청 및 처리 순서대로 편집 체제 변경 및 내용 보완

② 발굴허가 시 문화재위원회의 심의사항 중 기존에 조사기관 100일 이상 또는 조사면적 2,000평 이상의 발굴조사, 조사기간 90일 이상, 조사면적 10만평 이상의 시굴조사에 대해 심의하도록 한 내용을 조사기간 200일 이상의 발굴조사에 대해서만 심의하도록 수정

③ 조사기관은 발굴허가서를 접수한 즉시 조사에 착수하고, 사업시행자의 편의를 위해 기존에 사업시행자가 착수신고서를 제출하도록 한 것을 조사기관이 착수신고서를 해당 지자체 및 문화재청에 제출하도록 변경, 실조사일수 20일 미만의 발굴조사는 착수신고서를 제출하지 않고, 완료신고서로 대체

④ 지도위원회의 개최시기, 지도위원회의 위원 구성과 운영, 회의개최 및 회의 결과 보고에 대한 내용을 구체적으로 명시

⑤ 대학의 발굴조사 참여를 연조사기간 150일, 연조사면적 4,000평 내로 제한한 규정 삭제, 국가귀속 대상 문화재 선정을 위한 분류평가회의 필수 개최, 평가위원의 자격, 분류기준 및 제출사항에 대한 내용과 절차를 세부적으로 규정

⑥ 발굴조사기관의 의무사항을 세분화 및 강화하고, 각종 표준 서식을 신설 및 보완

위의 개정 내용 중 국가귀속 대상 문화재 선정을 위한 분류평가회의는 발굴조사의 증가에 따라 국가에 귀속되는 유물 수량이 폭발적으로 많아지고, 국가에 귀속되는 유물 선정의 기준이 불명확한 현실적인 문제점을 개선하고자 한 것이다. 그러나 이 제도는 법률에 근거하지 않은 임의적인 규정이자 국가에 귀속되는 유물의 기준을 명확하게 제시하기 보다는 단순히 사업시행자의 발굴비용 부담만 증가시켰다는 문제점이 있다.

2008년 7월 1일 발굴조사 업무처리 지침은 건설공사에 따른 매장문화재 발굴조사의 행정처리 소요기간을 단축하고, 건설공사가 원활히 진행될 수 있도록 관련 행정절차를 간소화하는 방향으로 개정된다(행정지침 제39호).

발굴조사 업무처리 지침을 개정하게 된 배경은 제4차 국토종합계획(2000년~2020년)의 추진으로 교통망과 물류 기반시설 구축, 기업도시·행정중심복합도시·경제자유구역·혁신도시의 조성 등 대규모 국책사업과 함께 민간부문의 개발사업이 전국적으로 증가하면서 매장문화재조사에 따른 소요기간 단축의 필요성 등이 지속적으로 제기되었기 때문이다.

개정된 주요 내용을 보면, 첫 번째는 발굴허가 처리기간을 15일에서 10일 이내로 단축하였다. 그리고 발굴허가(심의)의 주요 검토기준 중 지방자치단체 출연 법인의 부설 조사기관이 당해 시도 및 산하 시군구가 계획·발주한 사업부지에 대한 발굴은 원칙적으로 불허한다는 내용을 삭제하고, 문화재위원회의 심의를 통해 허용 여부를 검토하도록 하였다.

두 번째는 발굴조사 변경허가 절차를 개선하였다. 동일 발굴허가면적에서 유구 중첩, 유물의 다량 출토 등으로 100일(실조사일수) 이내의 기간연장이 필요한 경우 사업시행자가 지도위원회 의견서를 포함한 발굴조사기간 연장신고서를 제출하면 별도의 변경허가 절차를 이행하지 않아도 조사기간의 연장 승인을 받은 것으로 인정하였다.

세 번째는 발굴조사 후 유물이 확인되지 않는 경우 문화재청장의 완료조치 통보가 없어도 건설공사 착수가 가능하도록 하였다. 즉 지도위원회의 의견서를 첨부하여 사업시행 신청을 하면 문화재청장은 지체 없이 사업시행자에게 사업시행 확인서를 발급하도록 하였다.

고시 번호	제정·개정 일자	시행 일자	주 요 내 용
유형86705-0725호	2001.4.17	–	매장문화재 발굴조사업무 처리지침 제정
유형86705-1383호	2001.7.2	2001.7.2	문화재보호법 시행령 개정사항 등 반영
매장86705-0393호	2002.5.2	2002.5.2	조사단구성 변동 시 내용과 사유 통보 명시 보고서 미발간 발굴정보 논문작성 등 개인 목적 사용 시 발굴참여 자격 제한
매장86705-1565호	2003.6.19	2003.6.19	허가 후 착수신고 1년 이내에 이루어지지 않을 경우 재허가 조치 보고서 미발간에 따른 책임조사원 발굴참여 자격 제한 발굴 문화재의 훼손·망실 및 관련 사실 미신고 시 6개월 발굴허가 제한 또는 발굴법인 허가 취소
발굴조사과-1852호	2005.10.13	2005.10.13	발굴허가 처리기간 15일 이내로 명시 대학의 발굴조사 참여 연조사기간 150일 및 연조사면적 4,000평 이내로 제한 발굴조사 보고서 미제출에 따른 발굴허가 제한 조치 강화
발굴조사과-1055호	2007.4.30	2007.5.7	발굴조사기관 등록 및 심의, 공고 문화재위원회 심의대상 200일 이상의 발굴조사로 단일화 실조사일수 20일 미만 발굴조사 완료신고서로 착수신고서 대체 대학의 발굴참여 일수 및 면적 제한 삭제 발굴조사기관의 의무사항 세분화 및 강화
행정지침 제39호	2008.7.1	2008.7.1	발굴허가 처리기간 10일 이내로 단축 지방자치단체 출연 법인의 시도 및 시군구 발주 발굴허가 불허 삭제 실조사일수 100일 이내의 기간연장 발굴조사 연장신고서로 발굴변경허가 대체 유물 미확인 시 행정처리 완료 이전 건설공사 착수

2) 2010년 이후

2010년은 문화재보호법과 지표조사 규정 및 발굴조사 업무처리 지침에 의한 매장문화재 보호 정책과 제도에 큰 변화를 가져 온 시기이다. 문화재보호법에서 분법되어 매장문화재 보호 및 조사에 관한 법률이 제정되면서 매장문화재 보호를 위한 정책과 제도는 법적·행정적·제도적 기반과 함께 체계적으로 발전될 수 있는 계기를 마련하였다고 할 수 있다.

매장문화재 보호 및 조사에 관한 법률은 2010년 2월 4일(법률 제10001호), 시행령은 2011년 1월 28일(대통령령 제22649호), 시행규칙은 2011년 2월 16일(문화체육관광부령 제78호), 발굴조사의 방법 및 절차 등에 관한 규정은 2011년 2월 16일(문화재청 고시 제2011-52호), 발견·발굴문화재의 국가귀속 절차 등에 관한 규정은 2011년 2월 16일(문화재청 고시 제2011-53호), 국가귀속문화재의 관리 등에 관한 규정은 2011년 3월 11일(문화재청 예규 제94호) 제정되고, 지표조사의 방법 및 절차 등에 관한 규정은 2011년 2월 16일에 전부개정된다(문화재청 고시 제2011-51호).

제정 및 개정된 매장문화재 관계법령은 문화재보호법에 규정된 매장문화재 관련 조항과 지표조사 규정 및 발굴조사 지침을 법령의 체계에 맞게 구성·편집하고, 관련 내용을 정비·보완한 것이라고 할 수 있다.

제정된 매장문화재 보호 및 조사에 관한 법률은 전全 7장 38조와 부칙6조로, 시행령은 전全 32조와 부칙 8조로, 시행규칙은 전全 14조와 부칙 2조로 구성되어 있다.

매장문화재 보호 및 조사에 관한 법률이 제정된 이유는 "문화재보호법에 규정된 매장문화재의 보호 및 조사와 관련된 사항에 수중문화재의 정의, 매장문화재 조사기관 등록 등의 규정을 추가·보완하여 법률로 규정함으로써 매장문화재 보호 및 조사의 전문성과 효율성을 확보"하고자 한 것이다. 또한 "매장문화재의 조사·발굴은 공신력 있는 전문기관만이 할 수 있도록 하는 등 매장문화재의 보호·조사 및 관리와 관련된 행정적·제도적 기반을 마련할 필요"가 있었기 때문이다.

하지만 매장문화재 보호 및 조사에 관한 법령이 제정된 배경을 보면, 다음과 같다.

균형국토, 개방국토, 녹색국토, 복지국토, 통일국토를 목표로 한 제4차 국토종합계획 수정계획(2006~2020)의 시행으로 고속도로, 고속철도, 상하수도 등의 국토기반시설, 행정중심복합도시, 혁신도시, 기업도시, 고속철도 역세권개발, 국가공공기관의 지방 이전 등에 따른 대규모 국책사업의 시행과 민간부문에 의한 개발사업이 전국에서 폭발적으로 증가한다[85].

---

85   대한민국정부, 2005, 「제4차 국토종합계획 수정계획(2006~2020)」.

문화재청은 그 동안 원활한 개발사업의 추진이 가능하도록 사업시행자의 요구사항을 반영하여 매장문화재조사와 관련된 다양한 정책의 집행과 제도개선을 추진하여 왔지만 정부기관을 비롯한 민간부문에서는 매장문화재 보호 정책이 국토의 효율적인 개발을 막는 악법이자 개발의 걸림돌, 죽은 자가 산 자를 죽인다는 등 부정적인 인식과 불만이 팽배했다. 그리고 원활한 개발사업 추진이 가능하도록 매장문화재 보호 정책과 제도가 개선되어야 한다는 요구가 2008년부터 본격적으로 쇄도하고, 갈등과 분쟁이 사회적으로 이슈화 된다[86].

정부기관 및 민간부문에서 매장문화재 정책 및 제도와 관련하여 개선을 요구한 내용을 살펴보면, 매장문화재 조사비용의 국가 전액부담 또는 일부 비용지원, 지표조사 의무면적 대폭 상향 조정, 행정절차 간소화 및 처리기간 단축, 발굴허가 권한의 지방자치단체 이양, 매장문화재조사를 국가 또는 공공기관이 전담, 매문화재조사 대기기간 단축, 조사비용 절감, 불필요한 조사범위 확대 방지 등에 대한 것으로 요약할 수 있다.

문화재청은 정부기관 및 민간부문의 제도개선 요구사항을 적극 반영하여 지표조사 및 발굴조사 업무처리 지침(규정)의 개정을 통한 단기적인 개선과 함께 장기적인 개선방향 모색을 위한 다양한 연구용역 사업도 추진하였다(표 7).

규정과 업무처리 지침의 개정을 통한 매장문화재 보호 정책 및 제도의 개선과 정비는 현실적인 문제 해결에 효과적으로 대처할 수 없었으며, 오히려 적용과정에서 여러 부작용과 모순점이 발생하였다. 그리고 현실적인 문제에 집중한 나머지 문화재 보호법 제정의 취지와 제도적 안정성을 저해하는 요인으로 작용했으며, 정부기관 및 민간부문의 제도개선 요구사항에도 실효성 있는 대안이나 해결책을 제시하지 못하는 결과를 초래했다.

결국 매장문화재조사로 인한 민원 감소와 사업시행자의 불만 및 불편 해소를 위해 근본적인 개선 대책으로 추진한 것이 매장문화재 보호 및 조사에 관한 법률의 제정이었다. 이러한 이유로 인해 매장문화재 보호 및 조사에 관한 법률과 하위법령은 매장문화재의 효율적인 보호·보존과 관리 및 홍보, 그리고 개발사업과의 조화보다

---

86 정부기관 및 민간부문의 매장문화재 제도개선 요청 현황은 부록 17 참조. 부록 17은 매장문화재 조사 관련 발굴공영제 도입 타당성 분석(한국의정연구회, 2009)의 20∼23쪽에 수록된 내용을 인용한 것임.

는 매장문화재조사 수요를 줄이는 것이 민원 발생을 최대한 억제할 수 있다는 현실적인 요구가 크게 반영되었다. 따라서 각종 개발사업에 따른 매장문화재조사와 관련된 부분에 치중하는 방향으로 제정되었다.

표 7　매장문화재 보호 정책 및 제도개선 관련 연구용역 현황

연 도	용 역 명
2006	문화재 지표조사 매뉴얼 및 표준품셈(안) 연구
2007	문화재 발굴조사 매뉴얼 및 표준품셈(안) 연구
	문화재조사기관 등록제 연구
2008	매장문화재 조사용역 대가의 기준 보안 연구
	발굴 보존유적 실태조사
	유적보존 개선방향 연구
2009	지표 및 발굴조사 표준계산식 유지보수 연구
	발굴조사 여부 및 범위설정 통계분석 연구
	발굴조사 판정기준안 학술연구
	발굴조사에 따른 유적보존 지정기준안 마련
	매장문화재 보호 및 조사에 관한 법률 하위법령 마련을 위한 연구
	매장문화재 조사 관련 발굴공영제 도입 타당성 분석
	매장문화재 조사 품질평가제도 도입에 관한 연구
2010	매장문화재 조사용역 대가의 기준 정비 연구
	발굴조사 실시기준 마련을 위한 학술연구
2011	문화재 발굴조사 인력 자격인증제 도입을 위한 연구
2012	매장문화재 조사용역 적격심사기준 마련을 위한 연구
	매장문화재 보존조치 유적 정비방안 연구
2013	매장문화재 조사용역 대가의 기준 개선 방안 연구
2014	매장문화재 보호 및 조사에 관한 법령 및 관련 규정 정비방안 연구
	매장문화재 조사용역 적격심사 모니터링 및 시뮬레이션 연구
	문화재발굴사 국가자격시험 관리 매뉴얼 개발 및 시행준비 연구
	매장문화재 보호 및 조사의 효율성 제고를 위한 인식조사연구
2014~2015	발굴매장문화재의 효율적인 보관관리 및 활용체계에 관한 연구

매장문화재 보호 및 조사에 관한 법률은 제정된 이후 2011년 7월 21일 처음으로 일부개정(법률 제10882호, 시행 2011.7.21)된다.

개정한 이유는 국가에서 매장문화재 유존지역을 발굴하는 경우 그 발굴결과를 매장문화재 유존지역의 소유자 등에게 통지하도록 함으로써 소유자 등에게 출토된 유물의 소유권 판정신청에 편의를 제공하고, 향후 신속하고 효율적인 토지활용 계획 수립에 기여할 수 있도록 하려는 것이다.

개정된 내용은 제13조(국가에 의한 매장문화재 발굴) 제3항에 발굴이 완료된 경우에는 완료된 날부터 30일 이내에 출토유물 현황 등 발굴의 결과를 알려주도록 규정한 것이다.

법률은 다른 법령의 개정으로 인해 2014년 5월 28일(법률 제12692호, 타법개정, 시행 2014.8.29) 두 번째 개정이 이루어진다.

개정 이유 및 내용은 문화재보호법 일부개정으로 인해 한국문화재보호재단이 한국문화재재단으로 명칭이 변경된 사항을 반영하여 제24조(매장문화재 조사기관의 등록) 제1항 제5호를 개정한 것이다.

법률의 세 번째 개정은 2014년 1월 28일 일부개정(법률 제12350호, 시행 2015.1. 29)한 것이다.

개정한 이유는 건설공사 시행에 따른 지표조사 비용은 원인자 부담 원칙에 따라 사업시행자가 전액 부담하고 있으나, 지표조사는 매장문화재의 존재 여부를 개발사업 시행 이전에 조사하는 것으로 국가에서 미리 파악할 의무가 있어 지표조사 비용을 예산의 범위 내에서 국가나 지방자치단체가 지원할 수 있도록 근거 규정을 마련하려는 것이다.

개정된 내용은 제7조(지표조사 결과에 따른 협의) 제3항에 "국가와 지방자치단체는 사업의 규모 및 성격 등을 고려하여 대통령령으로 정하는 건설공사에 대하여 예산의 범위에서 그 비용의 전부 또는 일부를 지원할 수 있다"는 단서를 신설한 것이다.

이 규정은 국회 교육문화체육관광위원회에서 법률 개정을 추진한 것으로 헌법에서 규정한 국가의 매장문화재 보호에 대한 책무 분담을 이행할 수 있는 근거를 마련하였다는 점, 매장문화재 지표조사가 각종 개발사업 시행 이전에 매장문화재의 존재 여부를 확인하는 절차이기 때문에 매장문화재 훼손에 대한 "원인자부담원칙"을 적용하여 개발사업 시행자에게 지표조사 비용 전액을 일방적으로 부담케 하는 것은 적절하지 않다는 점에서 타당한 제도개선이다[87].

---

87 국회 교육문화체육관광위원회, 2013.3.29,「매장문화재 보호 및 조사에 관한 법률 일부개정법

매장문화재 보호 및 조사에 관한 법률 시행령은 제정된 이후 2012년 1월 6일 처음으로 개정(대통령령 제23488호, 타법개정, 시행 2012.1.6)된다.

개정 이유 및 내용은 민감정보 및 고유식별정보 처리 근거 마련을 위한 과세자료의 제출 및 관리에 관한 법률 시행령 개정에 따라 문화재 보존조치 결과 보고, 매장문화재 발굴허가 및 현상변경허가, 보상금 및 포상금 지급, 매장문화재 조사기관 등록에 관한 사무를 수행할 경우 개인정보 보호법 시행령에 따른 주민등록번호를 포함할 수 있도록 제33조(고유식별정보의 처리)를 신설한 것이다.

시행령은 다른 법령의 개정으로 2012년 7월 26일(대통령령 제23994호, 타법개정, 시행 2012.7.26) 두 번째 개정이 이루어진다.

개정 이유 및 내용은 고도 보존에 관한 특별법 시행령이 고도 보존 및 육성에 관한 특별법 시행령으로 명칭과 조항번호가 변경됨에 따라 그 내용을 반영하여 제4조(지표조사의 대상 사업) 제1항 제4호 다목을 "고도 보존 및 육성에 관한 특별법 제10조제1항에 따라 지정된 역사문화환경 보존육성지구 및 역사문화환경 특별보존지구에서 시행되는 건설공사"로 수정한 것이다.

시행령의 세 번째 개정은 2014년 12월 30일 일부개정(대통령령 제25916호, 시행 2015.1.29)한 것이다.

개정 이유는 국가와 지방자치단체가 일부 건설공사에 대하여 예산의 범위에서 매장문화재 지표조사 비용을 지원할 수 있도록 하는 내용으로 매장문화재 보호 및 조사에 관한 법률이 개정(법률 제12350호)됨에 따라, 국가와 지방자치단체가 지표조사 비용을 지원할 수 있는 건설공사의 범위를 "국가, 지방자치단체, 공공기관 등이 시행하는 건설공사를 제외한 사업면적이 3만제곱미터 미만인 건설공사"로 구체화하였다. 그리고 문화재위원회의 심의를 거쳐 발견신고된 문화재의 소유권 판정을 하였으나 소유권 판정은 법적 판단이 필요한 사항임을 고려하여 문화재위원회의 심의를 거치는 대신 문화재 전문가 및 법률 전문가 등의 의견을 듣도록 하였다.

주요 개정 내용은 제5조의 제목을 지표조사 보고서 등에서 지표조사 절차 등으로 수정하였다. 그리고 국가 및 지방자치단체가 지표조사 비용을 지원하는 건설공사

률안」(조원진의원 대표발의): 2013.10.14, 「매장문화재 보호 및 조사에 관한 법률 일부개정법률안」(김광림의원 대표발의).

의 범위를 사업면적 3만제곱미터 미만인 건설공사로 하고, "국가, 지방자치단체, 공공기관의 운영에 관한 법률에 따른 공공기관, 지방공기업법에 따른 지방공기업, 지방공기업법에 따른 지방공사가 같은 법 시행령 제47조의2에 따라 출자할 수 있는 한도에서 해당 법인의 자본금 중 2분의 1 이상을 출자한 법인, 방송법에 따른 한국방송공사, 한국교육방송공사법에 따른 한국교육방송공사가 시행하는 건설공사는 제외"하도록 제5항을 신설한 것이다.

이 규정은 지표조사 비용을 지원하는 범위를 명확히 했다는 점에서는 타당하지만, 지원 범위를 사업면적 3만제곱미터 미만인 건설공사로 제한한 것은 문제가 있다.

매장문화재 보호는 헌법에서 규정한 국가의 당연한 책무라는 점에서 매장문화재 유존지역은 국가가 사전에 파악하여 체계적으로 관리하고, 국민이 알 수 있도록 관련 정보를 제공하는 것이 타당하다. 그리고 매장문화재 지표조사는 각종 개발사업 시행 이전에 매장문화재의 존재여부를 확인하는 것이기 때문에 매장문화재 훼손에 대한 "원인자부담원칙"을 적용하여 3만제곱미터 이상에서 시행하는 개발사업에 대해 사업시행자가 지표조사 비용 전액을 일방적으로 부담케 하는 것은 문제가 있다. 따라서 국가나 공공기관에서 시행하는 개발사업에 따른 지표조사를 제외하고는 면적이나 지원횟수에 관계없이 지표조사 비용 전액을 국가에서 부담하는 것이 타당하다.

시행령의 네 번째 개정은 2015년 8월 3일 일부개정(대통령령 제26458호, 시행 2015.8.3)한 것이다.

개정 이유는 매장문화재 지표조사에 불필요한 비용과 시간이 소요되는 것을 최소화하고, 지표조사 대상사업에 대한 기준의 명확화 및 문화재 보존조치 유형의 현실화 등 현행 제도의 운영상 나타난 일부 미비점을 개선·보완하기 위한 것이다.

주요 개정 내용은 지표조사의 대상 사업 중 지방자치단체의 장이 지표조사를 명하는 기준을 "과거에 매장문화재가 출토되었거나 발견된 지역에서 시행하는 건설공사", "역사서, 고증된 기록 또는 관련 학계의 연구결과 등에 따르는 경우 문화재가 매장되어 있을 가능성이 높은 지역에서 시행되는 건설공사"로 한정한 것이다. 그리고 "지방자치단체의 장이 명한 지표조사 명령에 대한 개발사업 시행자의 이의 신청", "문화재 보존 조치 명령을 현지보존, 이전移轉보존, 기록보존으로 수정", "발굴기간, 발굴비용 및 발굴에 참여하는 인력이 문화재청장이 정한 용역대가의 기준에 현저히 맞지 않을 경우 문화재위원회의 심의를 거친 후 발굴허가 여부 결정" 등이다.

개정된 내용 중 3만제곱미터 미만의 개발사업에 대해 고증, 학술연구 결과 등의 근거가 있는 경우에만 문화재 지표조사를 하도록 한 것은 규제 합리화를 통한 매장 문화재 보호·보존과 개발사업의 조화 추구보다는 경제 활성화를 위한 정부의 "손톱 밑 가시 뽑기"에 초점을 맞춘 것이다[88].

이는 "문화재 지표조사가 저비용으로 매장문화재를 효과적으로 보호할 수 있는 합리적인 제도라는 점", "과거에 매장문화재가 출토되었거나 발견된 지역의 경계가 모호하여 법 적용이 어렵다는 점", "우리나라는 문헌자료가 부족하다는 점", "고고학 적인 연구는 발굴조사 결과를 토대로 한다는 점", "대부분의 지방자치단체가 조례로 지표조사 의무 실시 구역을 규정하고 있지 않다는 점", "전국 각 지역의 3만제곱미터 미만의 토지에서 시행되고 있는 개발사업에 비해 지표조사가 이루어진 건수가 미비 하다는 점(표 8)", "개발사업 시행자는 사업계획을 고의적으로 3만제곱미터 미만으로 분리하여 지표조사 의무면적을 피해가고 있다는 점", "명확한 근거를 요구하며 지표 조사 실시를 반대하는 개발사업 시행자의 민원 때문에 지방자치단체의 장이 지표조 사 실시를 강제하기 어렵다는 점" 등 현실을 고려하지 않고 단순히 개발논리만을 반 영한 것이다.

표 8 최근 5년간 3만제곱미터 미만 지표조사 실시 현황

구분	2010년	2011년	2012년	2013년	2014년	평균
총 조사면적 (단위 : m^2)	5,732,113	3,358,717	3,868,462	3,986,730	4,561,345	4,301,473
총 조사건수 (단위 : 건)	281	310	337	358	435	344
총 조사비용 (단위 : 천원)	849,851	549,543	472,830	533,422	629,570	607,043

※ 자료 : 문화재청, 2011~2015, 『주요업무 통계자료집』; 문화재청 누리집(http://www.cha.go.kr); 문화재협업포털(http://www.e-minwon.go.kr:8072).

또한, 3만제곱미터 미만의 지표조사에서 유물이 확인되는 사례가 증가하고 있으 며, 3만제곱미터 이상과 미만에서 실시한 발굴조사 결과 국가에 귀속되는 유물의 개

---

88   규제개혁위원회, 2015, 『2014 규제개혁백서』; 국무조정실, 2015. 5, 「2015년 규제정비계획-부 처제출 규제정비과제-」.

수도 비슷하다는 사실 등 그 성과와 결과도 무시한 것이다[89].

문화재 지표조사 대상사업의 기준은 단순히 개발사업 면적만을 고려하여 판단하거나 개발정책에 맞춰 임기응변식으로 결정해서는 안 된다. 현실에서 발생하고 있는 다양한 문제점을 해결하고, 매장문화재 보호 및 조사에 관한 법률의 제정 취지 및 목적에 부합해야 한다. 따라서 이 규정은 조속히 재검토하여 합리적으로 개정하는 것이 타당하다.

시행령의 다섯 번째 개정은 타법령 개정으로 인해 2015년 12월 23일(대통령령 제26754호, 시행 2015.12.23)에 이루어졌다.

주요 개정 내용은 "수산업·어촌 발전 기본법 시행령" 개정에 따라 제10조(발굴경비를 지원하는 건설공사의 범위) 제2호를 "농어업·농어촌 및 식품산업 기본법 제3조 제2호에 따른 농업인 또는 수산업·어초 발전 기본법 제3조 제3호에 따른 어업인"으로 수정한 것이다.

시행령의 여섯 번째 개정은 타법령 개정으로 인해 2015년 12월 30일(대통령령 제26774호, 시행 2015.12.30)에 이루어졌다.

주요 개정 내용은 주민등록번호 수집 최소화 및 오남용 방지를 위하여 주민등록번호 수집 근거 규정을 삭제하거나 수집 대상을 생년월일로 변경하고, 관련 서식을 정비하는 등 "6.25 전사자유해의 발굴 등에 관한 법률 시행령" 등 41개 대통령령을 일괄개정한 내용을 반영하여 제33조(고유식별정보의 처리)를 삭제한 것이다.

매장문화재 보호 및 조사에 관한 법률 시행규칙은 제정된 이후 2013년 12월 31일 처음으로 개정(문화체육관광부령 제163호, 타법개정, 시행 2014.1.1) 된다.

개정 이유 및 내용은 행정규제기본법 개정에 따른 규제 재검토기한 설정을 위해 제15조(규제의 재검토)를 신설하여 발굴에 참여하는 인력의 업무범위와 조사기관의 등록기준을 3년마다 그 타당성을 재검토하여 개선 등의 조치를 하도록 한 것이다.

시행규칙은 다른 법령의 개정으로 인해 2014년 7월 8일(국토교통부령 제106호, 타법개정, 시행 2014.7.8) 두 번째 개정이 이루어진다.

개정 이유 및 내용은 도시철도법 시행규칙 전부개정으로 조항번호가 변경됨에 따라 시행규칙 별표 1(건설공사의 시행자가 지표조사를 실시하여야 하는 시기)에 그 내용을 반영한 것이다.

---

89   국회 교육문화체육관광위원회, 2015, 「국정감사 자료」(유은혜 의원실 보도자료).

시행규칙의 세 번째 개정은 2014년 12월 30일(문화체육관광부령 제191호, 시행 2014.12.30)에 이루어졌다.

개정 이유는 지방자치단체의 장이 매장문화재 유존지역 보호를 위해 의견을 들을 수 있는 전문가의 범위를 넓히고, 입회조사의 실시 주체를 조정하여 운영상 나타난 문제점을 개선하고자 한 것이다.

주요 개정 내용은 매장문화재 관련 전문가(제4조)의 범위를 국립고궁박물관 및 국립해양문화재연구소의 학예사와 학예연구관으로 확대하고, 매장문화재 조사기관의 조사요원(제5조제1항제3호)이 입회조사에 참관할 경우 미리 소속 조사기관장의 동의를 얻도록 했다.

시행규칙의 네 번째 개정은 2015년 8월 26일(문화체육관광부령 제217호, 시행 2015.8.26)에 일부개정한 것이다.

개정 이유는 매장문화재 보호 및 조사에 관한 법률 시행령 개정에 따른 용어 개정 및 신설과 유형별 보존조치 방안 검토 시 평가항목을 보완함으로써 현행 제도상의 미비점을 개선·보완하고자 한 것이다.

주요 개정 내용은 시행령의 개정에 맞추어 지표조사에 따른 문화재 보존 조치(제5조) 내용을 기존 "원형보존"을 "현상보존"으로 수정하고 그 개념을 정의하였으며, 이전移轉복원을 삭제한 것이다. 그리고 발굴된 매장문화재의 보존조치 결정(제8조) 시 유형별(현지보존, 이전보존, 기록보존)로 매장문화재의 가치·보존상태·활용성과 보존조치로 침해되는 이익을 평가하도록 했다.

이상으로 문화재보호법상의 매장문화재 관련 법령이 어떻게 변해 왔는지, 그 특징은 무엇인지, 현행 매장문화재 보호 및 조사에 관한 법령의 제정 및 개정의 배경과 특징, 그리고 문제점과 원인 등에 대해 살펴보았다.

지금까지의 매장문화재 보호 정책 및 제도 개선은 매장문화재의 효율적인 보호·보존 및 관리와 홍보, 그리고 개발사업과의 조화보다는 매장문화재조사 수요 억제, 조사기관 설립기준과 조사요원별 자격기준 완화, 조사기관의 전국법인 전환, 행정처리 및 조사기간 단축, 대가기준과 발굴조사 실시기준 및 유적보존기준 마련, 매장문화재 고객지원센터 설립·운영 등 매장문화재조사로 인한 민원 감소, 사업시행자의 편의성 제고와 불편 해소, 개발사업의 원활한 추진 등 경제 활성화 및 개발논리 정책

구분	제정·개정 일자	주요 내용
법률	2010.2.4	법률 제정
	2011.7.21	국가에 의한 매장문화재 발굴조사 완료 후 30일 이내 출토유물 현황 등 발굴결과를 소유자, 관리자, 또는 점유자에게 통보하도록 규정
	2014.5.28	문화재보호법 개정으로 인한 한국문화재보호재단 한국문화재재단으로 명칭 변경된 내용 반영
	2014.1.28	국가와 지방자치단체 지표조사 비용 전부 또는 일부 지원할 수 있도록 규정
시행령	2011.1.28	시행령 제정
	2012.1.6	발굴조사 업무처리를 위해 개인정보 보호법 시행령에 따른 주민등록번호 포함할 수 있도록 규정
	2012.7.26	고도 보존에 관한 특별법 고도 보존 및 육성에 관한 특별법으로 명칭과 관련 조항번호가 변경된 내용 반영
	2014.12.30	지표조사 비용 지원 건설공사 범위 국가, 지방자치단체, 공공기관 등이 시행하는 건설공사를 제외한 사업면적 3만제곱미터 미만으로 규정
	2015.8.3	3만제곱미터 미만 지표조사 고증, 학술연구 결과 등 근거 있을 경우 실시, 지표조사 명령에 대한 이의 신청 제도 도입, 문화재 보존조치 명령 현지보존, 이전보존, 기록보존으로 수정
	2015.12.22	수산업·어촌 발전 기본법 시행령 개정 내용 반영
	2015.12.30	타법령 개정 내용 반영 제33조(고유식별정보의 처리) 삭제
시행규칙	2011.2.16	시행규칙 제정
	2013.12.31	행정규제기본법 개정에 따른 발굴 참여 인력의 업무 범위 및 조사기관 등록기준에 대한 재검토 기간 규정
	2014.7.8	도시철도법 시행규칙 전부개정에 따른 조항번호 변경 내용 시행규칙 별표 1에 반영
	2014.12.30	매장문화재 관련 전문가의 범위 확대 및 조사기관의 조사요원 소속 기관장의 동의를 얻어 입회조사에 참관하도록 규정
	2015.8.26	시행령 개정에 따른 문화재 보존조치 유형 수정 및 보존조치 결정 시 가치, 보존상태, 활용성, 보존조치로 침해되는 이익 평가하도록 규정
발굴조사의 방법 및 절차 등에 관한 규정	2011.12.16	규정 제정
	2012.3.2	정밀발굴조사 전환 시 시굴조사 수행기관이 담당하는 것을 원칙으로 규정 지방자치단체의 보존조치된 매장문화재 관리 연 1회 이상으로 규정 표본조사·시굴조사 실시한 기관이 정밀발굴조사 실시하지 않을 경우 정밀발굴 조사기관에 관련 자료 인계하도록 규정 유적 정비 및 복원 목적의 발굴조사 중간 보고서 발간하도록 명시 발굴조사 실시기준 전부개정

구분	제정·개정 일자	주요 내용
발굴·발견 문화재의 국가귀속 절차 등에 관한 규정	2011.2.16	규정 제정
	2013.4.30	소유자에게 반환된 문화재 국가귀속 대상 문화재에서 제외하도록 명시 발굴조사보고서 수록을 위한 문화재 선별회의 개최 신설 및 위원 구성 등에 대한 세부사항 명시 국가귀속 미대상 문화재 및 매몰 문화재의 처리기준 및 절차 등 신설
국가귀속 문화재의 관리 등에 관한 규정	2011.3.11	규정 제정
	2013.4.25	국가귀속문화재 보관관리기관 변경할 수 있도록 규정 국가귀속문화재 위임대상 기관 1종 박물관에서 2종 박물관으로 확대 국가귀속문화재 대여기간 연장횟수 삭제 국가귀속문화재 보관관리협의회 개최 신설

에 맞추어 추진하여 왔음을 알 수 있다.

문화재보호법에 근거한 매장문화재 보호 정책 및 제도 개선은 문화재보호법과 시행령 및 시행규칙의 정비보다는 지표조사 또는 발굴조사 업무처리 지침을 통해 법과 시행령 및 시행규칙의 미비점과 한계점을 보완하려고 했다.

매장문화재조사와 관련된 제도개선 요구사항이나 현실적인 문제가 발생할 때마다 지침 개정을 통해 해결하려고 시도했을 뿐만 발생 가능한 다양한 문제를 사전에 예측하여 선제적으로 대응하는 한편 합리적으로 정책을 집행하고 제도를 개선하려는 노력이 미흡했다.

따라서 규정과 업무처리 지침의 개정을 통한 매장문화재 보호 정책과 제도 개선은 현실적인 문제 해결에 효과적으로 대처할 수 없었으며 오히려 부작용이 발생했다. 현실적인 문제에 집중한 나머지 문화재보호법 제정의 취지와 제도적 안정성도 저해하는 요인으로 작용했다. 그리고 정부기관 및 민간부문의 제도개선 요구사항에 대해서도 실효성 있는 대안이나 해결책을 제시하지 못 했다.

결국 매장문화재조사로 인한 민원 감소와 개발사업 시행자의 불편을 해소하기 위해 근본적인 개선 대책으로 추진한 것이 매장문화재 보호 및 조사에 관한 법률의 제정이었다.

매장문화재 보호 및 조사에 관한 법률과 하위법령은 매장문화재의 효율적인 보호·보존 및 관리와 홍보, 그리고 개발사업과의 조화보다는 매장문화재조사 수요를 줄이는 것이 민원 발생을 최대한 억제할 수 있다는 인식과 현실적인 요구가 크게 반영되었다. 따라서 각종 개발사업으로 인한 매장문화재조사에 치중하는 방향으로 제정·개정될 수밖에 없었고, 경제성장과 개발논리에 맞춰 임기응변식으로 정책을 수립하고, 제도개선을 추진하였다[90].

또한 여전히 규정 개정을 통해 법률과 시행령 및 시행규칙의 미비점과 한계점을 보완하려고 했으며, 법률적 근거 없이 규정으로 제정하여 과도하게 행정규제를 하고 있으며, 매장문화재 조사기관에 대해서만 일방적으로 책임을 전가하고 있는 상황이다.

그 결과, 매장문화재 보호의 중요성과 가치에 대한 국민의 공감대 형성, 매장문화재 보호 정책 및 제도에 대한 부정적인 인식 개선, 경제성장 및 개발을 위해 매장문화재의 훼손·파괴를 당연한 것으로 생각하는 사회적 분위기 개선에 실패했다. 따라서 갈등과 부정적인 인식의 확대 및 재생 등 악순환구조가 반복되는 현실을 초래했다.

2. 매장문화재 보호 정책의 문제점과 개선방안

1) 매장문화재 법령 체계의 개편

현재의 매장문화재 보호 및 조사에 관한 법령은 매장문화재조사로 인한 민원 감소, 개발사업 시행자의 편의성 제고와 불만·불편 해소, 개발사업의 원활 추진 등 각종 개발사업에 따른 구제발굴조사에 초점을 맞추어 추진한 매장문화재 정책과 제도 개선 내용을 반영한 것이다.

국민은 매장문화재 보호와 조사의 중요성 및 가치를 이해하지 못하고, 매장문화재는 문화재가 아니며 보호의 대상도 아니라고 생각하는 잘못된 인식을 하고 있다. 그리고 매장문화재 보호 정책은 국토의 효율적인 개발을 막는 악법이자 개발의 걸

---

[90] 최근에도 경제성장 및 개발논리에 맞춘 매장문화재 정책수립 및 제도개선을 추진한 사례를 확인할 수 있다. 예를들면, 규제 합리화의 일환으로써 "매장문화재 조사기간 단축 및 조사대상 명확화, 매장문화재 조사결과 검토 및 검증 강화, 문화재 주변지역 현상변경허가 규제 개선, 문화재위원회 운영의 투명성 강화 등" 5대 분야의 규제혁신(문화재청, 2015.7, 「문화재 분야 규제혁신 방안」), "시급한 공사의 경우 부분완료 보고 횟수제한 폐지, 객관적인 분석이나 연구결과 없이 지하유구를 훼손하지 않는 건축에 대한 정밀발굴조사를 유예하고자 발굴조사 실시기준" 등의 개정(문화재청 공고 제2015-320호, 문화재청 공고 제2016-39호, 「발굴조사의 방법 및 절차 등에 관한 규정」개정안 행정예고)이다.

림돌, 죽은 자가 산 자를 죽인다는 등 부정적인 인식과 여론이 팽배해졌다.

법률과 하위법령의 모순 및 상충 등 체계성 미흡, 용어 및 조항과 내용의 부적합 등은 해석과 적용에 있어 다양한 갈등과 분쟁을 발생시키고 있다.

법령형식에 관한 헌법 원칙으로서 "법률은 행정과 사법에 의한 법 적용의 기준이 되므로 명확한 용어로 분명하게 규정해야 한다"는 명확성의 원칙, "법률에 하위법령으로 규정될 내용·범위의 기본적인 사항을 구체적이고 명확하게 규정하여 누구라도 그 법률의 하위법령에 규정된 내용의 대강을 예측할 수 있어야 한다"는 포괄위임금지의 원칙, "무엇이 처벌될 행위인가를 국민이 예측 가능한 형식으로 미리 규정함으로써 개인의 법적 안정성을 보호하는 동시에 국가 형벌권의 자의적 행사로부터 개인의 자유와 권리를 보장해야 한다"는 죄형법정주의에도[91] 부합하지 않다는 문제점이 제기되고 있다.

이러한 문제점은 매장문화재 보호와 조사의 중요성 및 가치에 대한 국민의 공감대 형성과 인식 개선, 매장문화재 유존지역 및 보존조치 유적의 효율적인 관리와 활용, 매장문화재조사의 공공성·투명성 제고 등 제도와 정책의 성공적 정착과 발전에 기여하지 못하는 원인이 되고 있다. 또한 매장문화재조사로 인한 갈등과 분쟁의 조정, 매장문화재조사의 품질저하 방지 등 지속적으로 제기되고 있는 다양한 제도개선 요구에 대한 근본적인 해결책이나 환경변화에 따른 능동적·선제적 정책수립과 대안을 제시하지 못하는 등 실효성과 안정성도 저하시키고 있다.

매장문화재 보호 및 조사에 관한 법률과 하위법령은 체계정당성의 원리와[92] 법령형식에 관한 헌법 원칙에 부합할 뿐만 아니라 발전적이고 합리적으로 제도와 정책이 수립·집행될 수 있도록 전면적으로 재검토 및 개정할 필요가 있다.

따라서, 여기에서는 법령형식에 관한 헌법 원칙, 체계정당성의 원리, 매장문화재

---

[91] 법제처, 2012, 『법령 입안·심사 기준』, 33~40쪽.

[92] 체계정당성 원리란 법령 상호간에는 규범 구조나 규범 내용면에서 서로 상치되거나 모순되어서는 안 된다는 것을 말한다. 체계정당성의 요청은 동일 법령 내에서는 물론 상이한 법령 간에도 그것이 수직적이건 수평적이건 반드시 존중되어야 한다. 법령 상호간에 정당성을 요구하는 이유는 입법자의 자의(恣意)를 금지하여 규범의 명확성과 예측 가능성, 규범에 대한 신뢰와 법적 안정성을 확보하기 위한 것으로 헌법적 요청의 하나이다(법제처, 2012, 『법령 입안·심사 기준』, 8쪽).

의 효율적인 보호·보존 및 관리라는 측면에서 세부적인 사항보다는 큰 틀에서 매장문화재 관계법령의 체계 개편이 필요한 몇 가지에 대해 살펴보도록 하겠다.

첫 번째는 "매장문화재 보호 및 조사에 관한 법률의 명칭"에 대한 것이다.

현재 우리나라에서 법적 공용어로 사용하고 있는 "매장문화재"라는 용어는 우리나라와 일본에서만 있다. 어원은 매장물埋藏物과 문화재文化財를 합성한 말이며, 1962년에 제정된 문화재보호법이 1950년에 제정된 일본의 문화재보호법에서 기본적인 틀을 원용하여 채택한 것이다.

"매장문화재"라는 용어는 그동안 고고학계를 중심으로 수정의 필요성에 대한 공감대가 형성되기는 했으나, 아직까지 구체적인 검토나 새로운 용어의 제시 없이 일반화되어 사용하고 있다.

매장이란 "묻어서 감추는 것을 의미"하는 것으로 땅속에 묻혀 보이지 않게 됨이 없이는 매장이라고 할 수 없고, 땅위에 세웠던 것이 넘어져 흙에 일부가 파묻혀 있다고 하여 이를 매장된 것이라고 볼 수는 없다[93]. 결국 매장문화재인지 여부는 고고학적인 방법에 의한 조사를 통해서만 판단할 수 있다.

문화재라는 용어는 우리나라가 1950년 6월 14일 가입한 유네스코UNESCO에서 1972년 11월 16일 파리에서 열린 제17차 유네스코 총회를 통해 채택한 "세계 문화유산 및 자연유산의 보호에 관한 협약Convention Concering the Protection of the World Cultural and National Heritage"에 의하면, "재산·소유물·성질·특성으로 정의되는 문화재cultural property"라는 용어 대신 "상속재산·물려받은 것·유산·전통·천성 등으로 정의되는 문화유산cultural heritage"이라는 개념을 사용하고 있다.

우리나라의 문화재청은 문화재의 영문 표기를 "cultural heritage"로 하고, 문화유산이란 용어를 일반적으로 사용하고 있다. 이것은 문화재를 재산적인 개념에 의한 경제적 가치 평가보다는 정신적 가치 평가에 의의를 둔 것이다.

우리나라의 매장문화재에 해당하는 용어를 북한의 조선민주주의 인민공화국 문화유물 보호법(1999)에서는 "문화유물", 중국의 문물보호법(文物保護法, 2013)에서는 "고고유적考古遺蹟", 대만의 문화자산보존법(文化資産保存法, 2005)에서는 "유지遺址", 미국의 고고학적 자원 보호법(Archaeological Resources Protection Act, 1979)

---

93 대법원 1983.7.26. 선고 83도706 판결, 문화재보호법위반.

에서는 "고고학 유적지Archaeological Sites", 영국의 고대 유물 및 고고학적 지역에 관한 법률(Ancient Monuments and Archaeological Areas Act, 1979)에서는 "고고학적 지역Archaeological areas", 계획 정책 지침 제16호 고고학과 행정계획(Planning Policy Guidance 16 Archaeology and Planning)에서는 "고고학 유물Archaeological remains", 독일 바이에른 주의 기념물보호법(Bavarian Law for the Protection and Preservation of Monuments(Monument Protection Law), 1973)에서는 "고고학적 기념물Bodendenkmäaler", 프랑스의 문화유산법전(Code du patrimoine, 2004)에서는 "고고학 유산L'archéologie patrimoine"이란 용어로 사용하고 있다.

유럽은 "고고학 유산의 보호에 관한 유럽 협약(European Convention on the Protection of the Archaeological Heritage(Valletta, 16.1.1992))"을 통해 "고고학 유산Archaeological Heritage"이라는 용어를 일반적으로 널리 사용하고 있다.

유네스코 세계유산으로 등재된 유적의 명칭을 보면, "고고(학) 유적[알 주바라 고고학 유적Al Zurbaran Archaeological Site, 메로에 섬의 고고 유적지Archaeological Sites of the Island of Meroe, 트로이의 고고 유적Archaeological Site of Troy, 렙티스 마그나 고고 유적Archaeological site of Leptis Magna, 미스트라스의 고고 유적Archaeological Site of Mystras, 바미안 계곡의 문화 경관과 고고 유적Cultural Landscape and Archaeological Remains of the Bamiyan Valley, 반치앙 고고 유적Ban Chiang Archaeological Site, 볼루빌리스 고고 유적Archaeological Site of Volubilis, 아이가이(베르기나) 고고 유적Archaeological Site of Aigai(modern name Vergina, 올림피아 고고 유적Archaeological Site of Olympia]"이라는 용어로 표기 및 사용하고 있다[94].

이처럼 세계적으로 문화유산과 고고학이란 용어를 일반적으로 널리 사용하고 있으며 보편화되어 있다는 점, 매장문화재 보호 및 조사에 관한 법률 제2조(정의)에서 정의하고 있는 매장문화재의 개념을 포괄적·함축적으로 표현하기에는 매장이라는 용어가 부적절하다는 점, 매장문화재를 포함한 문화유산은 우리 국민뿐만 아니라 인류의 공동자산이라는 점을 고려할 때 세계 여러 나라 사람들이 쉽게 이해하고 친근감을 느낄 수 있는 용어를 사용해야 한다.

따라서, "매장문화재Buried Cultural Property" 보다는 "고고학 유산Archaeological Heritage"이라는 용어를 사용하는 것이 타당할 것이다.

---

94   유네스코 세계유산(http://www.unesco.or.kr/heritage).

한편, 매장문화재 보호 및 조사에 관한 법률의 명칭에는 "조사"라는 용어가 포함되어 있다.

이는 2000년대 중반 이후부터 국토개발 사업에 따른 매장문화재조사와 관련된 각종 민원과 사회적 갈등이 크게 증가하고, 매장문화재조사와 조사기관에 대한 정부와 민간부문의 부정적인 인식, 원활한 개발사업 추진, 매장문화재조사 수요 억제, 개발사업 시행자의 불편·불만 해소를 목표로 한 매장문화재 정책과 제도 개선 등 당시의 사회적 분위기와 여러 상황이 복합적으로 반영된 결과라 할 수 있다.

문화유산헌장(문화체육부 공고 제1997-76호)과 매장문화재 보호 및 조사에 관한 법률 제1조(목적)·제4조(매장문화재 유존지역의 보호)·제11조(매장문화재의 발굴허가 등) 등에서도 알 수 있듯이 매장문화재는 원형유지 및 발굴조사 금지가 기본원칙이다. 무분별한 개발로부터 보호하고, 온 국민은 매장문화재와 그 주위 환경이 파괴·훼손되지 않도록 노력해야 한다.

단지, 이 시대를 살아가는 우리의 경제·사회 발전을 위해 개발 또한 피할 수 없는 것이 현실이기 때문에 부득이 한 경우에 한하여 매장문화재를 발굴하는 것이다. 그리고 지금 세대는 임의대로 처분할 수 있는 소유자가 아니라 우리 후손에게 온전하게 물려주어야 할 책임과 의무가 있는 선량한 관리자일 뿐이다.

이러한 인식은 우리나라뿐만 아니라 세계 여러 나라에서도 일반적으로 보편화되어 있으며, 유네스코가 1972년 11월 16일 파리에서 열린 제17차 유네스코 총회를 통해 채택한 "세계 문화유산 및 자연유산의 보호에 관한 협약Convention Concering the Protection of the World Cultural and National Heritage"에서도 확인할 수 있다.

그리고 영국, 프랑스, 미국, 독일 등 국외 선진국의 매장문화재 관련 법령이나 우리나라에서 보호·보존의 대상으로 인식되어 그 목적을 달성하기 위해 제정·시행하고 있는 문화재보호법을 비롯한 여러 법률에서도 조사와 관련된 내용이 법률의 구성 체계에서 상당한 부분을 차지하고, 중요시 되고 있지만 법률의 명칭에 조사라는 단어가 포함되어 있지 않다(표 10·11).

매장문화재 보호 및 조사에 관한 법률을 비롯한 하위법령은 매장문화재를 보호·보존 및 관리하기 위한 것으로 조사는 관리의 한 내용에 속하는 것이다[95]. 따라서 매장문화재 보호 및 조사에 관한 법률의 명칭에서 "조사"라는 단어를 삭제하는 것이 타당하다.

---

[95] 신옥주, 2015, 「앞 논문」, 『매장문화재조사 정책 및 제도의 발전 방향』, 7쪽, 한국매장문화재협회.

구 분	명 칭
문화재청	문화재보호법
외교부·환경부·해양수산부	남극활동 및 환경보호에 관한 법률
해양수산부	어업자원보호법
농림축산식품부	동물보호법
	한국진도개 보호·육성법
산림청	백두대간 보호에 관한 법률
	산림보호법
환경부	야생생물 보호 및 관리에 관한 법률
산업통상자원부	오존층 보호를 위한 특정물질의 제조규제 등에 관한 법률

표 11 국외의 매장문화재 보호·보존 관련 법률 명칭

구 분	명 칭
대만	문화자산보존법(文化資産保存法)
독일(바이에른 주)	기념물보호법(Bavarian Law for the Protection and Preservation of Monuments(Monument Protection Law))
미국	고고학적 자원 보호법(Archaeological Resources Protection Act)
스웨덴	문화유산보호법(Heritage Conservation Act)
영국	고대 유물 및 고고학적 지역에 관한 법률(Ancient Monuments and Archaeological Areas Act)
일본	문화재보호법(文化財保護法)
중국	문물보호법(文物保護法)
프랑스	문화유산법전(Code du patrimoine)
핀란드	고대유물법(The Antiquities Act)

이상으로 매장문화재 보호 및 조사에 관한 법률의 명칭에 대해 살펴보았다. 매장문화재라는 용어와 법률의 명칭에 조사라는 용어를 포함하는 것은 많은 문제점이 있음을 알 수 있다.

따라서 매장문화재 보호 및 조사에 관한 법률의 명칭은 조속히 재검토 및 수정되어야 한다. 즉 법률의 명칭을 "고고학 유산 보호법Archaeological Heritage Protection Act"으로 변경하는 것이 타당하다.

두 번째는 "법률의 목적"에 대한 것이다.

어떤 한 분야의 제도와 정책을 성공적으로 정착·발전시키기 위해서는 그 근거가

되는 법률의 목적이 중요하다.

법률의 목적은 그 법령이 달성하려는 목적 등을 간결하고 명확하게 밝혀 국민
이 입법목적이나 입법취지를 쉽게 이해할 수 있도록 하는 한편 그 법률이 실현하고
자 하는 목적과 존재 이유, 제도 및 정책에 대한 기본 철학을 단적으로 보여주는 것
이다. 또한 법령의 조문을 해석하고 집행할 때 그 법령의 개별 조문에 대한 구체적
인 의미를 입법적으로 명확히 하는 입법적 해석, 법률과 하위법령의 구성 체계 및 개
선·정비 방향, 정책의 합리적·효율적인 집행 등을 뒷받침하고 결정하는데도 중요
한 역할을 한다.

이처럼 법률의 목적은 매우 중요하기 때문에 매장문화재 보호 및 조사에 관한 법
률의 목적 조항을 살펴볼 필요가 있다.

매장문화재 보호 및 조사에 관한 법률의 목적 조항(제1조)은 "이 법은 매장문화
재를 보존하여 민족문화의 원형^{原形}을 유지·계승하고, 매장문화재를 효율적으로 보
호·조사 및 관리하는 것을 목적으로 한다"고 선언하고 있다.

우리나라 최고 상위법인 대한민국헌법(헌법 제10호)의 전문과 제9조 및 제69조
를 통해 우리나라가 문화국가이기 때문에 매장문화재를 포함한 문화유산의 보호는
국가의 당연한 책무임을 확인할 수 있다[96].

---

96   대한민국헌법 전문.
       - 유구한 역사와 전통에 빛나는 우리 대한민국은 3·1운동으로 건립된 대한민국임시정부의
         법통과 불의에 항거한 4·19민주이념을 계승하고, 조국의 민주개혁과 평화적 통일의 사명
         에 입각하여 정의·인도와 동포애로써 민족의 단결을 공고히 하고, 모든 사회적 폐습과 불
         의를 타파하며, 자율과 조화를 바탕으로 자유민주적 기본질서를 더욱 확고히 하여 정치·경
         제·사회·문화의 모든 영역에 있어서 각인의 기회를 균등히 하고, 능력을 최고도로 발휘하
         게 하며, 자유와 권리에 따르는 책임과 의무를 완수하게 하여, 안으로는 국민생활의 균등한
         향상을 기하고 밖으로는 항구적인 세계평화와 인류공영에 이바지함으로써 우리들과 우리
         들의 자손의 안전과 자유와 행복을 영원히 확보할 것을 다짐하면서 1948년 7월 12일에 제
         정되고 8차에 걸쳐 개정된 헌법을 이제 국회의 의결을 거쳐 국민투표에 의하여 개정한다.
       대한민국헌법 제9조.
        - 국가는 전통문화의 계승·발전과 민족문화의 창달에 노력하여야 한다.
       대한민국헌법 제69조.
        - 대통령은 취임에 즈음하여 다음의 선서를 한다. "나는 헌법을 준수하고 국가를 보위하며 조
          국의 평화적 통일과 국민의 자유와 복리의 증진 및 민족문화의 창달에 노력하여 대통령으
          로서의 직책을 성실히 수행할 것을 국민 앞에 엄숙히 선서합니다."

헌법에서는 국가가 우리나라 전통문화의 계승·발전과 민족 문화의 창달에 노력하고, 문화적으로도 인류공동의 번영에 기여해야 할 책무가 있음을 부여하고 있다. 따라서 국가는 우리나라의 매장문화재를 포함한 문화유산 보호뿐만 아니라 인류 공동의 문화유산을 지키는데도 기여해야 할 책무가 있는 것이다.

이러한 점에서 매장문화재 보호 및 조사에 관한 법률의 목적 조항은 매장문화재 보호가 헌법에서 규정하고 있는 사실임을 분명하게 밝히는 방향으로 개정해야 한다.

법률의 목적이 헌법에서 규정하고 있는 매장문화재 보호에 있음을 명확히 해야 법률이 실현하고자 하는 목적과 존재 이유, 제도 및 정책의 기본 철학이 매장문화재 보호에 있음을 국민이 이해할 수 있다. 또한 무분별한 개발로부터 보호하여 우리 후손에게 온전하게 물려주어야 할 대상이라는 국민적 공감대와 사회적 인식 형성에도 기여할 수 있다.

한편, 매장문화재 보호 및 조사에 관한 법률의 목적 조항에는 조사라는 용어가 포함되어 있다. 이는 법률이 제정될 당시 원활한 개발사업 추진을 위한 매장문화재 정책과 제도 개선이라는 사회적·정치적 분위기와 여러 상황이 복합적으로 반영되었기 때문이다.

앞에서도 살펴보았듯이 우리나라뿐만 아니라 국외 선진국에서도 보편적으로 인식하고 있는 것처럼 매장문화재는 원형유지 및 발굴조사 금지가 기본원칙이다. 또한 무분별한 개발로부터 보호하여 우리 후손에게 온전하게 물려주어야 할 대상이기 때문에 법률의 목적 조항에서 조사라는 단어를 삭제하는 것이 바람직하다.

매장문화재 보호 및 조사에 관한 법률의 목적 조항은 전면적으로 수정할 필요가 있다. 우리나라의 최고 상위법인 헌법에서 규정하고 있는 것처럼 우리나라뿐만 아니라 세계 인류의 공동자산인 매장문화재 보호는 국가의 당연한 책무이고, 대한민국의 주권은 국민에게 있으며 모든 권력은 국민으로부터 나온다.

따라서 매장문화재 보호 및 조사에 관한 법률의 목적 조항은 "이 법은 헌법에 따라 국민의 권리·의무와 국가의 책무를 명확히 하고, 매장문화재를 보존하여 민족문화의 원형原形을 유지·계승하며, 인류공동의 자산인 매장문화재를 효율적으로 보호 및 관리하는 것을 목적으로 한다"와 같은 내용으로 전면 개정해야 한다.

세 번째는 "매장문화재의 정의"에 대한 것이다.

법률의 정의 조항은 일반적으로 그 법령에서 사용하고 있는 용어에 대한 의미를 명확하게 함으로써 법령의 해석 및 집행에서 발생할 수 있는 문제점과 법적 분쟁 등을 사전에 방지하여 국민의 권리와 이익을 보호하기 위해 규정하는 것이다.

매장문화재 보호 및 조사에 관한 법률의 정의 조항(제2조)은 "매장문화재를 토지 또는 수중에 매장되거나 분포되어 있는 유형의 문화재, 건조물 등에 포장되어 있는 유형의 문화재, 지표·지중·수중(바다·호수·하천을 포함한다) 등에 생성·퇴적되어 있는 천연동굴·화석, 그 밖에 대통령령으로 정하는 지질학적인 가치가 큰 것"으로 정의하고 있다.

이 정의 조항에서 문제가 되는 부분은 지표·지중·수중 등에 생성·퇴적되어 있는 천연동굴·화석, 그 밖에 대통령령으로 정하는 지질학적인 가치가 큰 것을 매장문화재로 정의한 것인데, 이것은 매장문화재와는 그 성격이 전혀 다르다.

매장문화재 보호 및 조사에 관한 법률은 매장문화재에 대해 규정한 것인데 천연동굴·화석 및 지질학적 가치가 큰 것은 문화재보호법(법률 제13291호) 제2조(정의)에서 규정한 기념물에 해당하고, 문화재보호법 시행령(대통령령 제26575호) 제11조(국가지정문화재의 지정기준 및 절차)에 의한 문화재 종류 중 천연기념물에 해당한다.

천연동굴·화석 및 지질학적 가치가 큰 것을 매장문화재로 정의함으로서 지표조사 및 발굴조사, 매장문화재 관련 전문가, 매장문화재 발견신고 등에 대해 규정한 법률과 하위법령의 모순 및 상충되는 부분이 발생한다. 그리고 매장문화재 조사대상 범위가 너무 넓어 현행 법령에서 규정한 매장문화재 조사기관 및 조사인력의 능력(자격)으로는 천연동굴·화석 및 지질 등의 조사를 수행할 수 없는 것이 현실이다.

따라서 매장문화재 보호 및 조사에 관한 법률의 체계정당성을 확보하고, 용어 정의 및 의미와 법 적용에 있어 문화재보호법과 상충되지 않도록 하기 위해서는 천연동굴·화석 및 지질학적 가치가 큰 것을 매장문화재의 정의 조항에서 삭제하고, 문화재보호법에 따라 처리하도록 해야 한다.

한편, 매장문화재 보호 및 조사에 관한 법률 제6조(매장문화재 지표조사)에 의거, 일정 규모 이상의 건설공사에 대해서는 문화재의 매장·분포 여부를 확인하기 위한 매장문화재 지표조사를 실시해야 한다.

매장문화재 지표조사에서는 일반적으로 유물산포지, 유적 분포 추정지가 확인되고 있다. 이들 지역은 매장문화재 보호 및 조사에 관한 법률 제4조(매장문화재 유존지역의 보호) 및 시행령 제3조(매장문화재 유존지역의 범위 등)에 따르면, 매장문화재가 존재하는 것으로 인정되는 지역, 즉 매장문화재 유존지역에 해당한다.

유물산포지와 유적 분포 추정지역은 발굴조사를 통해 역사적·학술적으로 중요한 유적이 확인되거나 매장문화재가 존재하지 않는 것으로 확인되는 경우가 있다.

이는 매장문화재의 특성 중 하나인 예측불가능성에서 그 원인을 찾을 수 있다. 즉 매장문화재는 땅속이나 물속에 있기 때문에 정확한 위치나 범위 및 존재 여부, 유구 및 유물의 시대나 종류와 수량, 묻혀 있는 환경과 상태, 층위와 밀도, 성격과 가치 등을 발굴조사를 실시하기 전에 미리 알 수 없기 때문이다.

따라서 매장문화재 보호 및 조사에 관한 법률 제2조(정의)는 법에서 사용하고 있는 용어와 의미를 명확히 할 수 있도록 매장문화재와 매장문화재가 존재할 가능성이 있는 것으로 추정되는 지역으로 구분하여 정의해야 한다[97]. 그리고 매장문화재 유존지역과 존재 가능성이 있는 추정지역을 효율적으로 보호·관리하고, 법령형식에 관한 헌법 원칙과 체계정당성의 원리에 부합하는 동시에 법령의 적용과 해석에 대한 명확성을 확보하기 위해서는 법률과 하위법령에 매장문화재 유존지역과 존재 가능 추정지역의 범위, 보호 및 관리, 훼손·파괴에 대한 처벌 조항을 별도로 구분하여 규정해야 한다[98].

네 번째는 "법령의 체계"에 대한 것이다.

현재 시행되고 있는 매장문화재 보호 및 조사에 관한 법률(법률 제12350호)은 전全 7장 38조와 부칙으로 구성되어 있는데, 38개 조항 중 대략 20개 조항이, 법률에서 위임된 사항과 그 시행에 필요한 사항을 규정한 시행령(대통령령 제26774호)은 전체 33개 조항 중 대략 15개 조항이, 법률과 시행령에서 위임된 사항과 그 시행에 필요한 사항을 규정한 시행규칙(문화체육관광부령 제217호)은 전체 15개 조항 중 대략 9개 조항이 각종 개발사업에 따른 매장문화재조사와 관련된 내용이다. 그리고

97 　최민정, 2016, 「매장문화재 보호 제도의 문제점과 개선방안」, 『야외고고학』제25호, 83쪽, 한국매장문화재협회.

98 　참고로, 국회 교육문화체육관광위원회에서도 매장문화재 존재 가능 추정지역(유물산포지 및 유적 분포 추정지)에 대한 보호·관리의 중요성을 인식하여 매장문화재 보호 및 조사에 관한 법률 일부개정법률안(제9조의〈문화재 보존 조치의 사후영향조사〉)을 발의한 바 있다(김윤덕 의원 대표발의, 의안번호 11241, 2014.7.23).

세부적인 사항을 별도의 규정(예규)으로 제정하여 고시하고 있다[99].

각종 개발사업의 원활한 추진에 초점을 맞추어 매장문화재 보호 및 조사에 관한 법률과 하위법령을 제정·개정한 결과, 법률과 하위법령이 체계정당성의 원리와 법령형식에 관한 헌법 원칙에 부합하지 않거나 현실 적용과정에서의 괴리현상 심화 등으로 인해 다양한 문제점과 이에 대한 개선 요구가 지속적으로 제기되고 있다. 몇 가지 예를 들면 다음과 같다.

① 수중문화재는 분포 범위를 규정(법률 제3조〈수중에 매장되거나 분포되어 있는 유형의 문화재 범위〉)하고 있음. 하지만, 대한민국헌법 제3조에 대한민국의 영토를 한반도와 그 부속도서로 규정하고 있음에도 육상(토지)의 매장문화재 분포 범위를 규정하고 있지 않으며, 그에 따라 남북이 통일되었을 때 문제가 발생할 수 있다는 것

② 법률 제7조(지표조사 절차 등)에 지표조사 보고서를 지방자치단체의 장과 문화재청장에게 제출하도록 규정하고 있으나, 의무면적 미만의 지표조사 보고서는 문화재청장에게 제출하지 않도록 행정처리 하고 있음. 이는 법률을 위반한 행정이고, 지표조사에서 확인된 매장문화재의 현황 파악 및 관리의 부실로 연결된다는 것

③ 지표조사 결과 매장문화재 유존지역에서 시행하는 2천제곱미터 이하의 개발사업에 대해서는 지방자치단체의 장이 매장문화재 관련 전문가 두 명 이상의 의견을 청취한 후 보존조치 명령을 할 수 있도록 법률에서 규정하고 있음(법 제8조〈지표조사 결과에 따른 협의〉, 제32조〈권한의 위임 및 위탁〉). 하지만 지표조사를 실시하지 않거나 매장문화재 유존지역이 아닌 지역에서 시행하는 2천제곱미터 이하의 개발사업에 대해 지방자치단체의 장이 공공연히 보존조치 명령(공사 시행, 입회조사 또는 발굴조사)을 하고 있는데 이는 법률적 근거가 없는 위법 행정명령이라는 것

---

99 각종 개발사업에 따른 매장문화재조사와 관련된 세부적인 사항으로는 "지표조사의 방법 및 절차 등에 관한 규정", "발굴조사의 방법 및 절차 등에 관한 규정", "발견·발굴 문화재의 국가귀속 절차 등에 관한 규정", "국가귀속문화재의 관리 등에 관한 규정", "매장문화재 조사용역 대가의 기준", "매장문화재 조사용역 적격심사 세부기준"이 있다.

④ 매장문화재 유존지역은 문화재청장의 허가를 받아 발굴하도록 법률에서 규정(제11조〈매장문화재의 발굴허가 등〉)하고 있으나 매장문화재 표본조사의 경우 발굴허가 없이 조사할 수 있도록 시행규칙에서 규정(제5조〈지표조사에 따른 문화재 보존 조치〉)하고 있다는 것

⑤ 법률 제29조(권한의 위임과 위탁)에 문화재청장의 권한 일부를 특별시장·광역시장·도지사·특별자치도지사 또는 소속 기관의 장에게 위임할 수 있다고 규정하고 있으나 구체적인 위임 목적, 범위, 내용 등에 대한 예측이 불가능하다는 것

⑥ 시행령 제5조(지표조사 절차 등)는 지표조사 보고서에 "민속, 지질 및 자연환경 등에 대한 현장조사 내용을 포함"하도록 하고 있으나 지표조사의 방법 및 절차 등에 관한 규정 제8조(지표조사의 절차 및 방법)에는 "지표조사 실시 지역의 현장에 따라 필요한 경우 추가적으로 실시"하도록 하고 있어 적용 면적과 개발사업 유형 등에 대한 기준이 명확하지 않음. 또한 민속, 지질 및 자연환경 등에 대한 현장조사 내용이 수록되지 않을 경우 부실 지표조사 보고서인지의 판단 여부가 논란이 될 수 있다는 것

⑦ 시행령 제5조(지표조사 절차 등)는 지표조사 보고서에 민속, 고건축물, 지질 및 자연환경 등에 대한 현장조사를 하고 그 내용을 수록하도록 했으나 민속, 고건축물, 지질 및 자연환경 등에 대해 지표조사를 할 수 있는 조사기관 및 조사요원의 자격기준이 시행규칙 제14조(조사기관의 종류 및 등록기준 등)에 명시되어 있지 않으며, 조사비용 산정기준도 대가기준에 없다는 것

위에서 제시한 것 이외에도 "지표조사 실시대상 면적의 적정성, 매장문화재 유존지역에 대한 사후 관리 문제, 법적 근거 없이 시행하고 있는 매장문화재 조사용역 적격심사 세부기준, 보존조치 유적에 대한 사후 관리 및 방법과 비용부담 주체 부재 등의 문제, 관리청 또는 위임·위탁기관의 국가귀속 유물 인수 지연에 따른 비용 부담 및 훼손·도난 등에 따른 책임 문제, 법률이나 시행령 및 시행규칙에도 없는 선별발굴조사 및 발굴조사유예 등을 발굴조사 실시기준에 포함하고 있는 것, 전문가 검토회의 개최 요청에 대한 처리기간의 부재, 법률적 근거 없이 규정으로 제정하여 과도하게 행정적으로 규제하고 있는 것, 매장문화재 조사기관에게만 일방적으로 책임을 전

지표조사 대상
- 3만㎡ 이상만 해당 (법 준수여부 관리 미흡)
- 3만㎡ 미만 지자체 판단 (법 적용 형평성 문제)
- 사업대상지 쪼개기 만연 (지표조사의 입법취지 위반)
- 지표조사 국비지원의 형평성 문제
- 3만㎡미만 조사실시 기준 명확성 미흡

조사기관 선정 및 인력
- 사업시행기관에 유리한 조사기관만 의도적 선택
- 지표조사 중요성에 비해 조사인력 자격기준 미흡
- 지표조사기관 천연동굴, 화석, 민속 조사 인력 부재 (시행령 제5조 제2항과 시행규칙 제14조 제2항 불일치)

조사착수
- 문화재협업포털 사업승인 시기 불투명 계약기간 문제 발생 및 착수시점 불투명
- 사업시행자의 회유, 협박 등 객관성 우려 문제 발생
- 조사방법상의 제한으로 정확성, 신뢰성 한계

착수신고서 제출 및 조사기간
- 비공식으로 복수의 조사 기관에 지표조사 의뢰 후 유리한 결과물 제출
- 착수신고서 제출의미 퇴색
- 조사면적에 관계 없이 일률적인 조사기간 설정(20일 이내 보고서 제출)

지표조사 보고서 작성
- 면적 및 유형에 관계 없이 일률적인 보고서 구성 및 내용 (조사지역과 그 주변환경-자연 지리적 환경, 고고 역사적 환경 등)
- 작성된 보고서의 품질 평가 및 정확성 확인, 객관적 검증 방법 등 부재

보고서 제출
- 사업시행자의 지표조사 결과 및 보고서 관리감독 역량 부족
- 조사보고서 제출 전 사업시행자 매장문화재 유존 지역 축소, 제외, 조사기관 의견 수정 등 회유·협박
- 지방자치단체 매장문화재 유존 지역 관리 및 인식 미흡

지표조사 확인 매장문화재 유존지역
- 지표조사에서 확인된 매장문화재 유존 지역 관리 미흡
  - 발굴조사 착수 시 유적 훼손, 파괴 등 형질변경
  - 개발사업 착수 전 유적 현황 전혀 알 수 없음

보존조치 통보
- 지표조사 결과에 따른 보존조치 처리기간 부재

보존조치 이행
- 보존조치 명령 이행 여부 관리·감독 미흡 (개인 입회조사의 경우 객관성, 신뢰성 문제 발생)
- 입회조사 정의 및 방법 미흡으로 인한 갈등과 분쟁 빈발

조사기관 섭외
- 사업시행자에게 유리한 조사기관만 의도적 선택
- 지나친 저가수주 및 과당 경쟁 만연
- 갑을 관계의 심화
- 부정·부실조사 우려
- 시굴조사기관과 발굴조사 기관 불일치로 인한 조사의 효율성 및 품질 저하

조사계획서 작성
- 계획서 작성 시점의 조사 인력과 실제 착수 시점 인력 불일치
- 발굴조사 실시기준 미흡으로 인한 계획서 작성 및 적용상의 어려움(선별발굴)
- 선행 조사결과 미공개로 인한 조사계획서 작성의 어려움 발생

관련서류 제출
- 관련서류 및 행정절차 등에 대한 사업시행자의 이해 부족 조사기관과의 갈등 및 분쟁 발생

발굴허가 신청
- 조사기관 문화재협업포털 대행으로 인한 문제 (사업시행자 문화재협업포털 사용 능력 및 이해 부족)

발굴허가 심의
- 발굴허가 시 조사계획서에 대한 면밀한 검토 미흡 (조사 비용 및 기간, 조사 요원, 조사계획 등)
- 문화재위원회 심의까지 처리기간의 장기화 문화재위원회 심의 결과 후속조치로 인한 행정 처리 장기화

발굴허가서 발급
- 발굴허가 시점 불투명으로 인한 조사착수 시점, 인력투입 및 관리, 계약 시점 및 기간설정 등에 문제 발생

조사계약 체결
- 조사계획서에 적시된 조사비용 및 계획대로 계약 체결하지 않는 문제
- 불공정 계약 및 무리한 조사기간 단축 강요 등
- 계약체결 후 실제 착수까지 장기간의 대기로 인한 조사인력 투입 및 조사계획 등 문제 발생

착수신고서 제출
- 허가일로부터 1년 이내 착수해야 하나 지장물 및 건축물 등 철거, 보상지연 등 조사인력 투입 및 조사의 효율성 저하, 조사기관 부대비용(보증보험료) 등 발생
- 유효기간 경과 시 재허가 절차 이행으로 행정력 낭비

전문가검토회의 개최
- 전문가 검토회의 요청에 따른 처리기간 부재
- 회의 개최 여부 및 시점의 불투명 사업시행자의 불만 증대 및 계약기간 등에 문제 발생
- 학술자문회의 개최 지시 및 결과 여부 전문가검토회의 개최 여부 결정에 따른 처리기간의 장기화

조사완료 신고(출토유물)
- 조사면적 및 출토유물 수량 등에 관계 없이 일정 기간(20일) 내 출토유물 수록한 약식 보고서 제출
- 약식 보고서 제출 전 조사 기관 의견에 대한 사업 시행자의 사전 검토 및 수정·회유 등
- 빈번한 발굴조사 부분 완료 신청 및 승인

보존대책 통지
- 현지보존, 이전보존, 전시관건립, 공사시행 등 각 대책 유형별 판단 및 처리 기준 미흡
- 보존대책 통보 시점 불투명 및 지연으로 인한 사업시행자의 불만 증대

보존대책 이행
- 보존대책 이행비용 사업시행자 전액부담 및 유적 보존 손실보상 부재
- 보존대책 이행에 따른 설계기준, 이행수준 점검 기능 부재
- 사후관리 주체 부재
- 발굴유예 및 정밀발굴 유예 유적의 사후관리 문제

출토유물현황 공고
- 지방자치단체 출토유물 공고 지연 및 공고하지 않음 (분류평가회의 개최 지연 및 불가, 발굴조사보고서 작성 지연 발생 등)

소유권 판정절차
- 고분 등에서 출토된 유물의 소유권 주장 시 친족관계의 면밀한 확인 곤란
- 소유권 판정 기준 부재

문화재 선별회의 개최
- 선별회의 개최 시점의 문제(공고절차 완료 이후)
- 국가귀속대상 유물 분류 구체적·객관적 기준 부재
- 선별회의 결과 매물자료의 매물장소 섭외 어려움
- 국가귀속 대상 아닌 문화재(학술자료)의 관리 및 책임 조사기관에 일방적 전가

국가귀속 대상신고
- 유물과다 시 보고서 발간으로 대체케 되어 실질적 유물대장 부재현상 발생
- 출토유물의 엄밀한 관리 체계 미흡(분실·훼손 등)
- 국가귀속 시까지 유물 관리 등에 따른 비용 조사 기관 일방적으로 부담

국가귀속 요청
- 국가귀속 지연으로 인한 조사기관 비용 부담 발생 및 행정력 낭비
- 관리청 또는 위임·위탁 기관 직접 국가귀속 문화재 인계 및 비용 부담 하지 않음

국가귀속 문화재 위임·위탁
- 국립박물관에 편중된 보관관리청 지정 지역 중심 유물전시 원칙 훼손
- 관리청 및 위임·위탁 기관 유물 인수 지연 증가
- 국가귀속 지연으로 인한 유물 보관·관리 상태 미흡

유물 인수인계 및 발굴보고서
- 관리청 및 위임·위탁 기관 일반적으로 직접 유물 인수하지 않음
- 보고서 평가결과에 대한 객관성 및 신뢰성 불신
- 보고서 활용 상황 파악 부재
- 저가수주 및 무관심으로 인한 보고서의 품질 저하

그림 4 매장문화재조사 단계별 문제점

가하고 있는 것" 등 현실 적용과정에서 개선되어야 할 다양한 문제점이 있다(그림 4).

매장문화재 보호 및 조사에 관한 법률과 하위법령은 체계정당성의 원리와 법령 형식에 관한 헌법 원칙에 부합하는 동시에 적용과 해석에 있어 문제가 발생하지 않아야 한다. 그리고 법률에 근거가 없는 내용을 규정으로 제정하여 과도하게 규제하거나 행정을 집행해서도 안 되며[100], 환경변화에 신속히 대응 가능해야 한다. 이러한 점을 고려할 때 매장문화재 관계법령은 면밀히 검토하고, 전면적으로 개정하는 작업을 조속히 추진해야 할 것이다.

한편, 매장문화재 보호 및 조사에 관한 법률과 시행령 및 시행규칙에는 각종 개발사업에 따른 매장문화재 조사 및 절차, 조사기관 등록과 조사인력자격기준 및 처벌 기준, 보고서의 구성 및 제출 등과 관련된 내용이 규정되어 있다.

법률이나 시행령 및 시행규칙에 매장문화재 조사와 절차, 보고서의 구성과 제출 등에 대한 세부적인 사항이 규정되어 있으면 분쟁 발생 및 행정조치 시 그 근거가 명확하여 행정집행에는 효율성이 높을 것이다. 그러나 법률이나 시행령 및 시행규칙의

---

100 훈령·예규 등의 발령 및 관리에 관한 규정(대통령훈령 제334호, 2014.11.14, 일부개정).

   − 제2조(기본원칙) ① 중앙행정기관(대통령 및 국무총리 소속 기관의 장을 포함한다. 이하 같다)은 훈령·예규·고시(그 명칭에 관계없이 법령의 시행 또는 행정사무처리 등과 관련하여 발령하는 규정·규칙·지시·지침·통첩 등을 포함하며, 이하 "훈령·예규등"이라 한다)를 입안할 때에는 다음 각 호의 원칙에 따라 입안하여야 한다.

     1. 필요성: 훈령·예규등은 법령(법률, 조약, 대통령령, 총리령 및 부령을 말한다. 이하 같다) 집행의 통일성 등을 확보하기 위하여 필요한 경우에만 발령할 것

     2. 적법성: 법률에 근거 없이 국민의 권리의무에 관한 사항을 규정하거나 법령의 내용과 다른 사항 또는 다른 중앙행정기관의 소관업무에 관한 사항을 규정하지 아니할 것

     3. 적절성: 행정기관이 쉽게 확보할 수 있는 서류를 국민에게 제출하게 하거나 현실에 맞지 아니한 사항을 규정하여 국민에게 불편을 주지 아니할 것

     4. 조화성: 다른 훈령·예규등과 조화와 균형이 유지되도록 하고, 중복·상충되는 내용이 없을 것

     5. 명확성: 국민이 훈령·예규등을 이해하기 쉽도록 누구나 알기 쉬운 용어와 표현 등을 사용하여야 하며, 재량권이 남용되지 아니하도록 구체적이고 명확하게 규정할 것

   ② 중앙행정기관의 장은 소관 훈령·예규등을 제정 또는 개정하거나 폐지하려는 경우 국민의 의견을 수렴하고 그 내용을 널리 알리기 위하여 노력하여야 한다.

   ③ 중앙행정기관의 장은 훈령·예규등의 내용이 적법하고 현실에 맞게 유지될 수 있도록 소관 훈령·예규등을 지속적으로 재검토하고 관리하여야 한다.

개정은 여러 단계의 절차와 그에 따른 상당한 시간이 소요되기 때문에 현실 변화에 신속히 대응하고, 발생 가능한 문제를 선제적으로 예측하여 해결방안 등을 즉시 반영할 수 없다는 단점이 있다. 또한 현실에서 발생하거나 발생 가능한 모든 세부적인 사항을 구체적으로 법률이나 시행령 및 시행규칙에 반영하는 것도 현실적으로 불가능할 것이다.

이러한 이유로 인해 국내 여러 정부부처에서도 소관 법률 및 제도의 효율성과 현실성을 고려하여 절차, 적용, 방법, 운영, 관리 등에 관한 세부적인 사항은 법률에 근거하여 규정이나 고시·예규·지침과 같은 행정규칙으로 운영하고 있는 것이다(표 12).

표 12 국내 행정규칙 운영 사례

구 분	명 칭
고용노동부	석면 해체작업 감리인 기준(고시 제2014-41호) 가설공사 표준안전 작업지침(고시 제2012-92호)
국토교통부	건설공사 감독자 업무지침(고시 제2014-297호) 건설공사 안전관리 지침(고시 제2014-302호) 건설기술자의 등급 및 경력인증 등에 관한 기준(고시 제2014-288호) 건설사업관리 업무지침서(고시 제2014-304호) 건설업관리규정(예규 제2014-85호) 개발행위허가운영지침(훈령 제2014-456호) 도시개발업무지침(훈령 제2014-425호)
문화체육관광부	문화영향평가 지원기관 등 지정 고시(고시 제2014-35호 골프장의 입지기준 및 환경보전 등에 관한 규정(고시 제2014-32호) 문화예술교육사의 등급별 자격요건에 관한 세부규정(고시 제2013-6호)
환경부	유해화학물질 안전교육 전문기관 지정 및 운영 등에 관한 규정 (훈령 제2014-1127호) 폐기물처리신고 업무처리지침(예규 제2014-523호) 환경영향평가업 등록 및 관리에 관한 업무처리지침(예규 제2014-525호) 토양환경평가지침(고시 제2014-182호) 폐기물처리업 허가업무처리지침(예규 제2013-495호)

따라서 매장문화재 지표조사 및 발굴조사 보고서의 구성 항목, 매장문화재 조사기관 관리·감독, 매장문화재 조사용역 대가기준 및 적격심사 기준, 조사인력의 자격기준 등에 관한 사항은 규정이나 예규·지침과 같이 행정규칙으로 운영할 수 있도록 법령의 체계를 신중히 검토할 필요가 있다.

그리고 우리나라 문화유산의 효율적인 보호·보존과 관리를 위해 제정 및 시행하고 있는 법령 상호간 모순이나 상충, 체계성 미흡, 합리성 및 효율성 향상 등을 위해서는 문화재 관계법령의 체계를 전면적으로 재구성 및 검토할 필요가 있다. 즉 우리나라 문화유산 보호의 가장 기본이 되는 가칭 "문화유산 보호 또는 문화유산 정책 기본법"이라고 할 수 있는 기본법을 먼저 제정해야 한다. 그런 후에 문화재보호법, 고고학 유산 보호법, 문화재수리 등에 관한 법률, 자연유산 보호법, 무형유산 보호법 등과 같은 개별법을 제정하는 것이 합리적일 것이다.

문화유산 기본법을 제정한 후 개별법을 제정한다면, 법률 상호간의 상충, 용어 및 조항의 부적합이나 모순 등이 발생하지 않아 법령형식에 관한 헌법 원칙에 부합할 뿐만 아니라 법률의 체계정당성도 확보할 수 있다. 그리고 문화유산의 합리적인 보호·보존과 개별법에 따른 정책 수립과 집행의 효율성도 높일 수 있을 것이다.

기본법에서 출발하여 개별법을 제정한 사례는 환경 관련법을 참고할 필요가 있다. 환경 관련법은 환경정책기본법이 있고, 대기환경보전법, 수질 및 수생태계 보전에 관한 법률, 자연환경보전법, 습지보전법, 토양환경보전법 등과 같이 개별법을 제정하여 시행하고 있다.

2) 매장문화재 보호 원칙의 법정화

매장문화재 보호는 우리나라의 최고 상위법인 헌법에서 규정하고 있는 국가의 당연한 책무로 매장문화재 보호를 위한 관계법령의 제정과 제도 및 정책의 수립·집행은 매장문화재 보호의 출발점이자 기초라고 할 수 있다. 그러나 현행 매장문화재 관계법령은 각종 개발사업으로 인한 매장문화재 조사 수요 억제, 매장문화재 조사기관 등록 및 조사인력의 자격 기준과 처벌 등에 집중되어 있어 매장문화재 보호와 홍보를 소홀히 했다.

그 결과, 국민은 지정문화재만을 문화재로 인식하는 경향이 강하여 지정문화재가 아닌 매장문화재는 보호의 대상이 아니라고 생각하는 잘못된 인식을 하고 있다. 매장문화재 보호에 대한 국민의 공감대 형성 실패와 사회적 인식의 부족 등은 매장문화재 보호와 개발의 가치 사이에 충돌이 발생할 경우 경제성장 및 개발논리에 밀려 매장문화재의 훼손이나 파괴를 당연한 것으로 인식하는 사회적 분위기와 여론을 형성하게 했다.

이러한 현실을 고려할 때 국민에게 매장문화재 보호의 소중함과 훼손 및 파괴에 대한 경각심을 일깨우고, 무분별한 개발로부터 매장문화재를 효율적으로 보호하기 위해서는 매장문화재 보호의 원칙을 법률에 명백히 규정하여 선언할 필요가 있다.

매장문화재 보호 원칙의 법정화를 위해서는 **첫 번째**, 현행 매장문화재 보호 및 조사에 관한 법률(법률 제12350호) 제5조(개발사업 계획·시행자의 의무)를 전면 개정하여[101], "국가 및 지방자치단체의 책무, 개발사업 시행자의 책무, 국민의 권리와 의무로 구분하여 명확히 규정"해야 한다.

국가나 지방자치단체 등의 책무·책임 또는 의무 등에 관한 규정은 그 법령의 목적 달성을 위하여 국가나 지방자치단체 등이 담당해야 할 책무를 정하는 것이다. 이는 국가나 지방자치단체 등이 담당해야 할 책무 등을 법령에 명확히 규정함으로써 법령의 입법목적을 효과적으로 달성하기 위한 것이다.

국가 및 지방자치단체의 책무, 개발사업 시행자의 책무, 국민의 권리와 의무 등으로 구분하여 법률에 규정한 사례는 일본의 문화재보호법(제3조-정부 및 지방공공단체의 임무, 제4조-국민, 소유자 등의 마음가짐)이나 프랑스의 문화유산법전(제5권 제2편 제2장 제1절-국가의 역할, 제2절-지방자치단체의 역할) 등 국외 선진국 사례에서도 확인할 수 있다(표 13).

표 13 국가, 국민 등의 책무를 규정한 국외 법률 사례

구 분	내 용
일본(문화재보호법, 2007)	제3조(정부 및 지방공공단체의 임무) 정부 및 지방공공단체는 문화재가 일본의 역사, 문화 등의 올바른 이해를 위해 결여할 수 없는 것이고, 또한 장래의 문화 향상발전의 기초를 이루는 것임을 인식하여 그 보존이 적절하게 이루어지도록 주도면밀한 주의를 가지고 이 법률 취지의 철저에 노력해야 한다. 제4조(국민, 소유자 등의 마음가짐) ① 일반국민은 정부 및 지방공공단체가 이 법률의 목적을 달성하기 위해 행하는 조치에 성실하게 협력해야 한다. ② 문화재의 소유자 및 기타 관계자는 문화재가 귀중한 국민적 재산임을 자각하고 이것을 공공을 위해 소중하게 보존함과 동시에 가능한한 이것을 공개하는 등 그 문화적 활용에 노력해야 한다. ③ 정부 및 지방공공단체는 이 법률의 집행에 있어 관계자의 소유권 및 기타재산권을 존중해야 한다.

---

101   제5조(개발사업 계획·시행자의 책무) ① 국가와 지방자치단체 등 개발사업을 계획·시행하고자 하는 자는 매장문화재가 훼손되지 아니하도록 하여야 한다.
②　제1항의 개발사업 시행자는 공사 중 매장문화재를 발견한 때에는 즉시 해당 공사를 중지하여야 한다.

구 분	내 용
프랑스(문화유산법전, 2007)	제1절 국가의 역할 법 522-1조 국가는 학술적 연구와 문화재 보호, 경제 사회적 개발에 각각 필요한 요구 사항들을 조정하는 역할을 한다. 국가는 고고학적 유산을 과학적 연구를 통해 탐사하고 보고하고 보전하는 조치들을 규정하고, 예방고고학 작업에 학문적 책임자를 지명하고 이 작업을 감독하고 평가하는 임무를 실행한다. 제2절 지방자치단체의 역할 법 522-7조 ① 지방자치단체의 고고학적 업무부서는 지방자치단체에 의해 조직되고 재정이 확보된다. ② 이 부서는 정부의 학술적이고 기술적인 감독을 받는다.
중국(문물보호법, 2013)	제9조 ① 각 급 인민정부는 문물보호를 중시하여야 하며, 경제 건설·사회발전과 문물보호의 관계를 정확히 처리하고, 문물의 안전을 보장하여야 한다. ② 기초건설, 관광 발전과정에서 문물보호 관련 업무의 방침을 반드시 준수해야 하며, 해당 활동은 문물에 대한 손실을 야기해서는 아니된다. ③ 공안기관, 공상행정관리부문, 세관, 도시·농촌 건설계획부문과 기타 국가 관련기관은 법에 따라 문물보호와 관련한 모든 직무를 진지하게 이행해야 하며, 문물 관리 질서를 유지 보호하여야 한다. 제11조 문물은 다시 재생될 수 있는 문화자원이 아니다. 국가는 문물보호의 홍보 교육을 강화하고, 전체 공민의 문물보호 의식을 고취시키며, 문물 보호의 과학적 연구를 촉진하고, 문물 보호의 과학기술 수준을 제고하여야 한다.

※ 자료 : 인하대학교 산학협력단, 2010, 『주요국 문화재보호 법제 수집·번역 및 분석』.

또한 개발도상국인 중국은 국가의 기본법인 헌법에 "국가는 명승고적, 진귀한 문물과 기타 중요한 역사적 문화유산을 보호해야 한다"라고 명시하고 있으며[102], 문물보호법(제9조 및 제11조)에는 "국가가 문물을 보호해야 하며 문물 보호에 대한 국민의 의식을 고취해야 한다"고 규정하고 있다.

그리고 보호나 보존 및 보전을 목적으로 제정된 국내의 여러 법률에서도 국가 및 지방자치단체의 책무, 개발사업 시행자의 책무, 국민의 권리와 의무 등으로 구분하여 규정한 사례를 확인할 수 있다(표 14).

102　중화인민공화국 헌법 제22조제2항(시행 1982.12.4).

명 칭	조 항
환경정책기본법 (법률 제13535호, 2015.12.1.)	제4조(국가 및 지방자치단체의 책무) ① 국가는 환경오염 및 환경훼손과 그 위해를 예방하고 환경을 적정하게 관리·보전하기 위하여 환경보전계획을 수립하여 시행할 책무를 진다. ② 지방자치단체는 관할 구역의 지역적 특성을 고려하여 국가의 환경보전계획에 따라 그 지방자치단체의 계획을 수립하여 이를 시행할 책무를 진다. 제5조(사업자의 책무) 사업자는 그 사업활동으로부터 발생하는 환경오염 및 환경훼손을 스스로 방지하기 위하여 필요한 조치를 하여야 하며, 국가 또는 지방자치단체의 환경보전시책에 참여하고 협력하여야 할 책무를 진다. 제6조(국민의 권리와 의무) ① 모든 국민은 건강하고 쾌적한 환경에서 생활할 권리를 가진다. ② 모든 국민은 국가 및 지방자치단체의 환경보전시책에 협력하여야 한다. ③ 모든 국민은 일상생활에서 발생하는 환경오염과 환경훼손을 줄이고, 국토 및 자연환경의 보전을 위하여 노력하여야 한다.
문화다양성의 보호와 증진에 관한 법률 (법률 제12691호, 2014.5.28.)	제3조(국가 및 지방자치단체의 책무) ① 국가와 지방자치단체는 문화다양성을 보호하고 증진하기 위한 시책을 강구하고, 문화다양성에 기반한 문화예술 활동을 권장·보호·육성하며, 이에 필요한 재원을 적극 마련하여야 한다. ② 국가와 지방자치단체는 문화다양성에 관한 정책의 수립·시행 및 조사·연구, 문화다양성의 증진을 위한 문화예술 활동의 지원, 문화다양성과 관련한 국가 간 및 국제기구와의 교류 및 협력체제 구축 등 필요한 노력을 하여야 한다. ③ 국가와 지방자치단체는 국적·민족·인종·종교·언어·지역·성별·세대 등에 따른 문화적 차이를 이유로 문화적 표현과 문화예술 활동의 지원이나 참여에 대한 차별을 하여서는 아니 된다. 제4조(사회구성원의 권리와 책무) 모든 사회구성원은 문화적 표현의 자유와 권리를 가지며, 다른 사회구성원의 다양한 문화적 표현을 존중하고 이해하기 위하여 노력하여야 한다.
범죄피해자 보호법 (법률 제12779호, 2014.10.15.)	제4조(국가의 책무) 국가는 범죄피해자 보호·지원을 위하여 다음 각 호의 조치를 취하고 이에 필요한 재원을 조달할 책무를 진다. 1. 범죄피해자 보호·지원 체제의 구축 및 운영 2. 범죄피해자 보호·지원을 위한 실태조사, 연구, 교육, 홍보 3. 범죄피해자 보호·지원을 위한 관계 법령의 정비 및 각종 정책의 수립·시행

명 칭	조 항
범죄피해자 보호법 (법률 제12779호, 2014.10.15.)	제5조(지방자치단체의 책무) ① 지방자치단체는 범죄피해자 보호·지원을 위하여 적극적으로 노력하고, 국가의 범죄피해자 보호·지원 시책이 원활하게 시행되도록 협력하여야 한다. ② 지방자치단체는 제1항에 따른 책무를 다하기 위하여 필요한 재원을 조달하여야 한다. 제6조(국민의 책무) 국민은 범죄피해자의 명예와 사생활의 평온을 해치지 아니하도록 유의하여야 하고, 국가 및 지방자치단체가 실시하는 범죄피해자를 위한 정책의 수립과 추진에 최대한 협력하여야 한다.
생물다양성 보전 및 이용에 관한 법률 (법률 제12459호, 2014.3.18.)	제4조(국가와 지방자치단체의 책무) ① 국가와 지방자치단체는 제3조의 기본원칙에 따른 조치들을 적극적으로 마련하고 시행할 책무를 진다. ② 국가와 지방자치단체는 각종 계획의 수립과 사업의 집행 과정에서 그 계획과 사업이 제3조의 기본원칙과 제7조의 국가생물다양성전략에 부합하도록 노력하여야 한다. 제5조(국민의 책무) ① 모든 국민은 생물다양성의 보전 및 지속가능한 이용을 위하여 국가와 지방자치단체가 수립·시행하는 사업이 원활하게 추진될 수 있도록 적극 협력하여야 한다. ② 모든 국민은 생물다양성의 중요성을 인식하고 생물다양성을 배려한 상품 및 서비스를 선택함으로써 생물다양성에 미치는 부정적 영향의 감소와 생물자원의 지속가능한 이용을 위하여 노력하여야 한다.
자연환경보전법 (법률 제12738호, 2014.6.3.)	제4조(국가·지방자치단체 및 사업자의 책무) ① 국가 및 지방자치단체는 제1조의 목적과 제3조의 규정에 의한 자연환경보전의 기본원칙에 따라 다음의 조치를 강구하여 시행할 책무를 진다. 1. 국토의 개발 및 이용 등으로 인한 자연환경의 훼손방지 및 자연환경의 지속가능한 이용을 위한 자연환경보전대책의 수립·시행 2. 자연생태·자연경관 등 자연환경과 조화를 이루는 토지의 이용, 개발계획 및 개발사업의 수립·시행 3. 생태통로의 설치 등 생태계의 연속성을 유지하기 위한 대책의 수립·시행 4. 자연환경 훼손지에 대한 복원·복구 대책의 수립·시행 5. 생태복원기술의 개발, 생태복원전문기관의 육성 등 생태계 복원을 위하여 필요한 시책의 수립·시행 6. 민간단체·사업자·국민 등이 자연환경보전에 적극 참여하도록 하는 시책의 추진 및 여건의 조성

명 칭	조 항
자연환경보전법 (법률 제12738호, 2014.6.3.)	7. 자연환경에 관한 조사·연구·기술개발 및 전문인력 양성 등 자연환경보전을 위한 과학기술의 진흥 8. 자연환경보전에 관한 교육 및 홍보를 통한 자연환경보전의 중요성에 대한 국민인식의 증진 9. 자연환경보전 및 지구환경보전에 관한 국제협력 ② 사업자는 사업활동을 함에 있어서 다음 각 호의 사항을 준수하여야 한다. 1. 자연생태·자연경관을 우선적으로 고려할 것 2. 사업활동으로부터 비롯되는 자연환경훼손에 대하여 스스로 복원·복구하는 등의 필요한 조치를 할 것 3. 제1항의 규정에 의한 국가 및 지방자치단체의 자연환경보전대책 등에 참여하고 협력할 것

국가 및 지방자치단체의 책무를 규정해야 하는 이유는 헌법에서 규정하고 있듯이 국가와 지방자치단체는 매장문화재를 보호해야 할 당연한 책무가 있다. 그 책무를 이행하기 위해서는 정책 및 제도를 수립하고 집행하는 등의 역할을 담당해야 한다. 그리고 매장문화재 보호 문제는 국민의 자율적인 판단과 인식에만 맡겨서는 그 목적을 달성할 수 없기 때문에 국민을 대신하여 국가와 지방자치단체가 적극적으로 주도적인 역할을 담당할 수밖에 없다.

개발사업 시행자의 책무를 규정해야 하는 이유는 각종 개발사업으로 인한 매장문화재 훼손·파괴의 원인을 개발사업 시행자가 제공하며, 매장문화재 훼손·파괴를 통해 이익을 얻는 수혜자이기 때문이다. 또한 개발사업 시행자는 매장문화재 보호를 위한 법령을 준수하고 각종 행정명령을 이행해야 하며, 국가와 지방자치단체의 매장문화재 보호 시책에 적극 협력해야 할 의무가 있다.

국민의 권리와 의무를 규정해야 하는 이유는 헌법 제1조에서도 알 수 있듯이 대한민국의 주권은 국민에게 있으며 모든 권력은 국민으로부터 나온다. 국민은 국가와 지방자치단체의 매장문화재 보호 정책 및 제도의 수립과 집행을 감시하고 개선을 요구할 뿐만 아니라 매장문화재를 향유할 당연한 권리가 있다. 그리고 국가 및 지방자치단체의 매장문화재 보호 시책이 그 목적을 달성하기 위해서는 반드시 국민의 적극적인 협조가 필요하며, 국민은 우리 후손들에게 매장문화재를 온전히 물려주기 위해 파괴·훼손되지 않도록 노력해야 할 의무가 있다.

두 번째는 "매장문화재 훼손 및 파괴 등에 대한 처벌기준의 강화"이다.

매장문화재 보호에 있어서 갈등이 발생하는 가장 큰 문제는 보존과 개발의 가치 충돌이다. 경제성장을 토대로 한 국토개발과 도시개발 등의 기본적인 목적은 국민의 삶의 질적 향상과 물질적 생활의 풍요와 안락을 넘어 정신적인 생활의 문화의식을 충족시킬 수 있는 생활환경을 조성하는데 의의가 있다.

그러나 지금까지 매장문화재 보호를 주장하면서도 매장문화재 보호와 국토개발 사이의 가치문제가 충돌할 경우 경제·개발·행정 논리 등을 앞세워 한번 파괴되면 다시는 원형복원이 불가능한 국민의 공익적 재산인 매장문화재의 훼손이나 파괴를 당연시하거나 직접적으로 인체에 해악이 없다는 이유만으로 소홀히 다루었다. 단지, 개발사업 시행자로부터 용역을 의뢰받아 국가의 역할을 대신하여 매장문화재조사라는 공익적 활동을 하고 있는 조사기관과 조사인력에 대한 처벌기준을 강화하고, 이들의 윤리의식 강조 및 확보에만 초점을 맞추어 제도개선이 추진되어 왔다.

그 결과, 각종 개발사업으로 인한 매장문화재 훼손·파괴의 원인을 제공하고, 매장문화재 보호를 위한 법령의 준수와 각종 행정명령을 반드시 이행해야 할 의무가 있는 개발사업 시행자에 대한 처벌기준은 있으나 상당히 미약하게 되었다.

매장문화재 보호 및 조사에 관한 법률 제36조(행정명령 위반 등의 죄)에는 "정당한 사유 없이 제9조 제1항에 따른 문화재 보존조치 명령(지표조사 보고서에 따른 문화재 보존조치 명령을 말함), 제10조 제2항에 따른 공사 중지 명령(보존조치에 따른 해당 지역에 대한 공사 중지 명령을 말함), 제11조 제2항에 따른 발굴 정지 또는 중지명령(발굴허가와 관련된 지시, 발굴 정지 또는 중지, 허가 취소 명령을 말함), 제14조에 따른 발굴완료 후 필요한 사항의 지시(발굴된 문화재의 보존과 관리사항 지시 명령을 말함)를 위반한 경우에는 3년 이하의 징역 또는 3천만원 이하의 벌금에 처하도록 규정"하고 있지만 현실적으로 처벌된 사례를 보면, 대부분 벌금형이나 무혐의 처분을 받고 있다(표 15).

표 15 매장문화재 훼손에 따른 처벌 결과 사례

연도	훼손사유	조치내역	결과
2010	공장설립을 위한 지표조사시 고분군 지역 일부가 무단 훼손된 사항이 적발됨	고발조치토록 함 (영천시, 2010.1.15)	벌금
	창고건립을 위한 입회조사시 고분군 지역 일부가 무단 훼손된 사항이 적발됨	고발조치토록 함 (울주군, 2010.3.9)	무혐의

연도	훼손사유	조치내역	결과
2010	입회조사시 매장문화재가 확인되었으나 발굴조사 없이 무단 훼손	고발조치토록 함 (경주시, 2010.7.19)	벌금
	태양광발전시설 공사 시 유물이 발견된 지역에 대하여 공사 강행하여 무단 훼손함	고발조치토록 함 (영양군, 2010.8.13)	벌금
	공공하수도 설치 공사 시 매장문화재 분포지역 무단 훼손함	고발조치토록 함 (대구광역시 북구청, 2010.9.6)	무혐의
	김포 걸포지구 도시개발사업내 지석묘 지역을 무단으로 훼손한 사항이 적발됨	고발조치토록 함 (김포시, 2010.6월)	벌금(200만원)
	발굴허가 받은 시행자가 발굴 미이행하고 무단 훼손함	고발조치토록 함 (천안시, 2010.4.9)	기소유예
	시굴조사지역 일부 무단 훼손함	문화재보호법 규정에 따라 조치토록 함 (음성군, 2010.7.13)	벌금(200만원)
	부여 구교리 중리 유물산포지 시굴조사지역 조사착수 전 무단 훼손함	고발조치 (2010.07.27)	벌금(500만원)
	영광대마산업단지 조성부지내 지석묘 무단훼손함	고발조치토록 함 (영광군 2010.7.1)	기소중지
	보존대책 통보되었으나 나무굴취 등 유물산포지 일부 무단훼손함	고발조치토록 함 (서산시 2011.1.10)	기소유예
	일반산업단지 조성사업시 유적 일부 무단 훼손함	고발조치토록 함 (울산광역시 북구청, 2011.1.31)	무혐의
2011	건축허가에 따른 이행조건(표본조사)을 이행하지 않고 공사하여 매장문화재 유존지역을 훼손함	고발조치토록 함 (대구광역시 달서구청, 2011.12.19)	벌금(30만원)
	건축허가시 지표조사실시 허가조건을 이행하지 않고 불법으로 문화유적분포지를 훼손	검찰송치 (2011.11.7.)	무혐의
	아산 기산동 215번지 일원 발굴현장에서 산성의 성벽선으로 추정했던 일부구간을 훼손함	고발조치토록 함 (아산시. 2011.6.10) -경찰서고발(2011.6.17)	기소유예
2011	천안 제5산업단지 발굴예정지역 경계 일부 훼손	관계자 엄중 경고 (2011.12.15)	-
2012	파주 적성면 지방도 설마치-가월리간 도로확포장 시행 중 도요지 훼손	구 문화재보호법 제91조에 따라 조치토록 지시 (경기도청, 2012.6.4)	무혐의
	사량초교 증개축시 유존지역(도기산포지) 무단훼손 및 지정문화재 주변 현상변경 미이행	지자체에 고발토록 조치 (통영시, 2012.6.18)	기소유예, 무혐의

연도	훼손사유	조치내역	결과
2012	공사구간내 유존지역 일부 구간에 대해 무단훼손	지자체에 고발토록 조치 (울산시 북구, 2012.03.26)	벌금(100만원)
	공사구간내 유존지역에 대해 발굴조사 없이 개발행위 시행	지자체에 고발토록 조치 (울주군, 2012.05.21)	벌금(200만원)
2013	공사구간내 유존지역 일부 구간에 대해 표본조사를 이행하지 않고 무단으로 공사 시행	지자체에 고발토록 조치 (화성시, 2013.04.02)	무혐의
	공사구간내 유존지역 일부 구간에 대해 입회조사를 이행하지 않고 무단으로 공사 시행	지자체에 고발토록 조치 (용인시, 2013.03.25)	기소유예
2013	시굴조사지역 일부 무단 훼손함	지자체에 감사 처분요청 (충청북도, 2013.07.16)	주의 촉구
	유물산포지 내 개발행위를 하면서 관할 지자체와 협의없이 무단 진행	매장법 제4조 및 5조 위반 사항으로 관련자 고발조치 (세종시, 2013.01.15)	무혐의
	시굴조사 지역에 대한 벌목 및 작업로 개설 등으로 형질변경	지자체에 고발토록 조치 (세종시, 2013.02.06)	기소유예
2014	지표조사 보고서를 고의로 제출하지 아니하고 유적 훼손	고발조치	무혐의
2015	지표조사 보고서 미제출 및 매장유존지역 훼손	고발조치	무혐의

※ 출처 : 국회 교육문화체육관광위원회, 2013, 「국정감사 자료」(정진후 의원실 보도자료): 2015.11, 「매장문화재 보호 및 조사에 관한 법률 일부개정법률안(정부 제출) 검토보고」(의안번호 16063).

표 15에서 보듯이 매장문화재를 훼손·파괴하더라도 벌금형 또는 무혐의 처분을 받기 때문에 개발사업 시행자는 매장문화재의 훼손·파괴에 대한 벌금을 납부하더라도 조속한 개발사업 시행에 따른 경제적 이득이 크다는 인식을 하고 있어 매장문화재 보호와 관계법령의 준수를 대수롭지 않게 생각하거나 기피하는 것이다.

개발사업 시행자에 대한 처벌 기준이 미약한 것은 개발사업 시행자를 사회적 약자이자 배려의 대상으로만 인식하고, 경제성장 및 개발논리에 맞추어 매장문화재 관련 정책과 제도를 추진하여 왔기 때문이다.

현재 지표조사 보고서 미제출 및 편법 발주, 공사 중 매장문화재를 발견한 즉시 해당 공사를 중지하지 않는 경우, 지속적으로 매장문화재 관련 행정명령을 불이행하는 경우, 매장문화재 유존지역의 의도적 축소 및 부실조사 유도 등에 대한 처벌 기준은 법률에 규정되어 있지 않다.

이러한 현실을 고려할 때 개발사업 시행자 및 국민에게 매장문화재 보호의 원칙과 훼손·파괴에 대한 경각심을 일깨우고, 관계법령과 행정조치 명령의 미준수를 사전에 방지하기 위해서는 산업안전보건법이나 환경보호 관계법령에서 규정하고 있듯이 영업정지(최대 6개월)나 관계 행정기관의 장에게 사업자등록 허가 취소 및 조치명령 등을 할 수 있도록 하는 내용을 포함하여 사안에 따른 처벌기준을 구체적이고 명확하게 강행적으로 규정해야 한다.

매장문화재 훼손·파괴 및 관계법령과 행정조치 명령의 미준수에 따른 처벌기준의 강화는 결국 매장문화재 보호와 개발의 가치 사이에 갈등이 발생할 경우 법률에 근거한 효율적인 대처나 행정 집행에 크게 기여할 수 있다. 또한 매장문화재 보호 행정이 각종 개발부처와의 행정 및 갈등관계에 놓일 경우 부처간의 업무협조가 실질적으로 가능하도록 하는데도 상당한 기여를 할 것이다.

세 번째는 "매장문화재조사 관련 기준을 준수"하도록 해야 한다.

매장문화재는 원형유지 및 발굴조사 금지가 기본원칙이다. 그러나 이 시대를 살아가는 우리의 경제·사회 발전을 위해 개발 또한 피할 수 없는 것이 현실이기 때문에 토목공사 및 각종 건설공사를 위해 부득이 한 경우에 한하여 허가를 받아 발굴할 수 있도록 하는 것이다. 개발공사로 인해 허가를 받아 발굴조사를 실시할 경우에는 신중하고 철저한 조사와 함께 제반 과정을 정밀하게 기록하는 것이 기본이며, 조사 결과에 대한 과학적 분석과 종합적인 연구를 통해 최종 결과보고서를 작성·제출해야 한다.

이러한 매장문화재의 특수성을 고려하고, 매장문화재조사의 공공성 및 품질향상 등에 기여하기 위해 매장문화재조사와 관련된 각종 기준을 제정·시행하고 있다. 그러나 매장문화재조사와 관련된 각종 기준의 현실 적용 실태를 보면 유명무실하다고 할 수 있다. 그 단적인 예가 매장문화재 조사용역 대가의 기준과 매장문화재 조사용역 적격심사세부기준의 적용 실태이다.

매장문화재 조사용역 대가의 기준이 제정된 이유는 학술용역이나 엔지니어링 대가기준 등을 적용하여 매장문화재 조사비용을 산출하는 과정에서 개발사업 시행자와 조사기관 사이에 빈번한 분쟁과 갈등이 발생하여 매장문화재조사의 특수성을 반영한 합리적인 조사비용 산정기준이 필요했기 때문이었다.

　매장문화재 조사용역 대가의 기준은 매장문화재조사의 품질 담보와 객관적·합리적인 조사비용과 조사일수 산정을 위한 가이드라인으로서 시행되고 있는 것이다. 현실에서의 적용 실태를 보면, 매장문화재 조사용역 대가의 기준 대비 지표조사 비용은 평균 46%, 시굴조사 비용은 평균 65%, 발굴조사 비용은 평균 69% 수준인 것으로 나타났다(표 16)[103].

표 16　매장문화재 조사용역 대가의 기준 적용 실태 (단위 : %)

구분	지표조사			시굴조사			발굴조사		
	민간	공공	평균	민간	공공	평균	민간	공공	평균
2011	33.67	47.14	40.41	52.21	76.94	64.58	64.58	83.46	74.02
2012	37.85	57.02	47.44	58.83	74.95	66.89	57.25	79.58	68.42
2013	43.12	57.97	50.55	52.61	76.26	64.44	53.88	75.62	64.75
평균	38.21	54.04	46.13	54.55	76.05	65.30	58.57	79.55	69.06

※ 출처 : 한국산업개발연구원, 2014, 『매장문화재 조사비용 실태분석 연구』.

　매장문화재 조사용역 대가의 기준을 미준수하는 것은 결국 매장문화재 부실·부정 조사를 초래할 뿐만 아니라 신규 전문인력 채용·양성의 단절, 조사현장에서의 안전사고 발생, 직업윤리 의식 결여, 종사자의 고용 불안 등 우리나라 매장문화재조사 분야의 기반을 붕괴시킬 수 있는 요인으로 작용할 것이다. 또한 대가기준을 준수하는 것은 매장문화재조사의 가치를 제고함에 있어서 가장 기본적인 제도이자 매장문화재조사에 대한 우리 국민과 사회의 인식을 단적으로 보여준다.

　매장문화재조사용역 적격심사세부기준은 매장문화재조사의 전문성과 특수성을 고려하여 단순 가격 중심이 아닌 조사기관과 조사인력 등에 대한 종합적인 역량평가를 통해 적격한 조사기관이 매장문화재조사를 수행함으로써 매장문화재 훼손, 조사 및 결과물에 대한 품질저하 등을 방지하기 위한 목적으로 시행하고 있다. 그러나 현실에서 적용되고 있는 사례는 아주 미비하다.

　매장문화재 조사용역 적격심사 세부기준이 시행된 2014년 4월 7일부터 2015년 12월 31일까지 국가종합전자조달시스템(G2B-나라장터)에 입찰 공고된 매장문화재 조사용역을 분석해 보면, 2014년도는 79개 수요기관이 공고한 175건 중 단지

103　한국산업개발연구원, 2014b, 『매장문화재 조사비용 실태분석 연구』, 50~51쪽.

14개 수요기관(약 17%)의 42건(약 21%)이, 2015년도는 114개 수요기관이 공고한 275건 중 단지 42개 수요기관(약 36%)의 104건(약 37%)이 매장문화재 조사용역 적격심사 세부기준을 적용하였다.

이는 매장문화재 조사용역 적격심사 세부기준이라는 제도가 현실에서 거의 적용되지 않는 사문화된 규정임을 단적으로 보여주는 동시에 제도의 실효성과 안정성 담보에 심각한 문제가 있음을 말해준다.

국가종합전자조달시스템에 매장문화재 조사용역을 입찰 공고한 수요기관은 국가나 지방자치단체 또는 공공기관이다. 이들 기관은 매장문화재 관계법령과 제도를 준수하여 매장문화재 보호를 위한 국가의 정책에 적극 협조하고 모범을 보여야 할 기관임에도 불구하고 매장문화재조사용역 적격심사세부기준을 적용하고 있지 않다는 것은 심각한 문제이다.

이처럼 매장문화재 조사용역 대가의 기준이나 매장문화재조사용역 적격심사세부기준의 적용 실태에서도 알 수 있듯이 매장문화재조사 관련 기준은 현실에서 거의 적용되지 않는 사문화된 규정이라고 할 수 있으며, 제도의 실효성과 안정성에도 심각한 문제가 있음을 단적으로 보여준다.

매장문화재는 순수공공재로 우리 국민과 세계 인류의 공공재산인 동시에 헌법에서 그 보호를 규정하고 있다는 점, 매장문화재조사 행위가 공익적인 성격이라는 점을 고려할 때 매장문화재조사 관련 기준의 실효성과 안정성을 높이기 위해서는 그 기준을 준수하도록 법제화할 필요가 있다.

현재와 같이 법률에 "정할 수 있다"로 하고, 시행령이나 시행규칙에 위임하여 단순히 "관보에 고시하여야 한다"로 규정할 것이 아니라 "매장문화재조사의 품질 관리 및 합리적인 이행 등을 위해 매장문화재조사 관련 기준을 정할 수 있고, 그 정한 기준을 준수해야 한다"는 내용으로 법률을 개정해야 하며[104], 전문가 실사 및 문화재위원회의 심의를 거쳐 발굴허가를 불허하도록 해야 한다. 또한 매장문화재조사 관련

---

104   문화재청에서도 이러한 문제를 인식하고, 매장문화재조사의 공익성 담보 및 품질 제고를 위해 대가기준 강행규정화 및 적격심사세부기준 시행에 대한 법률적 근거 마련을 위한 법률 개정을 추진하였다. 하지만 정부부처간 의견조회 및 반대로 인해 법률 개정을 하지 못했다(문화재청 공고 제2015-101호, 「매장문화재 보호 및 조사에 관한 법률 일부개정법률(안) 입법예고」).

기준의 사문화 방지, 실효성과 안정성을 담보하기 위해서는 현실에서의 적용 실태를 지속적으로 모니터링하고, 그 결과를 반영한 합리적인 제도개선이 지속적으로 이루어져야 한다.

3) 매장문화재 보호의 효율성과 체계성 강화

지금까지의 매장문화재 보호 정책은 기본적으로 국가 중심의 행정적인 제도화 차원에서만 이루어지다 보니 매장문화재 보호·보존과 개발의 가치 사이에 충돌이 발생할 경우 개발이익이라는 경제논리에 밀려 그 실효성에 많은 한계가 있었던 것이 사실이다.

중앙행정기관인 문화재청은 매장문화재 관련 정책과 제도의 수립 및 집행, 매장문화재 유존지역의 보존조치 및 결정, 발굴조사 허가, 조사기관 관리·감독 등 매장문화재 보호 및 조사와 관련된 업무를 총괄하고 있지만, 실질적으로는 각종 개발사업에 따른 매장문화재조사와 관련된 행정의 집행 및 관리에 많은 부분이 집중되어 있다.

이로 인해 매장문화재 보호 및 조사의 가치와 중요성에 대한 적극적인 대국민 홍보나 공감대 및 여론 형성, 매장문화재 유존지역 및 보존조치 유적의 효율적인 관리와 활용, 매장문화재조사의 공공성·투명성 확보를 위한 조사현장의 관리·감독, 개발사업 시행자와 조사기관 사이의 갈등 및 분쟁 조정, 과당경쟁 및 저가수주로 인한 조사의 품질저하 방지 등에 대한 정책과 제도 개선에는 소극적인 자세와 입장으로 일관하고 있다.

지방자치단체는 지방자치법 시행령(대통령령 제26922호) 제8조에 의거, 해당 관할 지역의 매장문화재를 보호·관리해야 할 책무가 있다[105]. 그리고 중앙행정기관인 문화재청의 매장문화재 보호 정책에 적극 협력해야 할 의무가 있다.

하지만 지역개발 우선주의 정책 및 논리를 앞세워 매장문화재 보호보다는 개발사업 중심의 행정을 하고 있으며, 무분별한 개발로부터 지역의 매장문화재를 보호하거나 훼손·파괴를 감시하는 역할은 소홀히 하고 있다. 또한 지역주민을 대상으로 한 매장문화재 보호 및 조사의 가치와 중요성에 대한 홍보, 개발사업 시행자에게 매장

---

[105] 제8조(지방자치단체의 종류별 사무) 법 제10조제2항에 따른 지방자치단체의 종류별 사무의 예시는 별표 1과 같다. 다만, 다른 법령에 이와 다른 규정이 있는 경우에는 그러하지 아니하다.

문화재조사와 관련된 전문적인 자문과 서비스, 지역의 보존조치 유적에 대한 체계적인 관리·감독 등을 해야 하지만 그 역할과 의지 및 노력이 미흡한 실정이다.

이러한 현실을 고려할 때 매장문화재 보호는 법과 제도, 그리고 국가 중심의 행정 집행만으로는 그 실효성에 분명히 한계가 있음을 알 수 있다. 매장문화재 보호와 정책의 실효성을 극대화하기 위해서는 매장문화재 보호와 조사의 가치 및 중요성에 대한 국민과 사회 공동체 구성원 모두의 자발적이고 헌신적인 노력과 인식이 기본적으로 뒷받침되어야 가능하다. 그리고 사회적·환경적 변화에 따른 신축적인 대응과 효율적인 매장문화재 보호를 위해서는 합리적이고 체계적인 매장문화재 보호 정책의 추진과 함께 종합적이고 장기적인 정책 비전과 방향이 제시되어야 할 것이다.

따라서 국가 중심의 행정적인 차원에서의 제도화와 함께 매장문화재 보호 및 조사의 가치와 중요성에 대한 국민적·사회적 공감대와 여론을 형성하고, 매장문화재 보호의 효율성과 체계성을 강화할 수 있는 현실적인 방안에 대해 살펴볼 필요가 있다.

첫 번째는 "국민이 매장문화재 보호 및 조사의 가치와 중요성을 인식할 수 있도록 지속적으로 교육하고 홍보"하는 것이다.

우리나라 헌법 제1조에 대한민국의 주권은 국민에게 있으며 모든 권력은 국민으로부터 나온다고 규정하고 있는 것처럼 국민은 국가의 매장문화재 보호·보존 정책의 수립과 집행에 대한 감시와 개선을 요구하고, 여론을 형성하는 주체이다. 그리고 매장문화재는 주변 환경요인의 변화에 많은 영향을 받기 때문에 국가의 매장문화재 보호 시책이 그 목적을 달성하기 위해서는 반드시 국민의 적극적인 협조가 필요하다. 국가에서 아무리 완벽에 가까운 매장문화재 보호·보존 정책을 수립하더라도 국민의 공감대 없이는 추진과 집행에 한계가 있을 수밖에 없다.

국민이 매장문화재 보호 및 조사의 가치와 중요성을 인식한다면, 매장문화재 보호에 대한 국민의 여론은 국가의 매장문화재 정책에 반드시 반영되어 나타날 수밖에 없다. 개발이익이라는 경제논리를 앞세운 정책결정이나 사회적 분위기는 국민의 견제와 비판을 받을 것이다. 국민은 매장문화재 보호 정책을 우선시 하는 정책결정이나 입법을 하는 대통령, 지방자치단체장, 국회의원, 지방자치단체의원 등을 선택할 것이다. 또한 매장문화재 보호 및 애호에 대한 국민의 자발적인 참여와 단체의 결성은 국가의 매장문화재 보호·관리 및 홍보를 위한 정책 집행에 따른 재원 및 전문인력 부족 등의 현실적인 한계를 극복하는데도 기여할 수 있을 것이다.

매장문화재 보호에 대한 국민의 성숙된 의식과 인식의 중요성은 이미 일본의 "난파(難波-NANIWA) 유적[106]"과 "이장(伊場-IBA) 유적[107]" 등의 소송 사례나 세계 여러 선진국에서 국민이 자발적으로 문화유산을 보호하고 관리하면서 영구히 지켜나가는 "내셔널트러스트 운동[108]"을 통해서도 알 수 있다.

이러한 점에서 국민을 대상으로 한 매장문화재 보호 및 조사에 대한 교육과 홍보는 아무리 강조해도 지나치지 않다. 그러나 지금까지 우리나라의 문화유산 정책은 지정문화재 중심의 보호·보존 및 관리와 홍보 위주로 추진하여 왔다.

국민은 지정문화재만을 문화재로 인식하는 경향이 강하여 지정문화재가 아닌 매장문화재는 문화재가 아니며 보호의 대상도 아니라고 생각하는 잘못된 인식을 하고

---

106 난파(難波-NANIWA)유적 소송은 1968년 5월 대판시(大阪市)가 난파궁적(難波宮跡)의 일각에 '교육청소년센터'의 건설을 계획하였다가 여론에 의해 '보존하면서 건설한다'는 입장으로 바꾸었으나, 시민들이 '완전보존'을 주장하여 1969년 9월 지방자치법 제242조 1항에 의한 감사청구를 제기하면서 시작되었다. 그러나 이 청구가 동년 11월 기각되자 시민들은 종전과 같은 청원, 감사청구 등으로는 유적 파괴를 저지할 수 없다고 판단하여 난파궁적을 지키는 문화재소송법정 대책위원회를 결성하고, 지방재판소에 주민소송을 제기하였다. 그러나 소송 진행 중 시 당국이 공사를 속행·완료하여 1978년 재판소로부터 화해안이 제시되고, 1979년 2월에 화해가 성립되었다. 이 소송은 최초의 소송에 의한 문화재 보호운동이었다는 점과 국민의 문화재 보호에 대한 의식과 수준을 확인하였다는 점에서 긍정적인 평가를 받고 있다.

107 이장(伊場-IBA) 유적은 일본의 중부지방인 정강현(靜岡縣) 빈송(浜松-HAMAMATSU)시에 위치한 일본의 신석기시대인 승문(繩文-JOMON)시대에서 겸창(鎌倉-KAMAKURA)막부시대가 열리기 전인 평안(平安-HEIAN)시대(794~1192)까지 장기간에 걸쳐 형성된 복합유적이다. 그런데 1965년에 빈송역(浜松驛) 부근을 고속화하기 위해 이장 유적 근처에 전차기지를 건설할 계획이 국철(國鐵)에서 세워지자 이에 대응하여 1972년 11월에 '이장유적을 지키는 모임'이 전국적인 규모로 발족되었다. 행정당국은 유구는 전부 기록을 해 두고, 유물은 전시관에 수용하겠다는 안을 내세웠지만, 국민은 유적을 제자리에 보존해야 한다고 맞섰다. 그러나 정강현 교육위원회에서는 시의 오랜 숙원인 국철의 고가화 사업용지로서 도저히 제외될 수 없음을 내세워 1973년 사적의 일부지정해제를 결정하였다. 그러자 국민은 문화청과 정강현 교육위원회에 이의신청을 하였으나 각하되었고, 항고소송을 제기하였으나 재판소에서 각하되고 말았다. 하지만 이장 유적 소송을 계기로 문화재 보호·보존을 위한 행정의 체계적인 정비와 국민의 문화재 향유권 보장을 위한 발전적 계기를 마련할 수 있었다.

108 현재 내셔널트러스트 운동은 미국, 호주, 일본 등을 포함한 30개 이상의 국가에 확산되어 전개되고 있다(홍완식, 2009, 「앞의 논문」, 『토지공법연구』제44집, 248~249쪽, 한국토지공법학회).

있다. 숭례문, 경복궁, 석굴암, 해인사, 그리고 경주·공주·부여 등 고도보존지역의 왕릉이나 사찰, 성곽 등과 같은 지정문화재나 유네스코 세계유산으로 등재된 문화재에 대해서만 많은 관심과 중요성을 인식하고 있으며, 보호·보존의 당위성에 대해서도 공감하고 있는 것이 현실이다.

국민은 매장문화재가 무엇인지, 매장문화재 보호·보존 및 조사가 왜 중요한지, 그 가치가 무엇인지, 그리고 자신이 살고 있는 지역에 어떠한 매장문화재가 있는지, 발굴조사가 이루어지고 있는지 등에 대해 알지 못한다. 단지 잘못된 사회적 여론에 편승하여 매장문화재 보호·보존 정책은 국토의 효율적인 개발을 막는 악법이자 개발의 걸림돌, 죽은 자가 산 자를 죽인다는 등 부정적으로 인식하고 있다.

매장문화재조사를 통해 얻어진 성과는 관련 분야 전공자들만을 위한 전유물이 아니라 국민과 함께 누릴 때 더욱 값지고 빛을 발한다. 하지만 지역주민들에게 그 지역의 매장문화재에 대한 소중함과 가치를 올바르게 인식하고 애향심을 기를 수 있는 기회를 제공해야 한다는 사회적 분위기와 인식은 아직까지 미흡한 편이다. 이는 매장문화재에 대해 교육을 받을 국민의 당연한 권리와 교육을 해야 할 국가의 책무 이행, 매장문화재에 대한 홍보 및 정보 제공을 통한 국민의 알 권리 보장과 실현 등을 위한 국가의 적극적인 정책 집행과 노력이 부족했기 때문이다.

국민이 매장문화재 보호 및 조사의 가치와 중요성을 인식하고, 자발적으로 매장문화재 보호·보존의 주체라는 올바른 인식을 형성할 수 있도록 하기 위해서는 지속적인 교육과 언론을 비롯한 각종 대중매체를 활용한 홍보와 정보를 제공할 수 있는 정책을 수립하고 추진해야 한다.

그러나 현재 국가에서 국민을 대상으로 한 매장문화재 교육과 홍보를 전담하기에는 전문인력과 시설 등에 한계가 있다. 이러한 한계는 전국 각 지역의 매장문화재 조사기관을 적극 활용한다면 해결할 수 있을 것이다. 2015년도 기준으로 전국 각 지역의 162개 매장문화재 조사기관이 문화재청에 등록되어 있다(표 17). 조사기관에는 2,442명의 전문인력이 소속되어 있으며[109], 기본적인 시설이 갖추어져 있다. 이들 조사기관에 교육과 홍보 업무를 위탁하여 수행하게 한다면, 국가에서는 별도의 전문 조직이나 인력, 시설 등의 확보 없이 전국적으로 신속하게 추진하는 것이 가능할 것이다.

국민을 대상으로 한 매장문화재 교육과 홍보는 단기간에 성과를 낼 수 있는 것이

---

109   문화재청, 2015, 『주요업무 통계자료집』, 52쪽.

지역	서울	부산	대구	인천	광주	대전	울산	경기	강원	충북	충남	전북	전남	경북	경남	제주	세종	계
기관수	13	7	1	2	1	3	7	28	8	8	12	9	14	24	20	4	1	162

※ 출처 : 문화재청, 2015, 『주요업무 통계자료집』.

아니라 장기간에 걸친 지속적인 투자와 노력이 있어야 가능하다. 따라서 현재와 같은 성과 및 실적 위주의 생색내기식 정책을 추진하거나 예산을 편성·집행해서는 안 된다는 점을 분명히 인식해야 한다.

두 번째는 "개발사업 시행자에 대한 교육과 매장문화재 전문인력 채용 의무를 법제화"하는 것이다.

우리나라의 매장문화재조사는 각종 개발사업에 따른 구제발굴조사가 중심을 이루고 있다(그림 5).

그로 인해 매장문화재조사 정책 및 제도는 개발사업 시행자의 불편 해소, 매장문

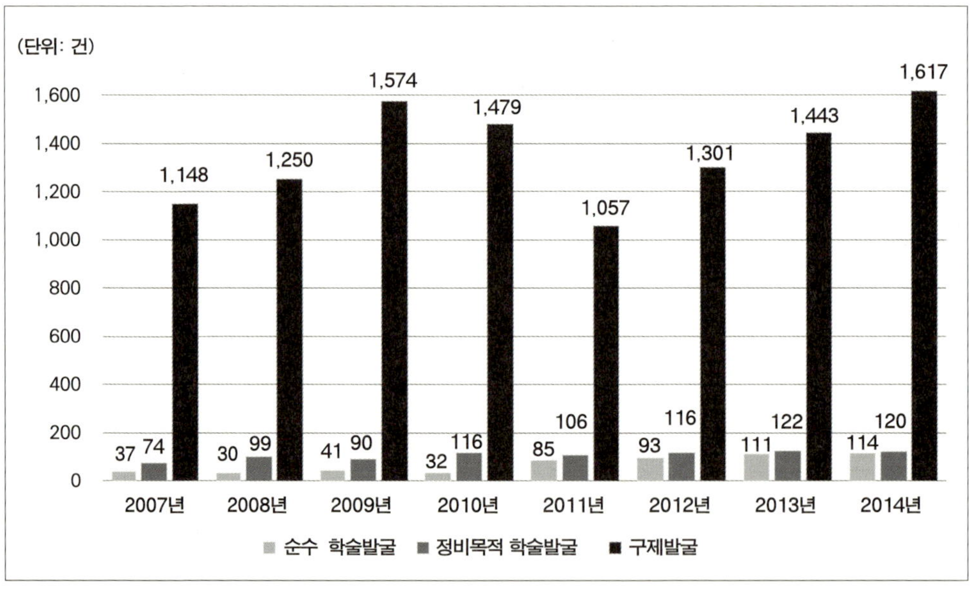

그림 5　매장문화재 발굴조사 현황

※ 자료 : 문화재청 누리집(http://www.cha.go.kr/) 행정자료; e 나라지표(http://www.index.go.kr);
　　　　한국문화재조사연구기관협회, 2014, 『2013년도 한문협 회원기관 매장문화재 조사 편람』;
　　　　한국매장문화재협회, 2015, 『2014년도 한문협 회원기관 매장문화재 조사 편람』.

화재조사 수요 억제 등 정부의 경제성장 및 개발정책에 상당 부분 초점을 맞추어 추진하여 왔다. 그럼에도 불구하고 개발사업 시행자는 매장문화재조사 정책 및 제도에 만족하지 못한 채 지속적으로 개선을 요구하고 있으며, 매장문화재조사를 불필요할 뿐만 아니라 과도한 행정규제로 인식하고 있다.

지금까지의 매장문화재조사 정책 및 제도 개선 과정과 내용, 개발사업 시행자의 인식과 요구 사항 등을 고려할 때, 매장문화재 보호를 위한 정책과 제도를 폐지하지 않는 한 국가에서 아무리 개발사업 시행자의 요구를 모두 반영한 정책 및 제도를 수립하여 집행하더라도 한계가 있을 수밖에 없다.

왜냐하면, 개발사업 시행자는 국토개발에 따른 경제논리와 이익만을 고려할 뿐 매장문화재 보호 및 조사의 가치와 중요성, 매장문화재조사의 특성과 원칙 등에 대해서는 관심이 없으며, 매장문화재 관계법령과 행정절차 등은 불필요한 규제라고 인식하고 있기 때문이다. 또한 매장문화재 조사용역을 위탁한 조사기관을 관리·감독할 책임이 있지만 역량과 능력에 한계가 있기 때문에 현실적으로 갈등과 분쟁이 발생 및 재생될 수밖에 없는 구조이다.

따라서 매장문화재 보호와 개발이 조화를 이룰 수 있는 정책 개발 및 집행과 함께 개발사업 시행자의 인식을 변화시키기 위한 실효성 있는 정책을 추진해야 한다.

개발사업 발주처, 건설공사 시행처, 감리단 등에 소속된 직원이 정기적으로 매장문화재 관계법령, 매장문화재조사의 가치와 중요성 등에 대한 직무교육을 반드시 이수하도록 해당 법률에 의무화해야 한다. 그리고 매장문화재 관련 직무교육에 건설공사 시행처 및 감리단 등의 자발적이고 적극적인 참여를 유도하기 위해서는 기획재정부, 행정자치부, 조달청 등 관계기관과 협의하여 용역 입찰 시 낙찰자를 결정하는 기준인 적격심사에 가산점을 부여하는 방안도 고려해야 한다.

한편, 개발사업 시행자는 국토기본법, 건축법, 도시개발법, 건설산업기본법 등 개발사업과 관련된 법령과 행정절차 등에 대해서는 비교적 잘 알고 있다. 하지만 매장문화재 관계법령이나 행정절차, 매장문화재조사의 특성 등에 대한 지식과 이해가 부족하여 개발사업이 중지되거나 지장물 미철거로 인해 매장문화재조사를 할 수 없는 상황 등이 발생하고 있다. 이러한 이유로 인해 개발사업이 지연되거나 그에 따른 금융손실 비용이 발생하면, 모든 책임을 매장문화재 보호 정책과 제도 탓으로 돌리는 것이 일반화되어 있으며, 불필요한 행정규제라고 인식하여 지속적으로 개선을 요구하는 것이다[110].

매장문화재 보호와 개발이 조화를 이루고, 매장문화재조사로 인한 개발사업 시행자의 불편·불만 해소 및 인식을 개선하기 위해서는 개발사업 추진과 관련된 중앙정부기관 및 지방자치단체와 그 산하기관, 공공기관이 매장문화재 전문인력을 의무적으로 채용하도록 법제화하고, 향후 민간 부문에서도 자발적으로 채용하도록 유도할 필요가 있다(표 18).

표 18 국내 타법률 전문인력 채용 의무화 사례

명 칭	조 항
산업안전보건법 (법률 제11862호, 2013.6.4.)	제15조(안전관리자 등) ① 사업주는 사업장에 안전관리자를 두어 제13조제1항 각 호의 사항 중 안전에 관한 기술적인 사항에 관하여 사업주 또는 관리책임자를 보좌하고 관리감독자에게 조언·지도하는 업무를 수행하게 하여야 한다. 제16조(보건관리자 등) ① 사업주는 사업장에 보건관리자를 두어 제13조제1항 각 호의 사항 중 보건에 관한 기술적인 사항에 관하여 사업주 또는 관리책임자를 보좌하고 관리감독자에게 조언·지도하는 업무를 수행하게 하여야 한다. 제17조(산업보건의) ① 사업주는 근로자의 건강관리나 그 밖의 보건관리자의 업무를 지도하기 위하여 사업장에 산업보건의를 두어야 한다. 다만, 의사를 보건관리자로 둔 경우에는 그러하지 아니하다.
대기환경보전법 (법률 제13528호, 2015.12.1.)	제40조(환경기술인) ① 사업자는 배출시설과 방지시설의 정상적인 운영·관리를 위하여 환경기술인을 임명하여야 한다.
먹는물관리법 (법률 제13164호, 2015.2.3.)	제27조(품질관리인) ① 먹는샘물등의 제조업자, 수처리제 제조업자, 정수기 제조업자는 품질관리인을 두어야 한다. 다만, 개인인 먹는샘물등의 제조업자, 수처리제 제조업자 또는 정수기 제조업자가 제4항에 따른 품질관리인의 자격을 갖추고 제2항에 따른 업무를 직접 수행하는 경우에는 품질관리인을 따로 두지 아니할 수 있다.

---

110 매장문화재조사 지연으로 인한 손실 비용을 추정한 자료에 의하면, 매장문화재조사가 1년 지연될 경우 약 4,600억원의 손실비용이 발생하는 것으로 추정하고 있다(김상익, 2009, 「개발사업시 문화재 보존에 따른 문제점과 개선 의견」, 『문화재조사 유관기관과의 대화』, 34쪽, 중앙문화재연구원).

명칭	조항
수질 및 수생태계 보전에 관한 법률 (법률 제13530호, 2015.12.1.)	제47조(환경기술인) ① 사업자는 배출시설과 방지시설의 정상적인 운영·관리를 위하여 대통령령으로 정하는 바에 따라 환경기술인을 임명하여야 한다.
소음·진동관리법 (법률 제11669호, 2013.3.22.)	제19조(환경기술인) ① 사업자는 배출시설과 방지시설을 정상적으로 운영·관리하기 위하여 환경기술인을 임명하여야 한다. 다만, 다른 법률에 따라 환경기술인의 업무를 담당하는 자가 지정된 경우에는 그러하지 아니하다.
폐기물관리법 (법률 제13411호, 2015.7.20.)	제34조(기술관리인) ① 대통령령으로 정하는 폐기물처리시설을 설치·운영하는 자는 그 시설의 유지·관리에 관한 기술업무를 담당하게 하기 위하여 기술관리인을 임명(기술관리인의 자격을 갖추어 스스로 기술관리하는 경우를 포함한다)하거나 기술관리 능력이 있다고 대통령령으로 정하는 자와 기술관리 대행계약을 체결하여야 한다.
사방사업법 (법률 제13137호, 2015.2.3.)	제8조(산림공학기술자의 배치) ① 농림축산식품부령으로 정하는 일정 규모 이상의 사방사업을 시행하는 자(제26조에 따라 사업을 위탁받아 시행하는 자를 포함한다)는 사방사업에 관한 계획의 작성 및 그 시행에 관한 업무를 지도하고 이를 수행하게 하기 위하여 「산림자원의 조성 및 관리에 관한 법률」 제30조에 따른 산림기술자 중 산림공학기술자를 배치하여야 한다.

매장문화재 전문인력 채용을 법제화할 때에는 건설공사 발주금액 및 수주금액 등을 고려하여 전문인력 채용 인원수에 차이를 두어야 한다. 채용하는 매장문화재 전문인력은 매장문화재 보호 및 조사에 관한 법률 시행규칙(문화체육관광부령 제217호)에서 정한 조사요원별 자격기준 중 육상발굴조사기관의 책임조사원 또는 조사원 이상에 해당해야 한다. 왜냐하면 육상발굴조사기관의 책임조사원 또는 조사원 이상의 자격을 갖추어야 매장문화재 관계법령이나 행정절차 등에 대한 이해, 매장문화재조사에 대한 전문지식과 현장경험을 바탕으로 매장문화재 조사용역의 발주 및 감독, 그리고 문제 발생 시 적절한 대처와 해결 등 관련 업무를 효율적으로 수행할 수 있기 때문이다.

세 번째는 "매장문화재 전문인력의 양성과 사회적 배려"이다.

매장문화재조사 전문인력에 대한 직무분석 결과에 의하면, 매장문화재를 조사하기 위해서는 "고고학 자료에 대한 이해 및 숙지, 문화재 분야에 관한 기초지식, 해양학·지구물리학 기초지식, 매장문화재 관계법령에 대한 이해, 고고학적 실측 도면에 대한 사전지식, 평면도 및 입단면도에 대한 개념의 이해, 유적 관련 주요 학술 및 자연과학 분석 자료에 대한 지식Knowledge과 조사방법론의 적용 능력, 도면 판독 기술, 실측대상에 대한 표현능력, 축척에 대한 숙련된 환산능력, 영상장비의 활용 및 운용 능력, 유구 및 유물에 대한 해석 능력, 영상 도면 가공 및 추출법 등의 기술Skill"이 필요하다[111].

이러한 지식과 기술은 대학에서의 고고학 관련 교육과 단시간의 현장실습만으로는 습득이 불가능하다. 고고학에 대한 기초적인 이론을 습득한 후 상당 기간의 현장실습과 경험을 통해서만 얻을 수 있는 것이다. 그리고 매장문화재조사는 단순히 유적을 찾거나 발굴하고 유물을 수습하는 차원이 아니라 그 결과에 대한 분석과 연구를 통해 우리나라의 역사와 문화사 복원에 기여해야 완성되는 것이다. 따라서 매장문화재조사의 품질을 향상시키고, 우리나라의 역사와 문화사 복원에 기여할 수 있는 우수한 매장문화재조사 전문인력을 양성하기 위해서는 많은 시간과 노력, 그리고 금전적인 투자 등이 필요하다.

현재 우리나라의 매장문화재조사 전문인력 수는 연도별로 약간의 증감은 있지만 대체로 큰 변화가 없다는 점에서 신규인력이 거의 유입되지 않고 있음을 단적으로 보여준다(그림 6). 매장문화재조사 수요가 정점에 달한 2010년도에 문화재 관련 학과 졸업생은 3,102명이었으나 졸업생 중 매장문화재조사 분야에 진입한 졸업생은 극히 미미(8퍼센트 미만)했다[112].

신규인력이 유입되지 않는 원인은 여러 가지가 있으나 타 직종에 비해 대우가 낮고 신분이 불안정한 것이 가장 큰 문제이다.

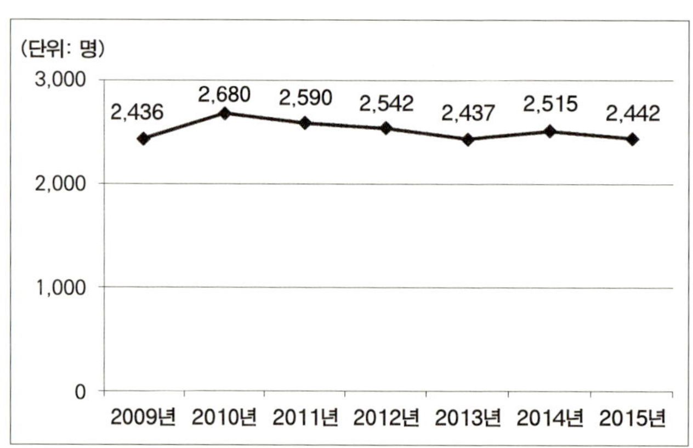

그림 6 매장문화재조사 전문인력 변동 추이

※ 자료 : 문화재청, 2015, 『주요업무 통계자료집』.

---

111 한국직업능력개발원, 2011, 『앞의 보고서』, 151쪽.

112 한국직업능력개발원, 2011, 『앞의 보고서』, 67쪽.

　매장문화재조사에는 상당 기간의 시간과 노력 등을 투자해야 얻을 수 있는 학술적인 능력과 함께 현장에서의 육체적인 노동이 기본적으로 수반된다. 또한 매장문화재조사 현장은 도심보다 개발공사가 이루어지는 곳에 주로 위치하고 있어 환경과 여건이 열악하고, 가족과 떨어져 전국의 각 지역에서 생활하는 경우가 많아 주거안정에도 심각한 문제를 초래하고 있다.

　현재 매장문화재조사를 수행하는 전문인력의 등급별 1일 인건비 기준단가는 매년 소비자물가 인상률만큼만 인상되기 때문에 실질적인 인상효과가 거의 없다고 할 수 있다[113].

　조사요원별 인건비 기준단가를 보면, "기본급, 상여금, 제수당, 관계법령에 따라 계상한 산업재해보험, 고용보험, 국민건강보험과 국민연금보험 등의 보험료 및 퇴직적립금 등이 모두 포함"되어 있다[114]. 그리고 조사에 참여한 일수에 기준단가를 곱한 금액을 지급받기 때문에 계약체결 시 기준단가에 낙찰률이 적용될 경우 실제 지급받는 1일 단가는 더욱 감소한다(표 19). 지장물 미철거 및 미보상 등 개발사업 시행자의 사유로 인해 매장문화재조사에 착수하지 못하거나 조사가 없을 경우에는 인건비를 지급받을 수 없는 구조이다.

　매장문화재조사를 수행하는 전문인력은 우리 사회에서 인정하거나 배려하지 않는 전문가로 단순 일용근로자와 같은 처지에 있으며, 항상 고용·신분·직장 등에 대한 불안감을 느끼며 생활하고 있다. 이러한 이유로 인해 문화재 관련학과 졸업생 및 타 분야의 우수한 인재들은 매장문화재조사 분야로의 진출을 기피하는 것이다. 최근 들어 신규인력의 진출 기피 현상은 우리나라 매장문화재조사 전문인력의 구성이 마름모꼴에서 역삼각형으로 변화하는 추세와 고령화 속도가 매우 급격하게 진행되고 있음을 보여주고 있다[115].

113　한국산업개발연구원, 2008, 『문화재 발굴조사 매뉴얼 및 표준품셈(안) 연구- 발굴조사 표준품셈(안)』, 150쪽.

114　매장문화재 조사용역 대가의 기준(문화재청 고시 제2015-95호, 일부개정 2015.10.8).

115　이러한 현상은 한국매장문화재협회에서 회원기관 소속 조사인력에 대해 분석한 자료를 통해 알 수 있으며, 조사요원별 평균 연령은 조사단장 53.7세, 책임조사원 45.3세, 준조사원 36.9세, 보조원 29.38세, 보존과학연구원 32.6세이다(한국매장문화재협회, 2015.8, 『2014년도 한문협 회원기관 매장문화재 조사 편람』, 12~14쪽).

표 19 낙찰률 적용 시 조사인력 등급별 1일 인건비 기준단가[116]

구분	2016년도 인건비 기준단가 (단위 : 원)	낙찰 하한율 (%)	낙찰률 적용 단가 (단위 : 원)	4대보험료 (단위 : 원)	퇴직적립금 (단위 : 원)	실수령 인건비 기준단가 (단위 : 원)
조사단장	303,472	79.995	242,762	19,773	19,953	203,036
		81.995	248,832	19,773	20,452	208,607
		82.995	251,867	20,267	20,701	210,898
		86.745	263,247	20,515	21,637	221,096
		87.745	266,282	21,441	21,886	222,954
책임조사원	234,032	79.995	187,214	15,249	15,387	156,578
		81.995	191,895	15,630	15,772	160,493
		82.995	194,235	15,820	15,965	162,450
		86.745	203,011	16,535	16,686	169,790
		87.745	205,351	16,726	16,878	171,747
조사원	204,983	79.995	163,976	13,356	13,477	137,143
		81.995	168,076	13,690	13,814	140,572
		82.995	170,126	13,857	13,983	142,286
		86.745	177,813	14,483	14,615	148,715
		87.745	179,862	14,650	14,783	150,429
준조사원	139,400	79.995	111,513	9,083	9,165	93,265
		81.995	114,301	9,310	9,395	95,597
		82.995	115,695	9,423	9,509	96,762
		86.745	120,923	9,849	9,939	101,135
		87.745	122,317	9,963	10,053	102,300
보조원	111,589	79.995	89,266	7,271	7,337	74,658
		81.995	91,497	7,452	7,520	76,525
		82.995	92,613	7,543	7,612	77,458
		86.745	96,798	7,884	7,956	80,958
		87.745	97,914	7,975	8,048	81,891

---

116 낙찰률 적용 시의 조사인력 등급별 1일 인건비 기준단가(문화재청 고시 제2016-1호, 2016.1.8)는 다음과 같은 기준을 적용하여 계상했다.

1. 낙찰하한율 적용 : 매장문화재 조사용역 적격심사 세부기준(문화재청 고시 제2015-96호, 2015.10.8)의 추정가격별 적격심사 통과 가능 낙찰하한율

2. 4대보험료 적용 : 근로자 부담금 8.145%(국민연금 4.5%, 건강보험 2.995%, 고용보험 0.65%)

3. 퇴직적립금 계상 : [(낙찰하한율 적용 인건비 기준단가×30일×365일)÷365일]÷365일

매장문화재조사 분야에 신규인력이 지속적으로 유입되지 않는다면, 향후 기존 인력의 고령화와 함께 전문인력의 부족이라는 심각한 사회적 문제로 대두될 것이다. 즉 매장문화재조사 수요 증가에 따른 전문인력 공급이 원활하지 못할 경우 매장문화재조사에 상당한 대기기간 및 개발사업 지연 등의 사회적 문제가 발생한다. 그리고 우수한 전문인력이 지속적으로 육성 및 유입되지 않는다면, 우리나라의 역사와 문화사 복원, 그리고 매장문화재조사를 외국의 전문인력에 전적으로 의존하거나 헌법에서 규정한 국가의 당연한 책무인 매장문화재 보호를 수행하지 못하는 결과를 초래할 것이다.

우수한 신규인력의 지속적인 진입과 육성을 유도하기 위해서는 조사요원별 인건비 기준단가를 현실화하여 전문가 수준에 합당한 적정 임금이 보장되고, 근무 환경이 개선될 수 있도록 국가 차원의 정책과 지원이 필요하다. 또한 국가에서는 우수한 인재의 유입 및 전문인력을 양성하기 위한 장학금 및 지원 제도를 도입하고, 고고학 이론과 현장실습이 병행될 수 있는 전문교육 프로그램의 개발과 교육 전담기구를 설립해야 할 것이다.

한편 매장문화재는 순수공공재로 조사를 국가에서 전적으로 전담해야 하지만 우리나라는 현실 여건상 민간 비영리법인 소속 전문인력이 대부분 그 역할을 수행하고 있다는 점, 매장문화재조사 결과 및 성과에 대한 최종 수혜자가 국민이라는 점, 매장문화재조사 전문인력은 해당 분야의 전문가라는 점 등을 고려할 때 매장문화재 전문인력을 존중하고 배려하는 사회적 분위기도 조성되어야 할 것이다.

네 번째는 "매장문화재 훼손·파괴에 대한 신고포상금 제도의 도입"이다[117].

매장문화재 보호 및 조사에 관한 법률 제5조(개발사업 계획·시행자의 의무)는 "국가와 지방자치단체 등 개발사업을 계획·시행하고자 하는 자는 매장문화재가 훼손되지 아니하도록 하여야 하고, 공사 중 매장문화재를 발견할 때에는 즉시 해당 공사를 중지하여야 한다."라고 규정하고 있다. 이는 개발사업 시행자의 매장문화재 보호

---

117 신고포상금제도는 사회적 위법·위해 행위의 신고에 대한 보답의 의미로서 신고당사자에게 신고의무가 없이 자발적이고 자율적인 신고활동에 기인하고, 신고보상금제도는 주로 범죄, 간첩 행위 등에 대한 국민의 신고의무에 대한 보은 혹은 이와 관련된 손해를 보전하는 활동에 주로 사용한다(김강현, 2012, 「행정제도의 확산과 성과에 관한 연구-신고포상금제도를 중심으로」, 13쪽, 연세대학교대학원 박사학위논문).

의식과 양심에만 전적으로 의지하여 매장문화재 보호·보존을 요구하고 있는 것이다.

개발사업 시행자는 매장문화재 보호 보다는 개발에 따른 경제적 이익을 우선적으로 생각하기 때문에 매장문화재 조사비용 부담과 개발사업 차질 등을 우려하여 매장문화재 발견 또는 훼손·파괴 사실을 숨기거나 신고를 기피하는 것이 일반적이다. 그렇다고 국가가 전국의 모든 개발사업 지역 및 공사현장과 매장문화재 유존지역의 훼손·파괴 여부를 실시간 감시하고 관리·감독한다는 것도 현실적으로 불가능하다.

따라서 개발사업 시행자의 매장문화재 보호 의식 및 양심에만 의지하는 현행 방식과 국가의 규제 및 감시만으로 모든 위법 행위를 적발하고 해결하는 것은 현실적으로 한계가 있다는 점을 고려할 때, 매장문화재를 효율적으로 보호 및 관리하기 위해서는 매장문화재 훼손·파괴 행위에 대한 신고포상금 제도를 법제화해야 한다.

신고포상금 제도는 불법행위나 불공정행위 등 위·탈법행위를 관계기관에 신고하고 그 신고자가 규정된 포상금을 받는 것으로 28개 중앙행정기관에서 70개의 신고포상금 제도를, 지방자치단체에서는 901개의 신고포상금 제도를 운영하는 등 제도가 확산되고 있으며[118], 정부의 행정력 강화 및 목적 달성을 위한 정책수단으로 활용되고 있다(표 20).

신고포상금 제도는 단순히 포상·처벌의 성격이 아니라 법질서 준수 및 자율적 감시 기능과 함께 국민의 적극적인 행정참여를 높일 수 있기 때문에 국민에게 매장문화재 보호의 중요성과 가치, 그리고 정책을 홍보할 수 있는 효과도 있다.

표 20　정부부처별 신고포상금 제도 운영 현황

부 처	개수	포 상 금 명	법 적 근 거
국토해양부	7	분양권 불법전매 등 신고포상금	주택법
		공인중개사 불법행위 신고포상금	공인중개사법
		지하수 방치공 찾기 신고포상금	기관장 지시
		불법토지거래허가 신고포상금	국토계획법
		화물자동차 불법행위 신고포상금	화물자동차 운수사업법
		해양오염물질 및 폐기물배출 신고포상금	해양환경관리법
		습지보호구역위해 신고포상금	습지보전법

118　국무총리실, 2012, 「신고 포상금 제도 분석·평가(요약)」, 2쪽.

부 처	개수	포 상 금 명	법 적 근 거
농림수산 식품부	7	농지불법전용 신고포상금	농지법
		가축전염병 신고포상금	가축전염병예찰 실시요령
		불법어업 신고포상금	수산업법
		부정축산물 신고포상금	축산물위생관리법
		수입식물 검역위반 신고포상금	식물방역법
		수산물 원산지 표시위반 신고포상금	수산물품질관리법, 농수산물의 원산지 표시에 관한 법률
		원산지표시 위반 신고포상금	농수산물의 원산지 표시에 관한 법률
공정거래 위원회	1	공정거래법 위반행위 신고포상금	독점규제 및 공정거래에 관한 법률
농촌진흥청	2	내부신고보상금	국민권익위원회의 설치와 운영에 관한 법률
		부정불량 농약·비료 신고포상금	식품안전기본법 제30조
지식경제부	1	유사석유제품 신고포상금	석유 및 석유대체연료 사업법
특허청	2	부패행위신고자 등에 대한 포상	국민권익위원회의 설치와 운영에 관한 법률
		위조상품 신고포상금	위조상품 신고자에 대한 포상금 지급에 관한 규정
보건복지부	5	의약분업 위반 시민포상금	약사법
		장기요양보험 신고포상금	노인장기요양보험법
		건강보험 부당청구 요양기관 신고포상금	국민건강보험법
		불법의료행위 신고포상금	보건범죄단속에 관한 특별조치법
		의료급여 부정청구 신고보상금	의료급여사업안내(지침)
문화체육 관광부	2	불법게임물 신고포상금	게임산업 진흥에 관한 법률
		부패행위 신고자 포상	부패행위 신고자에 대한 포상규정
산림청	5	불법전용산지 신고포상금	산지관리법
		산림 내 불법행위 신고포상금	산림자원의 조성 및 관리에 관한 법률
산림청	5	산불가해자 제보포상금	산림보호법
		소나무재선충병 신고포상금	소나무재선충 방재 특별법
		은닉재산 신고보상금	국유재산법
경찰청	2	범죄신고보상금	범죄신고자 등 보호 및 보상에 관한 규칙
		뺑소니교통사고 신고포상금	
식품의약품 안전청	1	부정불량식품 등 신고포상금	식품위생법
병무청	2	병무부조리 신고포상금	병역법 시행령
		인터넷 불건전사이트 신고포상금	

부 처	개수	포 상 금 명	법 적 근 거
해양경찰청	1	범죄신고인 보상금	범죄신고자 보호 및 보상에 관한 규칙
기획재정부	1	은닉재산 신고보상금	국유재산법
국민권익위원회	1	부패방지 신고포상금	국민권익위원회의 설치와 운영에 관한 법률
교육과학기술부	1	학원 등 불법운영 신고포상금	학원의 설립·운영 및 과외교습에 관한 법령
여성가족부	2	청소년 유해환경 신고포상 (지자체 이양)	청소년 보호법
		아동·청소년 성보호 신고포상	아동·청소년의 성보호에 관한 법률
환경부	2	환경오염행위 신고포상금	환경범죄 등의 단속 및 가중처벌에 관한 법률
		밀렵신고 포상금	야생동식물보호법
관세청	2	관세 등 탈루 및 체납자 은닉재산 신고포상금	관세법
		밀수신고 포상금	
법무부	4	선거범죄 신고포상금	정치자금법
		국가보안유공자 상금	국가보안법
		마약류범죄 신고포상금	마약류관리에 관한 법률
		법무·검찰공무원의 부조리신고 보상·포상금	공무원행동강령, 법무·검찰공무원의 부조리 신고 등에 대한 포상 및 포상지침
고용노동부	5	고용보험 부정수급 신고포상금	고용보험법
		장애인고용장려금 부정수급	장애인고용촉진 및 직업재활법
		불법직업소개 등 신고포상금	직업안정법
		체당금 부정수급 신고포상금	임금채권보장법
		산재보험 부정수급 신고포상금	산업재해보상보험법
문화재청	2	문화재사범 신고포상금	문화재보호법
		발견매장문화재 신고보상금	매장문화재 보호 및 조사에 관한 법률
소방방재청	1	비상구 폐쇄 등 불법행위 신고포상	소방시설설치유지 및 안전관리에 관한 법률
조달청	1	클린신고보상금	조달사업에 관한 법률
국세청	5	탈세제보 포상금	국세기본법, 조세범처벌절차법
		은닉재산 신고포상금	국세기본법
		신용카드·현금영수증 발급거부 등 신고포상금	
		전문직 등 현금영수증 미발급 신고포상금	
		명의위장 신고포상금	

부 처	개수	포 상 금 명	법 적 근 거
방위사업청	1	부패행위 신고포상금	국민권익위원회의 설치와 운영에 관한 법률
사행산업 통합감독 위원회	1	불법사행행위 신고포상금	사행산업통합감독위원회 운영규칙
국방부	3	군 관련 범죄신고 보상금 (조사본부)	군 관련 범죄신고자 등에 관한 보상 및 보호에 관한 훈령
		범죄신고 보상금(기무사)	
		국방홍보원 부조리 신고포상금	국방홍보원 감사업무 지침

※ 출처 : 국무총리실, 2012, 「신고 포상금 제도 분석·평가(요약)」, 9~11쪽.

다섯 번째는 "매장문화재 유존지역에 대한 지속적이고 체계적인 관리·조사 및 정보제공"이다.

우리나라는 1996년부터 전국적으로 문화유적 분포지도를 제작하기 시작하여 현재 모두 완료된 상태이며, 전국적인 문화유적 분포 현황을 한눈에 살펴 볼 수 있는 "문화재공간정보시스템^{HGIS}"[119]이 구축되어 다양하게 활용되고 있다.

토지에서 시행하는 3만제곱미터 이상의 건설공사와 같이 일정 규모 이상의 건설공사에 대해서는 의무적으로 문화재 지표조사를 실시하도록 규정하고 있다. 그리고 매장문화재 조사기법의 질적 수준 향상 및 첨단과학기술과의 접목 등을 통해 문화유적 분포지도 제작 시 확인되지 않은 새로운 매장문화재 유존지역이 지속적으로 확인되고 있다.

현재 전국적인 문화유적 분포지도는 제작이 완료된 이후 10년 이상의 시간이 지났다. 문화유적 분포지도 제작 시 또는 문화재 지표조사에서 확인된 매장문화재 유존지역이 훼손이나 파괴 혹은 성토·정지·포장 등의 형질변경으로 인해 현상변경이 되었는지는 각종 개발사업에 따른 매장문화재 발굴조사가 이루어지기 전에는 전혀 알 수 없는 것이 현실이다.

매장문화재 보호 및 조사에 관한 법률 시행령(대통령령 제26458호) 제4조(지표조사의 대상 사업 등)는 법적 의무면적 미만의 건설공사라도 "과거에 매장문화재가

출토되었거나 발견된 지역에서 시행되는 건설공사”, “역사서, 고증된 기록 또는 관련 학계의 연구결과 등에 따르는 경우 문화재가 매장되어 있을 가능성이 높은 지역에서 시행되는 건설공사”, “지방자치단체의 조례로 정하는 구역에서 시행되는 건설공사”에 대해 지방자치단체의 장이 매장문화재 지표조사 실시를 명할 수 있도록 하고 있다.

하지만 지방자치단체는 불필요한 민원 발생 방지 및 지표조사 실시기준의 명확성 미흡 등으로 인해 법적 의무면적 미만의 건설공사에 대해서는 문화재 지표조사 실시를 명하지 않거나 소극적 자세를 보이고 있다. 그리고 개발사업 시행자는 이러한 관계법령의 허점을 악용하여 문화재 지표조사 없이 개발사업을 시행하고 있으며, 개발사업 시행자가 자발적으로 신고하지 않는 한 매장문화재의 발견 및 훼손·파괴 등에 대한 사실은 전혀 파악할 수 없다.

이러한 현실과 매장문화재 보호 및 관리가 헌법에서 규정한 국가의 당연한 책무라는 점을 고려할 때, 국가는 매장문화재 유존지역을 철저히 보호하고, 체계적으로 관리하기 위한 정기적인 현장실사 및 조사를 해야 한다. 그리고 매장문화재 유존지역에 대한 정확한 위치와 범위를 측량하고, “토지이용규제정보서비스”[120]와의 연계를 통해 국민 누구나 매장문화재 유존지역에 대한 정보를 사전에 쉽게 알 수 있고, 각종 개발사업을 계획하거나 수립 시 활용할 수 있도록 해야 한다.

매장문화재 유존지역에 대한 정기적인 현장실사 및 조사, 그리고 정보를 제공하는 사례는 일본이나 덴마크 등 국외 선진국에서도 확인할 수 있다. 일본은 도도부현都道府縣 시정촌市町村 단위로 지속적이고 정기적으로 매장문화재 현상 파악을 위한 조사와 정보를 제공하며, 덴마크는 3~5년 단위로 현상 파악 및 실사를 통해 그 결과를 체계적으로 관리 및 활용하고 있다.

4) 매장문화재 조사비용의 국가 부담 강화

우리나라는 매장문화재의 원형유지 및 발굴조사 금지를 원칙으로 하고 있다. 그러나 경제·사회의 발전을 위해서는 개발 또한 피할 수 없는 것이 현실이기 때문에 일정 규모 이상의 건설공사에 대해서는 사전에 문화재 지표조사를, 토목이나 건설공

120　http://luris.molit.go.kr.

사 등을 위하여 부득이 한 경우 매장문화재 발굴조사를 실시한 후 개발사업을 추진하도록 하고 있다.

각종 개발사업으로 인한 매장문화재 지표조사 및 발굴조사에 소요되는 비용은 개발사업 시행자가 일방적으로 전액 부담하고 있다. 단지 대통령령으로 정하는 건설공사에 한하여 매장문화재 지표조사 및 발굴조사에 소요되는 비용을 예산의 범위 내에서 국가 또는 지방자치단체가 전부 또는 일부를 지원할 수 있도록 규정하고 있지만[121], 현실에서는 지원 조건이나 횟수를 제한하여 운영하고 있다[122].

개발사업에 따른 매장문화재조사에 소요되는 비용을 개발사업 시행자가 전액 부담하도록 규정한 것은 개발사업으로 인한 매장문화재의 훼손·파괴에 대한 보상(원인자부담)과 개발 이익의 사회환수(수혜자 부담)라는 측면을 반영한 것이다. 이는 유네스코의 권고사항이기도 하다.

헌법재판소도 매장문화재조사에 소요되는 비용을 개발사업 시행자가 전액 부담하도록 한 것은 무분별한 각종 개발행위로부터 매장문화재를 보호하려는 입법목적의 정당성, 방법의 적절성, 매장문화재 조사비용을 감당하기 어려울 경우 개발사업을 추진하지 않을 수 있다는 점 등을 고려하여 타당한 것으로 인정하고 있다[123].

---

121 국가가 매장문화재 지표조사 비용을 지원하는 대상은 3만제곱미터 미만의 민간 발주 건설공사이다(매장문화재 보호 및 조사에 관한 법률 시행령 제5조〈지표조사 절차 등〉제5항, 대통령령 제26458호). 그리고 발굴조사 비용을 지원하는 대상은 단독주택(건축물의 연면적 264제곱미터 및 대지면적 792제곱미터 이하), 농어업시설물(건축물의 연면적 1,322제곱미터 및 대지면적 2,644제곱미터 이하), 개인사업의 건축물(건축물의 연면적 264제곱미터 및 대지면적 792제곱미터 이하), 소규모 공장(건축물의 연면적 1,322제곱미터 및 대지면적 2,644제곱미터 이하)이다(매장문화재 보호 및 조사에 관한 법률 시행령 제10조〈발굴경비를 지원하는 건설공사의 범위〉, 대통령령 제26458호).

122 지표조사의 경우는 건설공사 시행자와 지표조사 신청자가 동일해야 하며 지원은 1인당 1회이다(문화재청 발굴제도과, 2015.6, 「지표조사 국비지원 업무 매뉴얼」). 그리고 발굴조사의 경우는 건설공사의 시행자와 발굴허가 신청자가 동일해야 하며 같은 건설 목적의 발굴비용 지원은 1인당 1회이며, 건축 목적이 다른 경우에는 이전 발굴조사가 완료된 날로부터 5년이 경과해야 신청할 수 있다. 또한 토지를 임차하여 시행하는 건설공사의 경우 당해 토지소유자도 지원받은 것으로 간주하고 있다(문화재청 발굴제도과, 2014.7.31, 「소규모 발굴조사 국비지원 업무 매뉴얼」).

123 헌법재판소, 2010.10.28, 「2008헌바74」, 구 문화재보호법 제44조 제7항 위헌소원: 2011.7.28, 「2009헌바244」, 문화재보호법 제55조 제1항 등 위헌소원.

개발사업 시행자가 매장문화재 조사비용을 부담하도록 한 관계법률과 헌법재판소의 판결은 무분별한 개발행위로부터 매장문화재를 보호하고, 개발사업으로 인한 매장문화재의 훼손·파괴에 대한 "원인자부담원칙"을 논리로 하고 있다. 그러나 매장문화재조사에 소요되는 모든 비용을 개발사업 시행자에게 일방적으로 부담케 하는 것은 건설공사 중 매장문화재의 훼손·파괴 및 발견 신고의 기피, 매장문화재 보호 정책 및 제도에 대한 부정적인 인식과 여론 형성, 각종 민원 제기 및 개선 요구 등 여러 가지 사회적 문제와 갈등 및 분쟁을 발생시키는 원인이 되고 있다.

그리고 헌법재판소의 판결 과정에서도 "매장문화재 조사비용을 개발사업 시행자에게 전액 부담시키는 것은 합리적인 이유 없이 부당한 재산상 부담을 지워 재산권을 침해하는 것으로 헌법에 위반된다는 점, 매장문화재 보호는 국가의 의무를 이행하기 위한 것으로 조사비용은 국가가 부담함이 마땅하기 때문에 개발사업 시행자에게 부담시킬 이유가 없다는 점, 매장문화재조사 비용을 개발사업 시행자에게 부담시키는 것은 국가가 헌법 제9조에 의한 매장문화재 보호 의무를 다하고 있다고 말할 수 없다는 점"을 이유로 반대한 의견이 있었다는 점을 주목해야 한다[124].

매장문화재 보호는 헌법에서 규정한 국가의 당연한 책무이다. 매장문화재조사를 통해 얻은 성과와 연구결과는 우리나라의 역사와 문화사를 복원하는 기초 및 교육 자료로 활용된다. 출토된 유물은 국가에 귀속되어 박물관이나 전시관을 통해 국민 누구나 관람하고 체험하여 향유할 수 있다. 이러한 점을 고려할 때 최대 수혜자는 국민이다.

따라서 개발사업으로 인한 매장문화재조사에 소요되는 비용 전액을 개발사업 시행자에게 일방적으로 부담케 하기보다는 국가의 매장문화재 조사비용 부담을 강화할 필요가 있다.

국가나 공공기관이 시행하는 개발사업에 따른 매장문화재 지표조사를 제외한 모든 매장문화재 지표조사에 소요되는 비용은 면적이나 지원 횟수 등에 관계없이 전액 국가가 부담해야 한다.

국가가 매장문화재 유존지역을 사전에 파악하여 각종 개발사업이나 형질변경 등으로 인해 훼손되거나 파괴되지 않도록 관리하는 것은 당연하다. 또한 매장문화재 지표조사는 개발사업 시행 이전에 매장문화재의 존재여부를 확인하는 것이기 때문

에 매장문화재 훼손·파괴에 대한 "원인자부담원칙"을 적용하여 개발사업 시행자에게 지표조사 비용을 일방적으로 전액 부담케 하는 것은 부당하며, 논리적으로 타당성과 설득력이 떨어진다.

매장문화재 발굴조사에 소요되는 비용은 국가나 공공기관이 시행하는 개발사업에 따른 매장문화재 발굴조사를 제외하고는 면적이나 지원 횟수 등에 관계없이 개발사업 시행자는 발굴조사에 소요되는 최소한의 직접경비만 부담하도록 해야 한다.

국외 선진국에서도 매장문화재 보호에 대한 국가의 책무 분담이라는 측면을 고려하여 개발사업 시행자에게 매장문화재 발굴조사 비용 전액을 일방적으로 부담시키고 있지 않으며, 국가와 개발사업 시행자의 비용 분담을 병행하고 있다(표 21).

표 21 매장문화재 조사비용 국가 부담 국외 사례

국 가	비용부담 주체	비용부담 범위
그리스	국가 부담	재산권 제약에 대한 국가 지원
덴마크	사업시행자부담 +국가 지원	공공목적 발굴조사 국가 지원
독일	사업시행자 부담+국가 지원	국가 지원 범위 및 여부는 주 정부의 재정 능력에 따라 상이함 -주 정부 전액 지원, 일부 지원 등
미국	사업시행자 부담+연방정부 및 주정부 지원	사업시행자 발굴조사 수행에 있어 합리적인 수준의 경비만 일부 부담
스웨덴	사업시행자 부담+국가 지원	공공목적 발굴조사 국가 지원
영국	사업시행자 부담+국가 지원	중요 유적의 경우 국가 지원
이탈리아	사업시행자 부담+국가 지원	면허 취소 시 기 납부금 정부 상환
일본	비영리-국가 부담 영리-사업시행자 일부 부담	지표·시굴조사 비용 국가 부담 정밀발굴조사 영리사업일 경우 직접경비만 사업시행자 부담
중국	국가 부담	국가예산으로 지원
프랑스	사업시행자 부담+국가 지원	사업시행자 예방고고학 부가세 및 발굴조사 직접경비 부담 직접경비 이외 비용 국가 지원
핀란드	사업시행자 부담+국가 지원	공공목적 발굴조사 국가 지원

※ 자료 : 한국행정연구원, 2009, 『매장문화재 조사 품질평가제도 도입에 관한 연구』; 한국의정연구원, 2009, 『매장문화재 조사관련 발굴공영제 도입 타당성 분석』; 윤광진 외, 2010, 『매장문화재 발굴제도개서에 관한 입법평가』; 인하대학교 산학협력단, 2010, 『주요국 문화재보호법제 수집·번역 및 분석』; 국회 교육문화체육관광위원회, 2013, 「매장문화재 보호 및 조사에 관한 법률 일부개정법률안 검토보고서」; 최민정, 2013, 「북유럽 3개국(덴마크, 스웨덴, 핀란드)의 문화재 정책과 활용」, 『야외고고학』제16호, 한국문화재조사연구기관협회.

Ⅴ. 매장문화재 보호를 위한 정책 개선방안

1. 입법 정책의 형성과 의견제출 처리의 개선

일반적으로 입법 형성과정은 입법정책의 형성과 입법계획의 수립(기획과정), 법률안의 입안과 의견조정·심사(입안과정), 법률안의 심의와 의결·공포(결정과정)의 단계로 구분할 수 있다(그림 7).

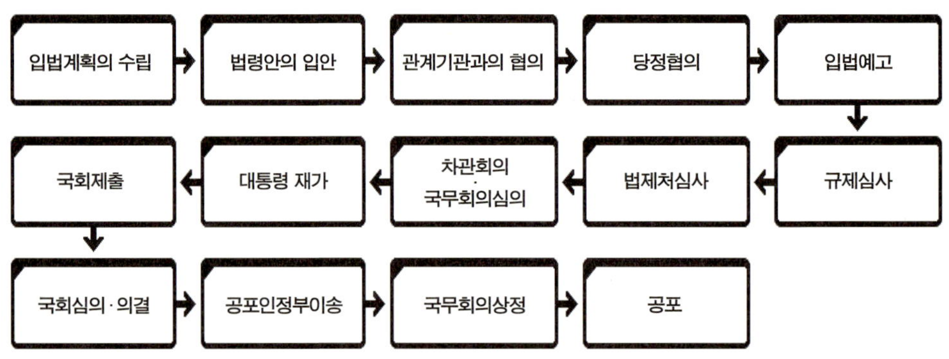

그림 7　정부입법 절차

※ 출처 : 정부입법지원센터(http://www.lawmaking.go.kr).

이러한 법률의 제정 단계 중 기획과정 및 입안과정을 내적 입법과정, 결정과정을 외적 입법과정이라고 한다. 내적 입법과정은 입법의 내용을 어떠한 것으로 하는 것이 타당하며, 입법 목적의 확정·효율성 등을 감안하는 "입법정책론"과 선택된 입법 내용 등을 정밀화·체계화하여 조문으로 표현하는 "입법기술론"을 포괄하는 것이다. 외적 입법과정은 입법의 절차·기구·조직 등 입법의 사실과정에 관한 실증적 연구인 "입법과정론" 내지 "입법기구론"의 영역이라고 할 수 있다[125].

입법 활동의 핵심은 적극적으로는 헌법이념을 실현하고, 소극적으로는 법률이나

125　한국법제연구원, 2006, 『원활한 입법추진을 위한 입법계획제도 발전방안에 관한 연구』, 7쪽.

명령이 헌법과 법률 또는 상위명령에 위반되지 않도록 함으로써 전체 법령체계 간에 조화를 이루며[126], 정부 정책 및 제도의 효율적·안정적 시행에 기여하도록 하는데 있다.

입법 정책을 추진할 때에는 입법의 필요성 및 개정 방향 등에 대해 사전에 관련 정보를 충분히 수집하고 적극적으로 대안을 모색하는 등 정책의 실효성 및 타당성을 높일 수 있도록 해야 한다. 그리고 법령체계의 정합성에도 부합하도록 해야 하며, 주관적·자의적 판단 및 시각으로 입법 방향을 설정하거나 추진해서는 안 된다.

하지만 지금까지의 매장문화재와 관련된 입법 정책을 보면, 매장문화재 보호라는 헌법 및 문화유산헌장의 정신, 매장문화재 보호 및 조사에 관한 법률의 제정 취지와 목적에 부합하거나 국토개발과의 조화를 추구하기 보다는 외부기관의 정책 개선 요구, 개발사업 시행자의 불편·불만 해소 및 편의성 제공, 구제발굴조사 수요 억제 등에 집중하여 주관적·자의적 판단과 근시안적 사고방식으로 입법 정책을 추진하여 왔다.

그 결과, 현재의 상황만을 고려한 미봉책이 되었으며, 급속한 사회적·환경적 변화에 능동적·선제적으로 대응할 수 있는 효율적인 정책 집행과 국민적 공감대 형성에도 실패하였다. 그리고 법령체계의 정합성 및 조문의 명확성 미흡, 하위법령의 사문화, 법령형식에 관한 헌법 원칙 위배, 적용과 해석에 대한 빈번한 갈등과 분쟁의 발생, 현실과의 극심한 괴리현상 등으로 인해 정책의 안정성과 실효성도 지속적으로 저하되고 있다.

이러한 원인은 정책 형성 단계부터 철저한 준비와 검토가 미흡했으며, 주관적·자의적 판단과 근시안적 사고방식으로 입법 정책을 추진했기 때문이다.

법령의 체계성 및 명확성 확보를 통한 질적 수준 향상과 정책 및 제도의 안정성과 실효성을 높일 수 있는 합리적인 정책을 입법하기 위해서는 입법계획 이전, 즉 정책 형성 단계부터 탁상행정이 아닌 이해관계단체나 전문가 등의 의견수렴과 참여, 그리고 현장의 목소리를 반영한 후 입법의 필요성과 개정 방향 등을 철저히 검토·준비하는 과정이 있어야 한다.

입법 형성과정이나 시스템은 다르지만 정책 형성 단계부터 입법의 필요성과 개

126　법제처, 2012, 『앞의 책』, 6쪽.

정 방향 등을 철저하게 검토·준비하는 것은 독일, 영국, 스위스 등 국외 선진국의 사례에서도 확인할 수 있다.

독일은 학계 및 이해관계단체와 함께 법률 초안을 작성한다. 그리고 법률안을 입안하는 단계에서 "전문가 집단 및 단체"의 의견을 수렴하고, 전문가 단체의 의견은 연방정부의 각 부처에 의해서 받아들여진다[127].

영국은 입법준비 단계부터 초안의 법적 체계, 정책적 검토, 입법시기 등을 전문적으로 다루는 각종 기구를 설치하여 입법준비에 만전을 기한다. 정책에 대한 문제의 배경, 논점, 해결책 등을 제시한 입법계획 시안에 대한 의견수렴을 거친 후 정책 실현을 위한 구체적인 내용 및 입법계획을 수립한다[128].

스위스는 법안작성에 앞서 정책 및 과제를 발굴하고, 정책 및 과제를 전체적으로 조망할 수 있는 검토보고서 및 예비안 작성을 위한 작업을 우선적으로 수행한다. 검토보고서는 전문적인 사항에 대해 상설위원회에서 검토하거나 외부전문가로 구성된 연구위원회 등에 의뢰하고, 예비안 작성을 위해 전문가 위원회를 설치하여 운영한다[129].

한편, 행정상 입법예고란 법령의 제정, 개정, 폐지와 관련된 내용을 국민에게 미리 공개하고, 이에 대한 국민의 의견 수렴과 문제점 검토를 통해 제출된 의견을 검토하여 정책·제도 및 계획에 반영여부를 결정하는 것이다. 그 처리결과 및 처리이유 등은 지체 없이 의견 제출자에게 통지하거나 공표하고, 처리결과에 대해서는 인터넷에 게시하는 등의 방법으로 널리 알리도록 하고 있다. 예고된 법령안에 대해서는 누구든지 의견을 제출할 수 있으며, 법령안 주관기관의 장은 제출된 의견에 대해 신중히 검토하여 그 타당성이 인정될 경우 이를 최대한 반영하도록 하되, 특정 개인이나 단체의 이해관계에 치중되지 않도록 해야 한다.

행정절차법(법률 제12923호)에 따르면 의견을 제출한 자에 대해서는 그 처리결과와 처리 사유 등을 통지해야 한다[130]. 행정절차법 시행령(대통령령 제25751호)에

---

127 한국입법학회, 2013, 『입법예고 제도의 운영실태 및 실효성 제고방안 연구』, 23~24쪽.

128 한국법제연구원, 2006, 『앞의 보고서』, 72~76쪽.

129 한국법제연구원, 2006, 『앞의 보고서』, 80~84쪽, 91~92쪽.

130 제44조(의견제출 및 처리) ① 누구든지 예고된 입법안에 대하여 의견을 제출할 수 있다.

서는 제출된 의견을 검토하여 정책·제도 및 계획에 반영여부를 결정하고, 그 처리결과 및 처리이유 등을 지체 없이 의견 제출자에게 통지하거나 공표해야 하며, 처리결과에 대해서는 인터넷에 게시하는 등의 방법으로 널리 알리도록 하고 있다[131].

법제업무 운영규정(대통령령 제26599호)에 의하면, 제출된 의견 가운데 중요사항에 대해서는 그 처리결과를 법률안 또는 대통령령안의 경우에는 국무회의 상정안에 첨부하며, 총리령안 또는 부령안의 경우에는 법제처장에게 제출하여야 한다[132].

하지만 지금까지의 매장문화재 관계법령의 입법예고에 대한 처리결과를 보면, 개인이나 단체 등이 어떠한 의견을 제출했는지, 그 의견이 검토 및 반영되었는지, 국무회의 상정안에 첨부되거나 법제처장에게 제출되었는지 등을 전혀 알 수 없다. 의견을 제출한 개인 또는 기관에도 처리결과 및 처리이유 등을 통지하거나 공표하지 않아 제출한 의견이 타당한지 어떠한 문제가 있는지, 정책·제도 및 계획에 반영되었는지 등을 전혀 알 수 없는 상황이다. 결국 법령이 공포되어야 자신이 제출한 의견의 반영여부를 확인할 수 있으며, 대부분 입법안대로 법령이 공포되는 것이 현실이다.

---

② 행정청은 의견접수기관, 의견제출기간, 그 밖에 필요한 사항을 해당 입법안을 예고할 때 함께 공고하여야 한다.
③ 행정청은 해당 입법안에 대한 의견이 제출된 경우 특별한 사유가 없으면 이를 존중하여 처리하여야 한다.
④ 행정청은 의견을 제출한 자에게 그 제출된 의견의 처리결과를 통지하여야 한다.
⑤ 제출된 의견의 처리방법 및 처리결과의 통지에 관하여는 대통령령으로 정한다.

131　제24조의4(행정예고에 따른 제출의견의 처리) ① 행정청은 행정예고 결과 제출된 의견을 검토하여 정책·제도 및 계획에의 반영여부를 결정하고, 그 처리결과 및 처리이유 등을 지체 없이 의견제출자에게 통지하거나 공표하여야 한다.
② 제1항의 규정에 의한 처리결과에 대하여는 특별한 사정이 없는 한 인터넷에 게시하는 등의 방법으로 널리 알려야 한다.
③ 행정예고된 내용이 국무회의의 심의사항인 경우 행정예고를 한 행정청의 장은 제출된 의견을 내용별로 분석하여 국무회의 상정안에 첨부하여야 한다.

132　제18조(제출의견의 처리) ① 법령안 주관기관의 장은 입법예고 결과 제출된 의견(전자문서를 활용하여 제출된 의견을 포함한다)을 검토하여 법령안에의 반영 여부를 결정하고, 그 처리 결과 및 처리 이유 등을 지체 없이 의견제출자에게 통지하여야 한다.
② 법령안 주관기관의 장은 입법예고 결과 제출된 의견 중 중요한 사항에 대해서는 그 처리 결과를 법률안 또는 대통령령안의 경우에는 국무회의 상정안에 첨부하고, 총리령안 또는 부령안의 경우에는 법제처장에게 제출하여야 한다.

이러한 현실과 행정 처리는 행정의 공정성·투명성·신뢰성 확보와 정책 및 제도의 발전을 저하시키고, 정책 및 제도에 대한 지속적인 불신과 불평·불만, 그리고 갈등을 증폭시키는 원인이 되고 있다.

입법예고한 매장문화재 관계법령에 대해 제출된 다양한 의견을 투명하고 합리적으로 처리하는 행정은 국가의 정책과 입법에 대한 신뢰도를 높이는 동시에 입법의 주체인 국가의 신뢰감을 조성하는데 큰 역할을 한다. 그리고 입법의 효율성과 정책 및 제도의 발전에도 상당한 기여를 한다는 점을 분명히 인식해야 한다.

국가의 매장문화재 정책 및 제도에 대한 국민의 관심 유도와 공감대 형성, 합리적인 정책 형성과 발전, 정책 결정과 실행과정의 정당성 제고 등에 기여하기 위해서는 입법예고한 매장문화재 관계법령에 대해 제출한 의견의 처리결과 및 처리이유 등을 의견 제출자에게 반드시 통지하거나 공표해야 한다. 또한 처리결과를 문화재청 누리집에 게재하는 등 국민이 그 결과를 널리 알 수 있도록 해야 한다. 이는 국민의 알권리를 충족 및 보장시키는 동시에 행정절차법과 법제업무 운영규정에도 부합하는 것이다[133].

2. 정책 결정의 신중성과 전문성 강화

우리나라의 최고 상위법인 대한민국헌법은 전문과 제9조 및 제69조에 우리나라가 문화국가이며, 문화유산 보호를 국가의 당연한 책무로 규정하고 있다.

문화유산헌장과 매장문화재 보호 및 조사에 관한 법률은 무분별한 개발로부터

---

[133] 행정절차법(법률 제12923호, 2014.12.30, 일부개정).
- 제1조(목적) 이 법은 행정절차에 관한 공통적인 사항을 규정하여 국민의 행정 참여를 도모함으로써 행정의 공정성·투명성 및 신뢰성을 확보하고 국민의 권익을 보호함을 목적으로 한다.
법제업무 운영규정(대통령령 제26599호, 2015.10.20, 일부개정)
- 제1조(목적) 이 영은 법령의 제정·개정 또는 폐지 등 정부입법활동과 그 밖의 정부의 법제업무에 관하여 필요한 사항을 규정함으로써 국민이 입법에 참여할 기회를 확대하고 법령의 실효성을 높여 국가정책의 효율적인 수행을 도모하며 나아가 국민의 권익을 증진하는 데에 이바지함을 목적으로 한다.

파괴·훼손되지 않도록 매장문화재를 보호하고 원형을 유지하는 것을 기본원칙으로 하고 있다. 그리고 지금 세대는 매장문화재를 임의대로 처분할 수 있는 소유자가 아니라 우리 후손에게 온전하게 물려주어야 할 책임과 의무가 있는 선량한 관리자일 뿐이다.

하지만 지금까지의 매장문화재 보호 정책과 제도는 매장문화재의 효율적인 보호·보존 및 관리, 홍보, 국토개발과의 조화를 추구하기 보다는 원활한 개발사업 추진과 매장문화재조사 수요 억제 등에 초점이 맞추어져 왔다. 그 대표적인 사례가 매장문화재 조사기간 단축, 조사비용 절감, 매장문화재 조사인력의 자격기준 완화, 조사 범위 및 대상 확대 방지 등을 목적으로 한 발굴조사 실시기준과 문화재 지표조사 대상 축소 등이다.

매장문화재는 일반적으로 땅속이나 물속에 묻혀 있기 때문에 첨단과학 장비로도 정확한 예측이나 판단이 불가능하고, 한번 파괴되거나 잃어버리면 다시는 원형을 회복할 수 없는 특징이 있다.

매장문화재조사는 단순히 유적을 찾거나 발굴하고 유물을 수습하는 차원이 아니라 그 결과에 대한 분석과 연구를 통해 우리나라의 역사와 문화사 복원에 기여해야 최종적으로 완성되는 것이다. 이러한 특성으로 인해 매장문화재조사를 담당하는 전문인력은 고도의 전문지식과 학술적인 능력을 기본적으로 갖추어야 하는 것이다. 이러한 사실은 매장문화재 조사인력에 대한 직무분석 결과를 통해서도 알 수 있다[134].

그러나 현재의 매장문화재 조사인력 자격기준은 학술적인 능력을 완전히 배제하고[135], 단순히 매장문화재조사에 참여한 일수, 즉 경력만을 인정하고 있다. 이는 우리나라의 역사와 문화사 복원에 기여할 수 있는 우수한 전문인력 양성에 기여하기 보다는 단순히 매장문화재를 조사할 수 있는 기능자만을 양산하고 있는 것이다. 또한 매장문화재를 보호할 수 있는 기초조사로서 가장 중요하며 향후 발굴조사 여부판단에 중요한 영향을 미치는 지표조사의 조사인력 자격기준이 발굴조사의 조사인력 자격기준보다 엄격하지 못한 결과도 초래했다.

134 　한국직업능력개발원, 2011, 『앞의 보고서』, 125~147쪽.

135 　매장문화재 조사인력 자격기준은 매장문화재 보호 및 조사에 관한 법률 시행규칙 제14조(조사기관의 종류 및 등록기준 등)에 의한 조사요원별 자격기준을 말함(문화체육관광부령 제217호, 2015.8.26, 일부개정).

매장문화재 보호는 국가의 당연한 책무로 매장문화재 보호 및 조사에 관한 법률은 매장문화재의 원형유지 및 발굴금지를 원칙으로 하고 있다. 다만, 이 시대를 살아가는 우리의 경제·사회 발전을 위해 개발 또한 피할 수 없는 것이 현실이기 때문에 부득이 한 경우에 한하여 매장문화재를 발굴할 수 있도록 하는 것이다.

국토개발로 인해 부득이 매장문화재를 발굴할 경우에는 모든 유적을 철저히 조사하고 기록하는 것이 기본이며, 그 성과 및 연구 결과를 우리 후손들에게 물려주어야 할 책임이 있다. 그러나 발굴조사 실시기준에 의하면[136], 발굴조사를 실시하지 않거나 일부 유구만을 선별하여 발굴조사를 실시할 수밖에 없다[137]. 이는 헌법 및 문화유산헌장의 정신, 매장문화재 보호 및 조사에 관한 법률의 제정 취지와 목적을 무색케 하는 것으로 매장문화재 보호에 대한 국가의 책무를 이행하지 않는 것이다.

매장문화재 지표조사는 저비용 및 효과적으로 매장문화재를 보호할 수 있는 합리적인 정책이다. 하지만, 지표조사 대상을 단순히 개발사업 면적만을 고려하여 판단하고[138], 경제성장 및 개발정책에 맞춰 임기응변식으로 규정함으로써 의무면적 이

---

136 발굴조사 실시기준은 발굴조사의 방법 및 절차 등에 관한 규정 제4조(발굴조사 실시기준)에 따른 별표 1을 말함(문화재청 고시 제2014-36호).

137 발굴조사 실시기준의 문제점은 발굴조사 실시기준 보완을 위한 학술연구 보고서(한국고고학회, 2013)와 이명박 정권 매장문화재 정책의 문제점(권오영, 2012)에 잘 정리되어 있다.

138 매장문화재 보호 및 조사에 관한 법률 시행령(대통령령 제26774호, 2015.12.30, 타법개정).
  - 제4조(지표조사의 대상 사업 등) ① 법 제6조제1항에서 "대통령령으로 정하는 건설공사"란 다음 각 호의 어느 하나에 해당하는 건설공사를 말한다. 이 경우 동일한 목적으로 분할하여 연차적으로 개발하거나 연접하여 개발함으로써 사업의 전체 면적이 제1호 또는 제2호에서 정하는 규모 이상인 건설공사를 포함한다.
    1. 토지에서 시행하는 건설공사로서 사업 면적(매장문화재 유존지역, 제2항제1호 및 같은 항 제2호에 따른 지역의 면적은 제외한다. 이하 이 조에서 같다)이 3만제곱미터 이상인 경우
    2. 「내수면어업법」 제2조제1호에 따른 내수면에서 시행하는 건설공사로서 사업 면적 이 3만제곱미터 이상인 경우. 다만, 내수면에서 이루어지는 골재 채취 사업의 경우에는 사업 면적이 15만제곱미터 이상인 경우로 한다.
    3. 「연안관리법」 제2조제1호에 따른 연안에서 시행하는 건설공사로서 사업 면적이 3만제곱미터 이상인 경우. 다만, 연안에서 이루어지는 골재 채취 사업의 경우에는 사업 면적이 15만제곱미터 이상인 경우로 한다.
    4. 제1호부터 제3호까지의 규정에서 정한 사업 면적 미만이면서 다음 각 목의 어느 하나

하의 개발사업에 대한 매장문화재 보호는 무방비 상태에 있다고 할 수 있다.

매장문화재 관련 정책 결정이나 행정적 판단은 무엇보다 신중해야 한다. 한번 결정된 정책을 원상태로 복귀하거나 완화된 정책을 다시 강화시키는 것은 현실적으로 많은 어려움이 있거나 거의 불가능하기 때문이다. 또한 현재의 상황만을 고려한 미봉책이 되거나 국토개발을 위한 방패로 이용되어서도 안 된다. 헌법 및 문화유산헌장의 정신, 매장문화재 보호 및 조사에 관한 법률의 제정 취지와 목적에 맞게 매장문화재의 보호·보존이라는 기본원칙에 충실해야 한다. 정책결정 및 행정집행 이전에 일정 지역이나 기간을 정하여 시범적으로 운영하고, 그 결과에 대한 분석과 의견수렴 등을 통해 정책의 완성도와 안정성을 높일 수 있도록 해야 한다.

한편, 우리나라의 매장문화재조사는 국토개발에 따른 구제발굴조사가 중심을 이루고 있어 국토개발과 밀접한 관련이 있다. 매장문화재조사에 소요되는 비용은 개발사업 시행자가 전액 부담하고 있으며, 국가의 역할을 대행하여 민간 조사기관이 사적계약을 통해 매장문화재조사를 담당하고 있다. 이러한 현실을 고려할 때 매장문화재 관련 정책의 결정이나 행정적 판단을 위해서는 국토개발 관계법령, 계약·회계 관계법령, 노동 관계법령 등에 대한 전문성과 지식을 갖추고 있어야 한다.

즉 매장문화재 보호와 국토개발이 조화를 이룰 수 있는 정책을 추진하기 위해서는 기본적으로 국토기본법, 건축법, 도시개발법, 건설산업기본법 등 각종 국토개발 관련 법령이나 행정에 대한 전문지식이 있어야 한다. 이러한 전문지식은 매장문화재 보호와 개발 사이의 갈등, 국토개발 관계 법령의 개정, 개발부처와의 행정 갈등이 발생할 경우 효율적인 대처나 실효성 있는 매장문화재 보호 행정에 크게 기여할 수 있다.

매장문화재조사는 개발사업 시행자가 비용을 부담하기 때문에 단순히 대가를 받고 용역만 수행하는 것이라고 일반적으로 생각할 수 있다. 하지만 매장문화재조사

에 해당하는 건설공사로서 지방자치단체의 장이 법 제6조제1항에 따른 매장문화재 지표조사(이하 "지표조사"라 한다)가 필요하다고 인정하는 경우

　가. 과거에 매장문화재가 출토되었거나 발견된 지역에서 시행되는 건설공사

　나. 역사서, 고증된 기록 또는 관련 학계의 연구결과 등에 따르는 경우 문화재가 매장되어 있을 가능성이 높은 지역에서 시행되는 건설공사

　다. 가목 또는 나목에 준하는 지역으로서 지방자치단체의 조례로 정하는 구역에서 시행되는 건설공사

용역의 수행에는 계약·회계 관계법령, 근로기준법·최저임금법·국민건강보험법 등 각종 노무·노동 관계법령, 산업재해 예방 및 근로자의 안전 등을 위한 산업안전보건법, 법인세법 등 다양한 법률의 적용을 받는다. 국가를 대신하여 매장문화재조사라는 공익적 활동을 하고 있는 민간 조사기관을 효율적으로 관리·감독하고, 합리적인 매장문화재 정책 수립과 결정 및 행정적 판단을 하기 위해서는 이러한 분야에 대한 전문지식이 있어야 한다. 그리고 업무담당자의 전문성과 역량 강화를 위해서는 일정 시간 직무교육을 반드시 이수하도록 해야 한다.

한편 매장문화재 정책 및 제도의 발전과 전문성 강화를 위해서는 여러 정부부처에서 시행하고 있는 것처럼 경력과 자격증을 갖춘 법률전문가를 채용하는 방안도 검토할 필요가 있다. 그리고 정책의 투명성과 책임성을 높이기 위해서는 "정책실명제"[139]와 "사후평가 제도"를 도입하여 책임 소재를 분명히 해야 하며, 관련 내용 및 정보를 상세하게 누리집에 게재하여 국민 누구나 알 수 있도록 해야 한다.

3. 매장문화재 부담금 신설과 분쟁조정위원회 설치

우리나라는 "원인자부담원칙"에 따라 각종 개발사업에 따른 매장문화재 조사와 관련된 모든 비용(조사비용, 자연과학분석 및 보존처리 비용, 보고서 발간 비용, 국가귀속 처리 비용 등)과 현지보존, 이전보존, 전시관 건립 등 다양한 보존조치 명령의 이행에 소요되는 비용을 개발사업 시행자가 일방적으로 전액 부담하고 있다.

이로 인해 개발사업 시행자는 매장문화재 조사비용 부담과 개발사업의 차질 등을 우려하여 매장문화재의 훼손·파괴 및 발견 사실을 숨기거나 신고를 기피한다. 또한 개발사업 지연이나 금융손실 비용 발생, 건설사 파산의 모든 원인을 매장문화재 보호 정책 및 제도 탓으로 돌리는 등 부정적인 여론을 형성하고 사회적 문제로 이슈화시키고 있으며, 제도 개선을 지속적으로 요구하고 있다.

---

139 정책실명제란 "정책의 투명성과 책임성을 높이기 위하여 행정기관에서 소관 업무와 관련하여 수립·시행하는 주요 정책의 결정 및 집행 과정에 참여하는 관련자의 실명과 의견을 기록·관리하는 제도"를 말한다(행정업무의 효율적 운영에 관한 규정, 대통령령 제26456호, 2015.8.3, 일부개정).

국민은 매장문화재 보호·보존 및 사적지 지정 등으로 인한 사유재산권 침해 문제, 매장문화재 유존지역의 국가 매입 요구 및 불만 등을 끊임없이 제기하고 있다. 또한 매장문화재 보호 정책 및 제도를 국토의 효율적인 개발을 막는 악법이자 개발의 걸림돌, 죽은 자가 산 자를 죽인다는 등 부정적으로 인식하고 있다.

국가는 국민과 개발사업 시행자의 불만과 개선 요구사항, 매장문화재 보존조치에 따른 유적 관리 및 비용 문제, 매장문화재 보호 정책과 제도에 대한 국민과 사회의 부정적인 인식 및 여론 등 현실적으로 제기되고 있는 다양한 문제와 갈등을 잘 알고 있다. 하지만 이러한 문제를 해결하기 위해 소요되는 모든 비용을 국가가 부담하는 것은 우리나라의 현실적인 재정 여건을 고려할 때 거의 불가능하다.

따라서 현실에서 제기되고 있는 다양한 문제와 사회적 갈등을 해결하고, 매장문화재 보호의 중요성과 가치에 대한 홍보, 매장문화재조사 등에 소요되는 재원을 확보하기 위해서는 매장문화재 부담금 제도를 도입하고, 이에 필요한 법적 근거를 마련하는 등 제도를 정비해야 한다.

부담금은 중앙행정기관의 장, 지방자치단체의 장, 행정권한을 위탁받은 공공단체 또는 법인의 장 등 법률에 따라 금전적 부담의 부과권한을 부여받은 자가 분담금, 부과금, 기여금, 그 밖의 명칭에도 불구하고 재화 또는 용역의 제공과 관계없이 특정 공익사업과 관련하여 법률에서 정하는 바에 따라 부과하는 조세 외의 금전지급 의무를 말한다[140].

이와 비슷하게 금전지급의무가 부과되는 것으로는 부담금 외에 수수료와 과징금 등이 있는데, 수수료는 국가 등이 제공하는 서비스에 대한 반대급부로서 부과되며, 과징금은 의무이행 확보 및 의무위반에 대한 처벌을 목적으로 부과된다는 점에서 부담금과 구별된다[141].

부담금 제도는 우리나라의 여러 정부부처에서 운영하고 있는데, 2013년 기준으로 96개의 부담금 제도가 있다[142].

---

140 부담금관리 기본법(법률 제13623호, 2015.12.29. 일부개정, 시행 2016.3.30) 제2조(정의).

141 국회예산정책처, 2010,『조세법률주의 위반 사례 및 개선방향-부담금의 법적 근거 및 조세법률의 개정과정을 중심으로-』, 6쪽.

142 기획재정부, 2014.5,『2013년도 부담금운용종합보고서』, 21쪽.

소관부처별로 보면, 환경부가 23개, 국토교통부가 19개, 산업통산자원부가 9개, 금융위원회가 8개, 농림축산식품부·문화체육관광부·해양수산부가 각각 7개, 기획재정부·미래창조과학부·외교부·고용노동부·산림청이 각각 2개, 교육부·안전행정부·보건복지부·중소기업청·식품의약품안전처·원자력안전위원회가 각각 1개의 부담금을 운용하고 있다(그림 8).

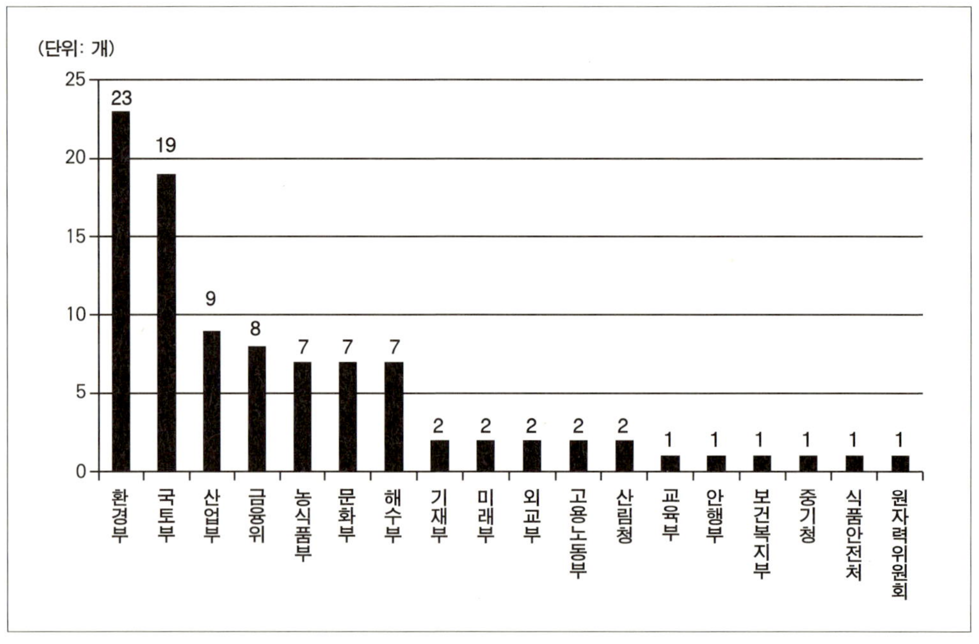

그림 8 　정부부처별 부담금 제도 운영 현황

※ 자료 : 기획재정부, 2014, 『2013년도 부담금운용종합보고서』.

이처럼 우리나라의 여러 정부부처는 관련 분야의 정책 및 제도의 목적 달성을 위한 공공서비스 제공이나 바람직한 행위의 유도를 위해 부담금 제도를 도입 및 활용하여 재원을 확보하고 있음을 알 수 있다[143].

그리고 미국, 일본, 영국, 프랑스 등 국외 선진국에서도 자국의 문화유산 보호에 필요한 재원을 확보하기 위해 다양한 형태의 기금을 조성하여 운용하고 있는데, 그

---

[143]　정부부처별 부담금 현황에 대한 세부 내용은 부록 18 참조. 부록 18은 2013년도 부담금운용종합보고서(기획재정부, 2014.5) 879쪽을 인용한 것임.

중에서도 프랑스의 사례는 우리가 주목할 필요가 있다.

프랑스는 문화유산법전에 "표면적 3,000㎡ 이상 토지에서 공사를 계획하는 공인 혹은 개인은 예방 고고학 부과세를 납부한다.", "예방 고고학 부과세 금액은 1㎡당 0.32유로이고, 이 금액은 건축 가격 지수에 따라 연동된다"라고 규정하고 있다[144]. 또한 개발사업을 계획 및 시행하고자 하는 개인 및 단체는 반드시 예방 고고학 부과세를 납부하도록 하고 있다.

개발사업 시행자가 납부한 예방 고고학 부과세는 매장문화재조사를 위한 비용으로 사용되기 때문에 개발사업 시행자는 예방고고학 부과세와 매장문화재조사에 실제 소요되는 직접경비만 부담하면 된다. 이러한 프랑스의 제도는 매장문화재조사에 따른 개발사업 시행자의 비용부담을 완화하는 효과가 있다.

한편, 우리나라는 각종 개발사업에 따른 매장문화재조사에 소요되는 비용을 개발사업 시행자가 전액 부담하며, 매장문화재조사는 사적계약을 통해 민간 조사기관이 대부분 위탁수행하고 있다. 이로 인해 매장문화재조사의 가치와 중요성에 대한 인식이 부족하고 품질에 관심이 없는 개발사업 시행자는 개발사업 지연을 우려하여 무리한 조사기간 단축을 강요하거나 요구하고 있다. 또한 매장문화재조사의 전문성과 객관성을 불신하는 등 개발사업 시행자와 조사기관 사이의 갈등과 분쟁이 확대·재생되는 악순환구조가 반복되고 있다. 사적계약에 의한 과당경쟁 및 저가수주로 인하여 갑을관계가 심화되고 있으며, 조사기관 선정 및 조사비용 결정의 주도권을 가진 개발사업 시행자가 조사기관을 협박 또는 회유하여 매장문화재의 훼손·파괴 및 부실·부정 조사를 유도하는 등 매장문화재조사의 품질 저하 및 부정·부실조사에 대한 우려의 목소리가 높아지고 있다.

그러나 국가는 매장문화재조사를 사적계약에 의한 용역으로 간주하여 개발사업 시행자와 조사기관 사이의 갈등이나 분쟁, 과당경쟁 및 저가수주, 매장문화재조사의 품질 저하, 조사비용 산정기준(매장문화재 조사용역 대가의 기준)의 미준수 등에 대해서는 적극적인 대처나 해결 방안을 제시하기 위해 노력하기 보다는 소극적인 자세와 입장으로 일관하고 있다.

---

144 제5권(고고학적 제문제) 제2편(예방고고학) 제4장(예방고고학의 자금조달) 법 524-2조 및 법 524-7조(인하대학교 산학협력단, 2010, 『앞의 보고서』, 534~534쪽).

국가는 매장문화재조사를 통해 얻은 성과와 연구결과가 우리나라의 역사와 문화사를 복원하는 기초이자 교육 자료로 활용되고, 출토된 유물은 국가에 귀속되어 박물관이나 전시관에서 국민이 관람 및 체험을 통해 향유한다는 점에서 최대 수혜자가 국민이라는 점을 분명히 인식해야 한다. 그리고 조사기관은 개발사업 시행자로부터 위탁받아 국가를 대신하여 공익적 활동인 매장문화재조사를 담당하고 있다는 사실, 매장문화재 보호는 헌법에서 규정하고 있는 국가의 당연한 책무라는 점을 고려할 때 국가는 매장문화재조사의 공공성·투명성 강화와 품질 향상 등을 위한 공적 역할을 적극적으로 수행해야 한다는 점을 간과해서는 안 된다.

일본, 영국, 프랑스 등 국외 선진국에서는 개발사업에 따른 매장문화재 조사에 국가가 정책적으로 적극 개입하여 품질 향상에 노력하고 있다[145]. 특히 영국에서는 정부의 승인을 받아 고고학자와 사업시행자 사이의 분쟁조정을 담당하는 "The British Archaeologist and Developers Liaison Group"이 있다는 사실을 주목할 필요가 있다[146]. 그리고 우리나라의 여러 정부부처에서도 관련 분야에서 발생하는 다양한 갈등과 분쟁을 적극 조정하고 해결하기 위해 다양한 분쟁조정위원회를 법제화하여 설치·운영하고 있다(표 22).

매장문화재조사에 따른 개발사업 시행자와 조사기관 사이의 갈등과 분쟁 조정, 매장문화재조사의 공공성·투명성 및 전문성·객관성 제고, 그리고 신뢰성 증진 등을 위해서는 분쟁조정위원회를 설치하고 법제화하는 방안을 적극 검토하고 추진해야 한다.

표 22　국내 타법률 분쟁조정위원회 설치 사례

법 률	조 항
건설산업기본법 (법률 제12580호, 2014.5.14.)	제69조(건설분쟁 조정위원회의 설치) ① 건설업 및 건설용역업에 관한 분쟁을 조정하기 위하여 국토교통부장관 소속으로 건설분쟁 조정위원회(이하 "위원회"라 한다)를 둔다.

145　한국행정연구원, 2009, 『앞의 보고서』, 56~57쪽; 한국산업개발연구원, 2014a, 『앞의 보고서』, 67쪽.

146　연세대학교 산학협력단, 2007, 『매장문화재 제도개선 방안 연구』, 22쪽.

법 률	조 항
여객자동차 운수사업법 (법률 제12377호, 2014.1.28.)	제70조(공제분쟁조정위원회) ① 다음 각 호의 조합 등과, 자동차사고 피해자나 그 밖의 이해관계인 사이에 발생하는 분쟁을 조정(調停)하기 위하여 국토교통부에 공제분쟁조정위원회(이하 "위원회"라 한다)를 설치한다.
환경분쟁 조정법 (법률 제11267호, 2012.2.1.)	제4조(환경분쟁조정위원회의 설치) 제5조에 따른 사무를 관장하기 위하여 환경부에 중앙환경분쟁조정위원회(이하 "중앙조정위원회"라 한다)를 설치하고, 특별시·광역시·도 또는 특별자치도(이하 "시·도"라 한다)에 지방환경분쟁조정위원회(이하 "지방조정위원회"라 한다)를 설치한다.
주택법 (법률 제12115호, 2013.12.24.)	제46조의2(하자심사·분쟁조정위원회 설치) ① 제46조에 따른 담보책임 및 하자보수 등과 관련한 제2항의 사무를 심사·조정(이하 "조정등"이라 한다) 및 관장하기 위하여 국토교통부에 하자심사·분쟁조정위원회(이하 "위원회"라 한다)를 둔다.
전자문서 및 전자거래 기본법 (법률 제12875호, 2014.12.30.)	제32조(전자문서·전자거래분쟁조정위원회의 설치 및 구성 등) ① 전자문서 및 전자거래에 관한 분쟁을 조정하기 위하여 전자문서·전자거래분쟁조정위원회(이하 이 장에서 "위원회"라 한다)를 둔다.
콘텐츠산업 진흥법 (법률 제12844호, 2014.11.19.)	제29조(분쟁조정위원회의 설치) ① 콘텐츠사업자 간, 콘텐츠사업자와 이용자 간, 이용자와 이용자 간의 콘텐츠 거래 또는 이용에 관한 분쟁을 조정(調停)하기 위하여 콘텐츠분쟁조정위원회(이하 "조정위원회"라 한다)를 둔다. 다만, 저작권과 관련한 분쟁은「저작권법」에 따르며, 방송통신과 관련된 분쟁 중「방송법」제35조의3에 따른 분쟁조정의 대상이 되거나「전기통신사업법」제45조에 따른 재정의 대상이 되는 분쟁은 각각 해당 법률의 규정에 따른다.
개인정보 보호법 (법률 제12844호, 2014.11.19.)	제40조(설치 및 구성) ① 개인정보에 관한 분쟁의 조정(調停)을 위하여 개인정보분쟁조정위원회(이하 "분쟁조정위원회"라 한다)를 둔다.
인터넷주소자원에 관한 법률 (법률 제11690호, 2013.3.23.)	제16조(인터넷주소분쟁조정위원회의 설치 및 구성) ① 인터넷주소의 등록과 사용에 관한 분쟁(이하 "분쟁"이라 한다)을 조정하기 위하여 인터넷주소분쟁조정위원회(이하 "분쟁조정위원회"라 한다)를 둔다.

법 률	조 항
공공데이터의 제공 및 이용 활성화에 관한 법률 (법률 제12844호, 2014.11.19.)	제29조(공공데이터제공분쟁조정위원회의 설치 및 구성) ① 공공기관의 공공데이터 제공거부 및 제공중단에 관한 분쟁조정을 하게 하기 위하여 행정자치부장관 소속으로 공공데이터제공분쟁조정위원회(이하 "분쟁조정위원회"라 한다)를 둔다.
산업기술의 유출방지 및 보호에 관한 법률 (법률 제13083호, 2015.1.28.)	제23조(산업기술분쟁조정위원회) ① 산업기술의 유출에 대한 분쟁을 신속하게 조정하기 위하여 산업통상자원부장관 소속하에 산업기술분쟁조정위원회(이하 "조정위원회"라 한다)를 둔다

4. 매장문화재의 활용

지금까지 매장문화재는 무분별한 개발로부터 보호·보존하여 우리 후손에게 물려주어야 할 소중한 문화유산이자 우리나라의 역사와 문화사 복원에 단초를 제공하는 중요한 자료라는 점을 주로 강조하여 왔다.

매장문화재 관련 정책 및 제도 개선은 매장문화재조사로 인한 민원 감소, 사업시행자의 편의성 제고와 불만 해소, 개발사업의 원활한 추진, 매장문화재조사 수요 억제 등 경제성장과 개발정책에 맞추어 추진해 왔다. 반면에 매장문화재의 활용을 통한 경제적 효용성과 지역자원으로서 새로운 가치를 효과적으로 창출할 수 있다는 인식과 접근, 그리고 정책은 미흡했다.

현재 국민의 의식수준과 삶의 질이 높아짐에 따라 다양한 문화향유를 위한 사회적 요구가 증가함에 따라 문화유산을 다양하게 체험하고 활용하려는 움직임이 나타나고 있으며, 문화유산의 적극적인 활용이 사회적으로 요구되고 있다[147]. 또한 과거에는 매장문화재가 단순히 역사적·학술적 자료로만 인용되었다면, 최근에는 보호·보존 및 활용을 통한 지역주민의 문화적 인식 투영, 소통과 휴식 공간으로서의 역할이 중요해지고 있다[148].

---

147   문화재청, 2007, 『문화재 활용 가이드 북』, 13쪽.

148   신희권, 2014, 「고고유적 활용 방안 연구」, 『야외고고학』제19호, 290쪽, 한국문화재조사연구기관협회.

　이러한 사회적·환경적 변화를 고려할 때 국가는 국민의 문화유산 향유에 대한 욕구와 기대치 및 사회적 요구에 부합할 수 있는 문화적 환경을 제공하고, 매장문화재를 다양하게 활용할 수 있는 정책을 개발 및 수립하여 집행해야 한다. 그리고 앞으로의 매장문화재 정책은 매장문화재의 보호·보존 및 관리와 함께 활용이라는 측면이 크게 부각되고, 사회적으로도 이슈화될 것이라는 점을 간과해서는 안 된다.

　따라서 국민이 생활 속에서 자연스럽게 매장문화재를 만나고 향유하며(그림 9), 국민의 문화적 향수 요구에 대한 기대치를 충족시킬 수 있는 매장문화재 활용 정책이 필요하다는 점에서 몇 가지 방향을 제시하면 다음과 같다.

대전광역시 지하철 대전역

광주광역시 지하철 상무역 및 남광주역

대구광역시 지하철 만촌역

그림 9　지하철 역사를 활용한 매장문화재 홍보 사진전

첫 번째는 "교육 자료 및 공간으로의 활용"이다.

현재 우리나라는 국토개발에 따라 전국적으로 많은 매장문화재 발굴조사가 이루지고 있다. 하지만 발굴조사가 완료되면 대부분의 유적과 유구는 각종 개발사업을 위해 모두 파괴하고 없애버려 일반국민은 그 존재조차 알지 못한다. 단지, 박물관에 전시된 유물을 관람하거나 이전보존 조치된 일부 유구 몇 개만 볼 수 있다.

각종 개발사업으로 인해 발굴조사된 유적이 파괴되고 영원히 사라져 버리기 전에 일반국민과 지역주민에게 공개하고, 학생들의 교육 및 체험 프로그램 등과의 연계를 통해 교과서의 한계를 보완할 수 있는 교육 자료로 적극 활용해야 한다(그림 10).

그림 10   매장문화재 발굴조사 성과 및 현장 공개

　　발굴현장 공개와 교육 자료로의 활용은 국민에게 매장문화재의 역사적·학술적 가치를 체험할 수 있는 기회를 제공한다. 또한 매장문화재 보호 정책에 대한 부정적인 인식을 개선하고, 매장문화재 보호와 조사의 가치 및 중요성을 인식하는데도 크게 기여할 수 있다(그림 11).

그림 11　어린이 및 청소년 고고학 체험교실

　　매장문화재와 발굴현장을 교육 자료 및 공간으로 활용하는 사례는 일본이나 영국 등 국외 선진국의 사례에서도 찾아 볼 수 있다.

　　일본은 "출장고고학 교실"을 운영하고 있다. 출장고고학 교실은 학교의 요청에 의해 매장문화재센터 학예사를 강사로 파견하고, 매장문화재센터가 보관하고 있는 유물을 활용한 강의, 체험학습 등을 통해 수업을 진행한다. 이 프로그램의 목적은 실제 교재와 체험을 통해 학생들이 자기 지역의 역사를 보다 친근하게 느끼고, 지역에 대한 애착을 기르는 동시에 문화유산의 소중함을 인식하도록 하는데 있다. 주로 초·중·고등학교 학생을 대상으로 하며, 소요되는 경비는 지방정부가 직접 부담하고 있다[149].

영국은 "잉글리쉬헤리티지English Heritage"에서 문화유산 교육을 위해 5년 단위로 전략계획을 수립하고, 역사문화자원의 이해·보존·관리 및 활용을 위한 다양한 교육 프로그램을 운영하고 있다. 또한 청소년들이 교실 밖에서 수준 높은 문화유산 교육과 체험을 할 수 있도록 관계기관들이 적극적으로 협력하고 있다[150].

두 번째는 "역사문화 공간의 조성"이다.

현재 각종 개발사업으로 인한 매장문화재 발굴조사가 완료되면 일반적으로 유적과 유구는 파괴되어 영원히 사라져 버린다. 간혹 일부 유구가 이전보존 조치되지만 일반국민은 이전보존 조치된 유구가 어디에 있는지 잘 알지 못하며, 관리 주체 및 비용 등의 문제로 인해 방치되거나 훼손되고 있다. 그러나 지금은 하찮게 생각할 수도 있지만 몇십 년 또는 몇백 년 후의 우리 후손들에게는 책이나 영상 자료 등을 통해서만 볼 수 있는 아주 희소한 것이 될 수 있다. 유적을 정비하거나 복원 및 연구하려고 해도 그 당시에 만들어진 재료(유구나 유물 등)를 구하지 못하는 사태가 발생할 수 있다.

발굴조사 보고서에 수록된 유적·유구·유물에 대한 사진, 도면 및 실측 자료, 각종 자연과학분석 자료 및 결과 등은 보고서 작성 및 제출이 완료되면 중요하게 생각하지 않거나 훼손 및 분실되는 등 체계적인 관리가 미흡한 편이다. 그리고 발굴조사 보고서에 수록되지 않았지만 발굴조사 모습과 그 과정을 생생하게 보여주는 수많은 사진, 실측자료와 도면, 국가에 귀속되지 않은 다양한 시대 또는 종류의 유물이 있다.

이들 자료는 매장문화재 발굴조사를 통해 얻어진 값진 것이며, 민간 조사기관의 발굴조사 행위는 국가를 대신한 공익적 활동이기 때문에 매장문화재 발굴조사에 따른 모든 자료는 국가기록유산이라고 할 수 있다. 하지만 이들 자료의 중요성이나 체

149　문화재청, 2007, 『앞의 책』, 50쪽.

150　문화재청, 2007, 『앞의 책』, 51쪽.

계적인 관리 및 활용의 필요성에 대한 인식과 공감대는 아직까지 미흡하다.

따라서 발굴조사 완료 후 개발사업으로 인해 영원히 사라져 버리거나 이전보존할 유구, 관리가 소홀한 이전보존 된 유구, 발굴조사 보고서에 수록되거나 수록되지 않은 사진, 도면 및 실측 자료, 국가에 귀속되지 않은 유물 등을 한자리에 모아 국민이 일상생활 속에서 자연스럽게 매장문화재를 만나고, 그 의미를 되새겨 보며, 가치인식에 기여할 수 있는 역사문화 공간을 전국의 여러 지역에 조성해야 한다(그림 12·13)[151].

그림 12 스웨덴 시그투나(SIGTUNA)[152]

---

151 이러한 취지로 청도군과 영남문화재연구원에서는 국립문화재발굴원 설립의 타당성과 기대효과를 주제로 한 워크숍을 개최한 바 있다(2015.9.16, 「국립문화재발굴원 설립의 타당성과 기대효과-국립문화재발굴원 설립 정책토론회」).

152 시그투나(SIGTUNA)는 우리나라의 매장문화재 유존지역이자 현지보존 조치된 유적이라 할 수 있다. 현재 시그투나에는 루닉 스톤(룬체의 비문), 옛날 상점, 발굴된 유물을 전시하는 작은 박물관, 폐허가 된 교회 등이 있는데, 스톡홀름 시민들이 가족 나들이나 학생들의 교육장소, 체육활동 및 소풍 장소 등으로 활용되고 있으며, 평일에도 많은 시민들이 방문하는 곳으로 생활 속에서 자연스럽게 매장문화재를 만날 수 있는 곳이다.

역사문화 공간의 조성은 단순히 유구나 유물, 발굴조사와 관련된 자료의 관리와 전시의 기능만을 목적으로 조성해서는 안 된다. 역사문화 공간은 사람뿐만 아니라 동식물과 곤충에게 휴식을 주는 생태공원의 기능도 함께 할 수 있는 복합문화 공간이 되어야 한다. 이렇게 해야 국민에게 외면당하지 않는 교육, 문화, 야외수업, 체험학습, 나들이, 소풍, 체육활동, 공연 등 다양한 목적을 위한 공간으로 활용되고 끊임없이 사랑받을 수 있기 때문이다.

한편, 국민이 직접 체험하고 느낄 수 있는 역사문화 공간의 조성과 함께 매장문화재 및 조사와 관련된 다양한 정보와 자료를 데이타베이스^{Database}화하여 국민과 함께 공유하고, 국민 누구나 활용할 수 있는 가상공간$^{Cyber-space}$을 조성하여 서비스할 필요가 있다. 이는 국민의 알권리를 보장하고, 문화복지 혜택을 제공하는 동시에 매장문화재 보호에 대한 국민의 이해와 관심 증진에도 크게 기여할 것이다.

---

153 세우라사리 야외박물관(The Seurasaari Open-Air Museum)은 1909년에 설립되었다. 핀란드 전역의 상태가 양호한 전통건물, 고대 사우나, 17세기 교회, 중세 풍차 및 농가, 18세기에서 19세기의 민가 등 87개의 다양한 건축물을 전시하고 있다.

세 번째는 "과거와 현재가 공존하는 공간의 조성"이다.

우리나라의 국토개발 정책 결정권자 및 담당자와 개발사업 시행자들은 토기조각, 기와조각 등 유물 조각 하나만 확인되어도 개발사업 추진이 불가능한 것처럼 부풀려 과장된 말로 국민에게 부정적인 인식을 심어주고 있다. 그리고 개발사업 지연이나 금융손실 비용의 발생 및 건설사 파산의 모든 원인을 매장문화재 보호 정책과 제도 탓으로 돌리는 등 부정적인 여론을 형성하고 있다.

이런 잘못된 인식과 부정적인 여론을 개선하고, 매장문화재 보호 정책 및 제도에 대한 국민의 인식개선과 공감대를 형성하기 위해서는 매장문화재 보존과 개발의 조화, 과거와 현재가 조화롭게 공존하는 공간 조성을 통해 다양한 사례를 직접 보여주어야 한다.

현재와 같이 개발사업에 따른 매장문화재 발굴조사 완료 후 유적과 유구를 파괴하여 영원히 사라져 버리게 하거나 일부 유구만을 다른 곳으로 이전보존 해서는 안 된다. 유구가 있던 그 자리 또는 개발사업 지역의 일정한 공간에 일부라도 보존하여 국민이 일상생활 속에서 매장문화재를 보고 향유할 수 있도록 해야 한다(그림 14·15).

그림 14 군기시유적전시실[154]

---

154 군기시유적전시실은 서울특별시청 시민청 내에 있다. 매장문화재 발굴조사를 통해 확인된 조선시대 군기시(무기를 제조하던 관청) 및 근대 건물지 45기를 원형 그대로 보존한 후 서울시의 신청사를 건립하였다.

그림 15 육의전박물관[155]

특히 유동인구가 많은 도심지역의 공공기관 및 공공목적의 시설, 공동주택, 문화시설, 업무시설 또는 신도시 조성 등의 개발사업 지역을 중심으로 적극 추진한다면, 다양한 시너지효과의 발생도 기대할 수 있다.

개발사업에 따른 매장문화재 발굴조사 후 유적이나 유구를 없애버리지 않고, 지하에 그대로 보존하거나 개발지역 내에 이전보존 하는 등의 사례는 국외 여러 선진국뿐만 아니라 개발도상국 중 하나인 중국의 난징南京 도서관에서도 확인할 수 있다.

매장문화재 보호·보존과 개발의 조화를 보여줄 수 있는 공간의 조성은 유네스코가 1972년 "문화유산 및 자연유산의 국내적 보호에 관한 권고"를 채택하면서 천명한 "보존하면서 개발한다"는 원칙의 실천임을 인식해야 한다. 이러한 실천은 세계 여러 나라 사람들에게 우리나라가 역사와 문화가 살아 숨 쉬는 문화선진 국가라는 긍정적 이미지를 심어줄 수 있다. 또한 경제적 위상에 비해 평가절하 되어 있는 문화적

---

155 육의전박물관은 서울특별시 종로구 종로2가 40번지 육의전빌딩 내에 위치하고 있다. 매장문화재 발굴조사를 통해 확인된 조선시대 시전행랑(육의전) 관련 유구를 건립된 건물의 일정 공간에 원형 그대로 이전복원 하여 전시하고 있다.

위상을 강화하는 등 국격 향상에도 상당한 기여를 할 것이다.

네 번째는 "관광 상품화 또는 관광산업 자원으로의 활용"이다.

세계 여러 나라는 경제 성장 및 활성화를 위한 국가전략 산업 중 하나로 관광산업을 선택하고, 관광산업 진흥을 위해 다양한 정책개발과 인프라 확충 등에 노력하고 있다.

관광산업은 국가의 경제 활성화, 수익 및 일자리 창출뿐만 아니라 세계 여러 나라 사람들에게 그 나라의 역사와 문화를 자연스럽게 홍보하고, 문화적 위상을 보여줄 수 있는 효과가 있다. 특히 유럽의 여러 국가는 그 나라의 문화유산(고고학 유적)을 잘 보존·관리하여 관광산업에 활용함으로써 세계 여러 나라 사람들이 그 나라의 역사와 문화를 이해하고, 문화선진 국가라는 인식을 심어 주는 등 국가의 대외 브랜드 이미지 강화에도 많은 기여를 하고 있다(그림 16).

그림 16　스웨덴 감라스탄(Gamla Stan) 구시가지[156]

156　감라스탄(Gamla Stan) 구시가지는 스웨덴어로 '옛 도시'라는 뜻으로 13세기부터 19세기에 형성된 시가지로 중세시대의 건물들이 좁은 골목길 양편으로 가득 줄지어 있는 것이 특징이다. 옛 건물들은 대부분 각종 수공예품을 비롯한 기념품 상점이나 카페, 갤러리 등으로 사용하고 있으며, 세계 여러 나라에서 온 수많은 관광객들로 좁은 골목길이 붐빈다.

　　우리나라도 매장문화재를 보호·보존 및 관리의 대상으로만 인식할 것이 아니라 매장문화재를 적극 활용할 수 있도록 중앙정부와 지방자치단체가 정책을 개발하고 지원해야 하며, 환경과 분위기도 조성해야 한다.

　　예를 들면, 박물관에 전시된 유물과 이전보존 조치된 유적을 지역의 역사와 문화유산 및 특색 등과 연계한 이야기가 있는 탐방 또는 체험 코스의 개발, 지역주민이 주체가 되는 지역 축제 및 이벤트와의 연계, 유물에 담긴 예술성이나 상징성을 활용한 액세서리accessory와 캐릭터 상품의 디자인 개발, 게임산업의 스토리텔링과 캐릭터 개발, 영화·교육·홍보·관광 등의 스토리텔링에 활용, 유적·유구·유물을 활용한 증강현실 구현을 통한 학생들의 교육 교보재 개발, 국내 여행 상품 소개 등에 적극적으로 활용할 수 있도록 국가가 지속적으로 지원하고 홍보해야 한다(그림 17·18).

그림 17　매장문화재를 활용한 팝업북 역사교육 교재

그림 18　유물을 활용한 페이퍼 크래프트

Ⅵ. 매장문화재의 중요성과 가치 인식

매장문화재는 현재와 미래 세대의 우리 국민과 세계 인류의 공공자산으로 함께 공유하고 향유되어야 할 순수공공재이다. 그 당시에 살았던 사람들의 문화상, 사회상, 과학기술 등 문헌기록으로 알 수 없는 역사적 사실을 이해하고, 우리가 갖고 있는 역사지식에 대한 확인과 사실에 대한 지평을 넓혀주는 중요한 자료이다. 그리고 과거 자연환경과 우리 조상들이 이룩한 찬란한 문화를 복원하고, 잃어버린 역사를 되찾을 수 있는 땅속이나 물속에 남겨진 소중한 문화유산이다.

하지만 현재 매장문화재 보호의 중요성 및 가치에 대한 국민의 공감대와 사회적 인식은 부족한 실정이다. 그로 인해 매장문화재 보호·보존과 개발의 가치 사이에 충돌이 발생할 경우 경제성장과 개발논리를 앞세워 매장문화재의 훼손이나 파괴를 당연한 것으로 인식하거나 직접적으로 인체에 해악이 없다는 이유만으로 소홀히 다루고 있다.

매장문화재 보호 정책 및 제도 개선은 매장문화재의 효율적인 보호·보존과 홍보, 그리고 개발사업과의 조화보다는 매장문화재조사 수요 억제, 개발사업 시행자의 편의성 제고, 원활한 개발사업 추진 등 경제성장 및 개발논리에 집중하여 임기응변식으로 추진되어 왔다(표 23·24). 그리고 법률이나 시행령 및 시행규칙의 미비점과 한계점을 각종 규정(예규) 개정을 통해 보완하려고 했으며, 법률적 근거 없이 규정에 조항을 신설하여 과도하게 행정규제를 하고 있다.

표 23 문화재보호법의 매장문화재 관련 주요 개정 내용

법률	제정·개정 일자	주요 내용
제961호	1962.1.10	문화재보호법 제정 및 매장문화재 관련 조항 신설
제1265호	1963.2.9	발굴 문화재의 처리방법 규정
제2233호	1970.8.10	발견·발굴 문화재의 소유자 판명 소요기간 설정
제2468호	1973.2.5	매장문화재조사 및 보존조치 비용 개발사업 시행자 부담
제3644호	1982.12.31	매장문화재의 개념 정의 보완 및 발굴조사 금지
제4884호	1995.1.5	발굴조사 비용 국가 또는 지방자치단체 일부 부담
제5719호	1999.1.29	문화재 지표조사 의무화 및 사전 협의
제6133호	2000.1.12.	국가귀속 대상문화재의 범위 및 처리 방법 규정
제6840호	2002.12.30	문화재 지표조사 거부·방해 또는 기피에 대한 처벌

법률	제정·개정 일자	주요 내용
제7365호	2005.1.27	매장문화재 조사기관의 기준과 제한
제8278호	2007.1.26	발견·발굴 매장문화재의 소유권 주장기간 연장
제8346호	2007.4.11	매장문화재 관련 조항 번호 변경
제10000호	2010.2.4	매장문화재 관련 조항 정비 및 보완

표 24 매장문화재 보호 및 조사에 관한 법률, 시행령, 시행규칙 주요 개정 내용

구분	제정·개정 일자	주요 내용
법률	2010.2.4 (제10001호)	법률 제정
	2011.7.21 (제10882호)	국가에 의한 발굴조사 완료 후 30일 이내에 소유자, 관리자, 또는 점유자에게 결과 통보
	2014.5.28 (제12692호)	문화재보호법 개정 내용 반영
	2014.1.28 (제12350호)	지표조사 비용 국가와 지방자치단체 일부 부담
시행령	2011.1.28 (제22649호)	시행령 제정
	2012.1.6 (제23488호)	발굴조사 업무처리에 주민등록번호 포함
	2012.7.26 (제23994호)	고도 보존 및 육성에 관한 특별법 내용 반영
	2014.12.30 (제25916호)	3만제곱미터 미만 민간건설공사 지표조사 비용 지원
	2015.8.3 (제26458호)	3만제곱미터 미만 지표조사 실시기준 개정 지표조사 명령 이의신청 제도 도입 문화재 보존조치 명령 개정
	2015.12.22 (제26754호)	수산업·어촌 발전 기본법 시행령 개정 내용 반영
	2015.12.30 (제26774호)	제33조(고유식별정보의 처리) 삭제
시행규칙	2011.2.16 (제78호)	시행규칙 제정
	2013.12.31 (제163호)	발굴조사인력 및 조사기관 등록기준 등 재검토 기간 설정
	2014.7.8 (제106호)	도시철도법 시행규칙 개정 내용 별표 1에 반영
	2014.12.30 (제191호)	매장문화재 관련 전문가의 범위 확대 조사기관 소속 조사원의 입회조사 참관 조건 제한
	2015.8.26 (제217호)	문화재 보존조치 유형 개정 매장문화재 보존조치로 침해되는 공익·사익 평가

그 결과 법령의 체계성 미흡, 법령형식에 관한 헌법 원칙 위배, 적용과 해석에 대한 빈번한 갈등과 분쟁, 현실 적용과정에서의 극심한 괴리현상 등을 초래했다.

개발은 인류의 발전에 없어서는 안 될 중요한 과제이며, 이 시대를 살아가는 우리의 경제·사회 발전을 위해서도 피할 수 없는 것이 현실이다. 그러나 개발의 궁극적인 목적은 무차별적인 파괴가 아니라 국토를 보다 효율적이고 쾌적한 삶의 공간으로 만들어 국민의 삶이 질적으로 향상되고, 정신적 문화의식을 충족시킬 수 있는 생활환경을 조성하는데 의의가 있다.

우리 사회는 경제성장 및 개발 우선주의의 가치관을 버리고, 개발 계획단계부터 개발주체가 매장문화재 보호 주체라는 인식을 가져야 한다. "매장문화재를 보호·보존하면서 개발한다"는 원칙이 실현될 수 있도록 정책과 제도를 수립하고 집행해야 한다. 이는 1972년 유네스코가 "문화유산 및 자연유산의 국내적 보호에 관한 권고"를 채택하면서 천명한 "보존하면서 개발한다"는 원칙의 실현이기도 하다.

매장문화재 보호는 우리나라의 최고 상위법인 헌법에서 규정하고 있는 국가의 당연한 책무이며, 매장문화재 보호 및 조사에 관한 법률에도 명백히 규정되어 있다. 따라서 매장문화재 보호를 위한 관계법령의 제정과 정책 및 제도의 수립·집행은 매장문화재 보호의 출발점이자 기초라고 할 수 있다. 이러한 점에서 매장문화재 관계법령은 체계정당성의 원리 및 법령형식에 관한 헌법 원칙에 부합해야 하고, 정책 수립 및 집행은 환경변화에 능동적·선제적 대처가 가능해야 한다. 그리고 매장문화재의 훼손·파괴에 대한 처벌 기준을 현실에 맞게 사안별로 구체화해야 하며, 매장문화재 보호에 필요한 각종 기준이 철저히 준수되도록 해야 할 것이다.

우리나라의 매장문화재 보호 정책은 기본적으로 국가 중심의 행정적인 제도화 차원에서만 이루어지다 보니 그 실효성에 분명히 한계가 있었다. 매장문화재 보호의 실효성을 극대화하기 위해서는 국민과 사회 공동체 구성원 모두의 자발적이고 헌신적인 노력과 인식이 기본적으로 뒷받침되어야 가능하다. 따라서 국민이 매장문화재 보호의 중요성과 가치를 인식하고, 자발적으로 매장문화재 보호·보존의 주체라는 올바른 인식을 형성할 수 있도록 지속적으로 교육하고 홍보해야 한다.

현재 각종 개발사업에 따른 매장문화재조사 비용은 개발사업 시행자가 전액 부담하고 있다. 이는 무분별한 각종 개발행위로부터 매장문화재를 보호하려는 입법목적의 정당성, 방법의 적절성, 매장문화재 조사비용을 감당하기 어려울 경우 개발사업을 추진하지 않을 수 있다는 점 등을 고려하여 타당한 것으로 인정되고 있다.

하지만 매장문화재조사를 통해 얻은 성과와 연구결과는 우리나라의 역사와 문화사를 복원하는 기초 및 교육 자료로 활용되고 있다. 출토된 유물은 국가에 귀속되어 박물관이나 전시관을 통해 국민이 관람하고 체험하여 향유한다는 점에서 최대 수혜자는 국민이다. 그리고 매장문화재조사에 소요되는 모든 비용을 개발사업 시행자에게 부담케 하는 것은 건설공사 중 매장문화재의 훼손·파괴 및 발견 신고 기피, 매장문화재 보호 정책 및 제도에 대한 부정적인 인식과 여론 형성, 각종 민원 제기 등 여러 가지 사회적 갈등과 분쟁을 발생시키는 원인이 되고 있다. 따라서 국외 선진국과 같이 개발사업에 따른 매장문화재조사에 소요되는 비용 전액을 개발사업 시행자에게 일방적으로 전액 부담케 하기보다는 국가의 비용 부담을 강화해야 한다.

입법 활동의 핵심은 적극적으로는 헌법이념을 실현하고, 소극적으로는 법률이나 명령이 헌법과 법률 또는 상위명령에 위반되지 않도록 함으로써 전체 법령체계 간에 조화를 이루며, 정부 정책 및 제도의 효율적·안정적 시행에 기여하도록 하는데 있다. 입법 정책을 추진할 때에는 입법의 필요성과 개정방향 등에 대해 주관적·자의적 판단과 시각으로 입법 방향을 설정하거나 추진해서는 안 된다. 사전에 관련 정보를 충분히 수집하고 적극적으로 대안을 모색하는 등 정책의 실효성과 타당성을 높일 수 있도록 하는 한편 법령체계의 정합성에도 부합해야 한다.

법령의 체계성과 명확성 확보, 정책 및 제도의 안정성과 실효성을 높이는 동시에 현실성 있는 합리적인 정책 입법안을 마련하기 위해서는 입법계획 이전, 즉 탁상행정이 아닌 정책 형성 단계부터 이해관계단체나 전문가 등의 의견수렴과 참여, 그리고 현장의 생생한 목소리를 반영한 후 입법의 필요성과 개정 방향 등에 대해 철저히 검토하고 준비하는 작업이 우선적으로 이루어져야 한다.

국가의 매장문화재 정책 및 제도에 대한 국민의 관심 유도와 공감대 형성, 합리적인 정책 수립과 발전, 정책 결정 및 실행과정의 정당성 제고 등에 기여하기 위해서는 매장문화재 관계법령의 입법안에 대해 제출된 의견의 처리결과와 처리이유 등을 의견 제출자에게 반드시 통지하거나 공표해야 한다. 그리고 처리결과를 문화재청 누리집에 게재하는 등 국민이 그 결과를 널리 알 수 있도록 해야 한다. 이는 국민의 알 권리 충족 및 보장, 행정절차법과 법제업무 운영규정에도 부합하는 것이다.

매장문화재 관련 정책의 결정이나 행정적 판단은 무엇보다 신중해야 한다. 한번 결정된 정책은 원상태로 복귀하거나 완화된 정책을 다시 강화시키는 것은 현실적으로 많은 어려움이 있거나 거의 불가능하다고 할 수 있다.

매장문화재 관련 정책의 결정과 행정적 판단은 현재의 상황만을 고려한 미봉책이 되거나 국토개발을 위한 방패로 이용되어서도 안 된다. 헌법 및 문화유산헌장의 정신, 매장문화재 보호 및 조사에 관한 법률의 제정 취지와 목적에 맞게 매장문화재 보호·보존이라는 기본원칙에 충실해야 한다. 그리고 외부의 정책 개선 요구에 대한 합리적인 대안 제시나 환경변화에 따른 능동적·선제적 대처가 가능한 정책을 수립·집행하기 위해서는 정책 결정 이전에 일정 지역이나 기간을 정하여 시범적으로 실시하고, 그 결과에 대한 분석과 의견수렴을 통해 정책의 완성도와 안정성을 높일 수 있도록 해야 한다.

매장문화재조사 및 보존조치에 따른 비용, 유적 보존에 따른 사유재산권 행사 문제, 매장문화재조사의 전문성 및 객관성에 대한 불신, 매장문화재조사의 품질 저하, 개발사업 시행자와 조사기관 사이의 갈등과 분쟁, 사적계약에 의한 과당경쟁 및 저가수주로 인한 갑을관계 심화 등 현실적으로 제기되고 있는 다양한 문제와 사회적 갈등을 해결하기 위해서는 우리나라의 여러 정부부처뿐만 아니라 미국, 일본, 영국, 프랑스 등 국외 선진국에서도 시행하고 있는 매장문화재 부담금 제도의 도입과 분쟁조정위원회의 설치를 법제화해야 한다.

한편, 지금까지 매장문화재는 무분별한 개발로부터 보호·보존하여 우리 후손에게 물려주어야 할 소중한 문화유산이자 우리나라의 역사와 문화사 복원에 단초를 제공하는 중요한 자료라는 점이 주로 강조되어 왔다. 반면 매장문화재의 활용을 통한 경제적 효용성과 지역자원으로서 새로운 가치를 효과적으로 창출할 수 있다는 인식과 접근, 그리고 정책과 제도는 미흡했다.

현재 국민의 의식수준과 삶의 질이 높아짐에 따라 다양한 문화유산 향유에 대한 사회적 욕구가 크게 증가하고 있으며, 문화유산의 적극적인 활용이 사회적으로 요구되고 있다.

국가는 국민의 문화유산 향유에 대한 욕구와 기대치 및 사회적 요구에 부합할 수 있는 문화적 환경을 제공해야 한다. 이는 국민을 위한 문화복지라고 할 수 있기 때문이다. 따라서 매장문화재를 다양하게 활용할 수 있는 정책을 개발·수립하여 집행해야 한다.

앞으로의 매장문화재 정책은 매장문화재의 보호·보존과 함께 활용이라는 측면이 크게 부각되고, 사회적으로도 이슈화될 것이라는 점을 간과해서는 안 된다.

　우리나라의 매장문화재 관계법령, 정책형성과 계획수립, 행정적 판단과 집행, 그리고 활용 및 홍보 등과 관련해서는 아직까지 미흡한 점과 개선해야 할 많은 과제가 있다.

　이 글에서 제시한 대안과 개선방안이 우리나라 매장문화재 보호 정책 및 제도의 성공적인 정착과 발전에 기여할 수 있기를 바란다.

　매장문화재가 시간 속에 묻힌 누군가의 이야기이고, 이제 우리 가슴에 담아야 할 이야기이며, 역사 속 삶의 누군가의 기록으로서 우리 곁에 항상 살아 숨 쉬고 있다는 국민의 인식과 사회적 공감대가 하루빨리 형성되기를 기대한다.

　학제간 연구를 통해 우리나라의 매장문화재 보호·보존에 기여할 수 있는 새로운 정책 모델과 합리적인 대안을 제시할 수 있는 다양한 연구가 지속적으로 많이 이루어지기를 바란다.

　그리고 매장문화재 보호 정책에 대한 연구가 우리나라 고고학의 한 분야로 자리매김할 수 있는 분위기와 여건이 조성되는데 한국고고학계가 함께 노력하고 많은 기여를 했으면 한다.

참고문헌

논문 및 저서

권오영, 2012, 「이명박 정권 매장문화재 정책의 문제점」, 『역사비평』제100호, 역사비
  평사.

김강현, 2012, 「행정제도의 확산과 성과에 관한 연구-신고포상금제도를 중심으로」,
  연세대학교대학원 박사학위논문.

김수갑, 2000, 「문화재보호법의 체계」, 『법과 사회』제19호, 법과사회이론학회.

김재호·김창규, 2002, 「문화재보호법제의 연구」, 『법학연구』제13권 제1호, 충남대
  학교법학연구소.

김종철, 1991, 「유적파괴의 현실과 대책」, 『영남고고학』제9호, 영남고고학회.

______, 1993, 「유적 파괴의 원인과 대책」, 『영남고고학』제12호, 영남고고학회.

김종혁, 1983, 「개정문화재보호법해설」, 『문화재』제16호, 문화재관리국.

김준혁, 2009, 「도시개발과 매장문화재보존 간의 갈등구조에 관한 연구- 풍납토성
  내부 경당연립재건축사업을 중심으로」, 서울대학교환경대학원 석사학위
  논문.

김지현, 1996, 「문화재보호법에 관한 공법적 고찰」, 이화여자대학교대학원 석사학위
  논문.

김희준, 2006, 「매장문화재 행정에 관한 연구- 매장문화재조사의 문제점과 효율적
  인 문화재조사 방안을 중심으로」, 연세대학교정경대학원 석사학위논문.

남궁승태, 1994, 「헌법상의 문화국가와 문화재보호」, 『아태공법연구』제3권, 아세아
  태평양공법학회.

______, 2000, 「역사적 문화환경권과 고도보존의 문제」, 『법과 사회』제19호, 법과
  사회이론학회.

박순발, 2015, 「현행 매장문화재조사 제도의 문제점과 개선 방향」, 『매장문화재조사
  정책 및 제도의 발전 방향-2015년도 매장문화재조사 국제포럼』, 한국매
  장문화재협회.

박은정, 1999, 「매장문화재보호를 위한 대책- 문화재보호법의 문제점을 중심으
  로-」, 『법학논집』제4권 1·2호, 이화여자대학교 법학연구소.

박인균, 2001, 「한국 문화재보호정책의 개선방안에 관한 연구」, 연세대학교행정대학원 석사학위논문.

박정희, 2007, 「문화재보호에 관한 법적체계와 실현방안 연구」, 목포대학교대학원 박사학위논문.

박종웅, 2011, 「원인자부담원칙이 갈등에 미치는 영향 분석- 풍납토성 매장문화재 훼손 사례를 중심으로-」, 서울대학교행정대학원 석사학위논문.

서영일, 2014, 「조사기관의 운영과 관리 및 인력 양성을 위한 정책 방향」, 『매장문화재 가치 인식과 사회적 갈등 관리-2014년 매장문화재조사 국제포럼』, 한국문화재조사연구기관협회.

신옥주, 2015, 「매장문화재 보호 및 조사에 관한 법률의 개정 방향 연구」, 『매장문화재조사 정책 및 제도의 발전 방향-2015년 매장문화재조사 국제포럼』, 한국매장문화재협회.

신종환, 2015, 「한국 매장문화재조사의 변천과 사회적 역할」, 『매장문화재조사 정책 및 제도의 발전 방향-2015년 매장문화재조사 국제포럼』, 한국매장문화재협회.

신희권, 2014, 「고고유적 활용 방안 연구」, 『야외고고학』제19호, 한국문화재조사연구기관협회.

오세탁, 1982, 「문화재보호법연구- 문화재향유권의 법리를 중심으로」, 단국대학교대학원 박사학위논문.

______, 1997, 「문화재보호법과 그 문제점」, 『문화재』제30호, 국립문화재연구소.

오용암, 2001, 「개발행정과 문화재보존에 관한 법적 고찰」, 건국대학교대학원 석사학위논문.

우성기, 2011, 「문화재의 지속가능한 보호를 위한 법제의 개선방안」, 『행정법연구』제31호, 행정법이론실무학회.

이선복, 1993, 「매장문화재 관리제도 개선을 위한 제언」, 『영남고고학』제12호, 영남고고학회.

______, 1996, 「문화재보호법 및 행정제도 상의 문제점과 개선책」, 『문화재보존·보호』제5회 영남고고학회 학술발표회, 영남고고학회.

이인재, 2011, 「2011 매장문화재법 하위법령의 두 가지 현안과 과제」, 『역사비평』제

95호, 역사비평사.

이준우, 2015, 「매장문화재 보호 및 조사에 관한 법률 개선방향」, 『보존조치유적 제
　　　도개선 모색을 위한 워크숍』, 한국고고학회·한국매장문화재협회.

이희준, 1996, 「발굴유적의 보존문제」, 『문화재 보존·보호』제5회 영남고고학회 학
　　　술발표회, 영남고고학회.

장광철, 2008, 「문화재보호법의 개선방안에 관한 연구」, 조선대학교대학원 석사학위
　　　논문.

장호수, 2007, 「고고 유산의 보호 원리와 보존 활용 방안에 대하여- 법과 제도의 비
　　　교 고찰을 중심으로」, 『문화재』제40호, 국립문화재연구소.

정상우·변철희, 2012, 「매장문화재 발굴제도 개선을 위한 입법대안 모색」, 『입법평
　　　가연구』제6호, 한국법제연구원.

정징원, 1996, 「문화재보존·보호의 방향과 과제」, 『문화재 보존·보호』제5회 영남고
　　　고학회 학술발표회, 영남고고학회.

조영현, 1996, 「현행 유적발굴의 문제점과 개선방향- 학계의 용역발굴을 중심으로」,
　　　『문화재 보존·보호』제5회 영남고고학회 학술발표회, 영남고고학회.

지병문, 2007, 「매장문화재 조사제도의 문제점과 개선방향」, 『2007년 국정감사 정책
　　　자료집 3』.

최대권, 2003, 「문화재보호와 헌법」, 『서울대학교법학』, 제44권 제3호, 서울대학교법
　　　학연구소.

최민정, 2013, 「북유럽 3개국(덴마크, 스웨덴, 핀란드)의 문화재 정책과 활용」, 『야외
　　　고고학』제16호, 한국문화재조사연구기관협회.

＿＿＿, 2015, 「우리나라의 매장문화재 보호 정책에 관한 연구」, 세종대학교대학원
　　　박사학위논문.

＿＿＿, 2016, 「매장문화재 보호 제도의 문제점과 개선방안」, 『야외고고학』제25호,
　　　한국매장문화재협회.

하문식, 2007, 「북한의 문화재 관리와 남북 교류」, 『정신문화연구』제30권 제1호, 한
　　　국학중앙연구원.

허수중, 2002, 「매장문화재 보호제도의 개선방안」, 『중앙법학』제4집 제2호, 중앙법
　　　학회.

홍완식, 2009, 「문화재 보호법제의 개선방안에 관한 연구」, 『토지공법연구』제44집, 한국토지공법학회.

황정진, 2011, 「매장문화재 조사 제도의 개선에 관한 연구」, 동의대학교행정대학원 석사학위논문.

국립문화재연구소, 2001, 『한국고고학사전』, 학연문화사.

문화재청, 2007, 『문화재 활용 가이드 북』.

문화재청·한국매장문화재협회, 2015, 『매장문화재조사 정책 및 제도의 발전 방향』.

법제처, 2012, 『법령입안·심사기준』, 법제처 법제도선진화담당관실.

한국문화재조사연구기관협회, 2014, 『야외고고학』, (주)사회평론아카데미.

윤광진 외, 2010, 『매장문화재 발굴제도개선에 관한 입법평가』, 한국법제연구원.

한국고고학회·한국매장문화재협회, 2015, 『매장문화재의 합리적인 보존과 활용 방안』.

한국매장문화재협회, 2014, 『매장문화재 가치 인식과 사회적 갈등 관리』.

보고서

감사원, 2014. 5, 『감사결과보고서 -문화재 보수 및 관리 실태-』.

국토개발연구원, 1995, 『제3차국토종합개발계획추진실적평가(Ⅰ)』.

국회예산정책처, 2010, 『조세법률주의 위반 사례 및 개선방향-부담금의 법적 근거 및 조세법률의 개선과정을 중심으로-』.

규제개혁위원회, 2015, 『2014년도 규제개혁백서』.

기획재정부, 2014. 5, 『2013년도 부담금운용종합보고서』.

문화재청, 2011. 12. 31, 『주요업무 통계자료집』.

_______, 2012. 12. 31, 『주요업무 통계자료집』.

_______, 2013. 12. 31, 『주요업무 통계자료집』.

_______, 2014. 12. 31, 『주요업무 통계자료집』.

_______, 2015. 12. 31, 『주요업무 통계자료집』.

연세대학교 산학협력단, 2007, 『매장문화재 제도개선 방안 연구』.

인하대학교 산학협력단, 2010, 『주요국문화재보호법제수집·번역 및 분석』.

충북대학교 법학연구소, 2002, 『한국문화재보호법의 발전과정과 정비방향』.

한국고고학회, 2013,『발굴조사 실시기준 보완을 위한 학술연구 보고서』.

한국문화재조사연구기관협회, 2014,『2013년도 한문협 회원기관 매장문화재 조사
　　　편람』.

한국매장문화재협회, 2015,『2014년도 한문협 회원기관 매장문화재 조사 편람』.

한국법제연구원, 2006,『원활한 입법추진을 위한 입법계획제도 발전방안에 관한 연
　　　구』.

한국산업개발연구원, 2008,『문화재 발굴조사 매뉴얼 및 표준품셈(안) 연구- 발굴
　　　조사 표준품셈(안)』.

　　　　　　　　　　, 2014a,『매장문화재 부문 법정법인 필요성 및 협회 발전방안
　　　연구』.

　　　　　　　　　　, 2014b,『매장문화재 조사비용 실태분석 연구』.

한국의정연구회, 2009,『매장문화재 조사관련 발굴공영제 도입 타당성 분석』.

한국입법학회, 2013,『입법예고 제도의 운영실태 및 실효성 제고방안 연구』.

한국정부회계학회, 2012,『부담금 명칭 및 부담금 중복 부과에 대한 법제 정비 방
　　　안』.

한국직업능력개발원, 2011,『문화재 발굴조사 인력 자격인증제 도입을 위한 연구』.

한국행정연구원, 2009,『매장문화재 조사 품질평가제도 도입에 관한 연구』.

한울문화재연구원, 2012,『매장문화재 보존조치 유적 정비방안』.

자료

국회 교육문화체육관광위원회, 2013.3.29,「매장문화재 보호 및 조사에 관한 법률 일
　　　부개정법률안」(조원진의원 대표발의)

　　　　　　　　　　　　　　, 2013. 6,「매장문화재 보호 및 조사에 관한 법률 일부
　　　개정법률안 검토보고서」.

　　　　　　　　　　　　　　, 2013.10.14,「매장문화재 보호 및 조사에 관한 법률
　　　일부개정법률안」(김광림의원 대표발의).

　　　　　　　　　　　　　　, 2013,「국정감사 자료」(정진후 의원실 보도자료).

　　　　　　　　　　　　　　, 2014.7.23,「매장문화재 보호 및 조사에 관한 법률 일
　　　부개정법률안」(김윤덕 의원 대표발의, 의안번호 11241호).

______________________, 2015,「국정감사 자료」(유은혜 의원실 보도자료).

______________________, 2015.11,「매장문화재 보호 및 조사에 관한 법률 일부개정법률안(정부 제출) 검토보고」(의안번호 16063).

국무총리실, 2012. 3. 29,「신고포상금제도분석·평가(요약)」.

__________, 2015. 5,「2015년 규제정비계획-부처제출 규제정비과제-」.

대법원, 1983. 7. 26,「선고 83도706 판결」, 문화재보호법위반.

대한민국정부, 2000,「제4차국토종합계획 2000~2020」.

__________, 2005,「제4차국토종합계획수정계획(2006~2020)」.

문화재청, 공고 제2008-91호, 2008. 5. 16,「매장문화재 보호 및 조사에 관한 법률 제정안 입법예고」.

________, 공고 제2015-101호, 2015.3.6,「매장문화재 보호 및 조사에 관한 법률 일부개정법률(안) 입법예고」.

________, 2015.7,「문화재 분야 규제혁신 방안」.

________, 공고 제2015-320호, 2015.8.24,「발굴조사의 방법 및 절차 등에 관한 규정 개정안 행정예고」.

영남고고학회, 2013,「2013년 12월 워크숍- 발굴조사 현안문제에 대한 보완 방안」.

중앙문화재연구원, 2009,「문화재조사 유관기관과의 대화」.

청도군·영남문화재연구원, 2015.9.16,「국립문화재발굴원 설립의 타당성과 기대효과-국립문화재발굴원 설립 정책토론회」.

한국고고학회, 2005,「한국고고학 발전방향 모색을 위한 워크숍Ⅱ」.

__________, 2005,「한국고고학 발전방향 모색을 위한 워크숍Ⅲ」.

__________, 2007,「한국고고학 발전방향 모색을 위한 워크숍Ⅴ」.

__________, 2012,「매장문화재 보호 및 조사에 관한 법률 일부 개정안 입법 예고 검토 워크숍」.

__________, 2012,「매장문화재 관련 업무의 지방이양에 대한 학회 공청회」.

__________, 2014,「한국고고학 발전방향 모색을 위한 워크숍-제도개선위원회 워크숍2014-Ⅰ」.

한국고고학회·영남고고학회, 2014,「매장문화재 제도개선 Ⅱ」.

한국고고학회·한국매장문화재협회, 2015,「보존조치유적 제도개선 모색을 위한 워크숍」.

한국문화재조사연구기관협회·문화재청, 2014, 「매장문화재 가치 인식과 사회적 갈등 관리-2014년 매장문화재조사 국제포럼」.

한국매장문화재협회·문화재청, 2015, 「매장문화재조사 정책 및 제도의 발전 방향-2015년 매장문화재조사 국제포럼」.

헌법재판소, 2010.10.28, 「2008헌바74」, 구 문화재보호법 제44조 제7항 위헌소원.

__________, 2011.7.28, 「2009헌바244, 」, 문화재보호법 제55조 제1항 등 위헌 소원.

법령

- 국내 -

개인정보 보호법

건설산업기본법

공공데이터의 제공 및 이용 활성화에 관한 법률

국유재산에 매장된 물건의 발굴에 관한 규정

국토기본법

남극활동 및 환경보호에 관한 법률

대기환경보전법

대한민국헌법

도시개발법

동물보호법

매장문화재 발굴조사업무 처리지침

매장문화재 보호 및 조사에 관한 법률

매장문화재 보호 및 조사에 관한 법률 시행규칙

매장문화재 보호 및 조사에 관한 법률 시행령

매장문화재 조사용역 대가의 기준

매장문화재조사용역 적격심사세부기준

먹는물관리법

문화다양성의 보호와 증진에 관한 법률

문화재 지표조사 업무처리 지침

한국진도개보호·육성법
행정업무의 효율성 운영에 관한 규정
행정절차법
행정절차법 시행령
환경분쟁 조정법
환경정책기본법
훈령·예규 등의 발령 및 관리에 관한 규정

- 국 외 -

고고학 유산의 보호에 관한 유럽 협약(European Convention on the Protection of
    the Archaeological Heritage(Valletta, 16.1.1992))
대만 문화자산보존법(文化資産保存法, 2005)
독일 바이에른 주 기념물보호법(Bavarian Law for the Protection and Preservation
    of Monuments(Monument Protection Law), 1973)
미국 고고학적 자원 보호법(Archaeological Resources Protection Act, 1979)
스웨덴 문화유산보호법(Heritage Conservation Act, 2002)
영국 고대 유물 및 고고학적 지역에 관한 법률(Ancient Monuments and Archaeo
    logical Areas Act, 1979)
일본 문화재보호법(文化財保護法, 2007)
중국 중화인민공화국 헌법(1982)
중국 문물보호법(文物保護法, 2007)
프랑스 문화유산법전(Code du patrimoine, 2004)
핀란드 고대유물법(The Antiquities Act, 1963)

웹사이트

http://www.law.go.kr/main.html
http://stdweb2.korean.go.kr
http://www.g2b.go.kr
http://dic.naver.com

http://terms.naver.com

http://100.daum.net

http://dic.daum.net

http://gis-heritage.go.kr/indexMain.do

http://www.cha.go.kr

http://ko.wikipedia.org

http://www.unesco.or.kr/heritage

http://www.lawmaking.go.kr

http://www.index.go.kr

http://luris.molit.go.kr

http://www.e-minwon.go.kr:8072/webs/main.jsp

https://www.ccourt.go.kr

1. 제정 문화재보호법(법률 제961호, 1962.1.10)의 매장문화재 관련 내용

제4장 매장문화재

제42조(발견신고) 토지 기타 물건의 소유자, 관리자 또는 점유자가 그 토지 또는 물건에 포장된 문화재(이하 매장문화재라 한다)를 발견하였을 때에는 그 현장을 변경함이 없이 각령의 정하는바에 의하여 문교부장관에게 신고하여야 한다.

제43조(발굴의 허가등) ① 연구의 목적으로 매장문화재가 포장되어 있는 것으로 인정되는 토지를 발굴하고자 하는 자는 각령의 정하는 바에 의하여 문교부장관의 허가를 받아야 한다. 토목공사 기타 연구 이외의 목적으로 매장문화재가 포장되어 있는 것으로 인정되는 토지를 발굴하고자 할 때에도 또한 같다.

② 문교부장관은 전항의 허가를 함에 있어서 필요한 사항을 지시하거나 또는 필요하다고 인정할 때에는 발굴의 중지 또는 정지를 명하거나 그 허가를 취소할 수 있다.

③ 제1항의 규정에 의한 허가를 받은 자가 그 발굴을 완료하였을 때에는 지체없이 그 결과를 문교부장관에게 신고하여 그 지시를 받아야 한다.

④ 매장문화재의 현장을 변경하고자 할 때에는 전각항의 규정을 준용한다.

제44조(국가에 의한 발굴) ① 문교부장관은 필요하다고 인정할 때에는 매장문화재가 포장되어 있는 것으로 인정되는 토지를 발굴할 수 있다.

② 전항의 경우에는 문교부장관은 각령의 정하는 바에 의하여 그 토지의 소유자 또는 점유자에게 발굴의 목적, 방법, 착수시기 기타 필요한 사항을 기재한 통지서를 교부하여야 한다.

③ 토지의 소유자, 관리자 또는 점유자는 제1항의 규정에 의한 발굴을 거부, 방해 또는 기피하지 못한다.

④ 제27조, 제38조 및 제40조의 규정은 제1항의 경우에 이를 준용한다.

제45조(처리방법) ① 전조제1항의 규정에 의한 발굴로 인하여 문화재를 발견하였을 때에 문교부장관은 당해 문화재의 소유자가 판명된 때에는 이를 그 소유자에게 반환하고, 소유자가 판명되지 아니한 때에는 유실물법 제13조로써 준용되는 동법 제1조제

1항의 규정에 불구하고 관할경찰서장에게 이를 통지하여야 한다.

② 경찰서장은 전항의 통지를 받았을 때에는 지체없이 당해문화재에 관하여 유실물법 제13조로써 준용되는 동법 제1조제2항의 규정에 의한 공고를 하여야 한다.

제46조(경찰서장등의 매장문화재 처리방법) ① 유실물법에 의하여 매장물 또는 유실물로서 경찰서장에게 제출된 물건이 문화재로 인정되는 경우에는 경찰서장은 유실물법의 규정에 의하여 이를 공고함과 동시에 즉시 그 사실을 문교부장관에게 보고하고, 그 물건을 소유자에게 반환하는 경우를 제외하고는 20일이내에 문교부장관에게 제출하여야 한다.

② 전항의 규정에 의하여 물건이 제출되었을 때에는 문교부장관은 당해물건을 감정하고 감정결과 그 물건이 문화재로 인정되는 경우에는 그 취지를 경찰서장에게 통지하고 문화재로서의 가치가 없다고 인정되는 경우 또는 소유자가 판명된 경우에는 문교부장관은 그 취지를 부하여 당해 물건을 경찰서장에게 반환하여야 한다.

제47조(국고귀속과 보상금) ① 제45조제1항 또는 전조제2항의 규정에 의하여 문화재로 인정된 물건으로서 그 소유자가 판명되지 아니한 것은 국고에 귀속한다.

② 전항의 경우에는 국고는 당해문화재의 발견자 또는 습득자 및 발견된 토지의 소유자에 대하여는 유실물법 제13조의 규정에 의하여 보상금을 지급한다. 이 경우에 토지의 소유자와 발견자 또는 습득자가 동일인이 아닌 때에는 보상금을 토지의 소유자와 발견자 또는 습득자에게 균분하게 지급한다. 단, 발견에 있어서 경비를 지출하였을 때에는 각령의 정하는 바에 의하여 그 지급액의 차등을 둘 수 있다.

③ 문교부장관은 제1항의 규정에 의하여 국고에 귀속한 문화재로서 국가에서 직접보존할 필요가 없다고 인정되는 경우에는 당해 문화재의 발견자 또는 습득자나 그 문화재가 발견된 토지의 소유자에게 그들이 전항에 의하여 지급받을 보상금에 대신하여 그 보상금액에 상당한 범위내에서 이를 양여할 수 있다.

제48조(유실물법의 준용) 매장문화재에 관하여는 본법에 특별한 규정이 없는 한 유실물법 제13조의 규정을 준용한다.

2. 매장문화재 관련 첫 번째 문화재보호법 개정(법률 제1265호, 1963.2.9) 내용

제45조(처리방법) ① 제42조 또는 제43조제3항의 규정에 의한 신고 또는 전조제1항의 규정에 의한 발굴로 인하여 문화재가 발견된 때에는 문교부장관은 당해 문화재의 소유자가 판명된 경우에는 다음 각호에 의하여 그 소유자에게 이를 반환하고, 소유자가 판명되지 아니한 경우에는 유실물법 제13조로써 준용되는 동법 제1조제1항의 규정에 불구하고 관할경찰서장에게 이를 통지하여야 한다.

1. 제42조 또는 제43조제3항의 규정에 의한 신고로 인하여 문화재가 발견된 경우에는 그 발견자 또는 발굴자로 하여금 그 소유자에게 반환하게 한다.

2. 전조제1항의 규정에 의한 발굴로 인하여 문화재가 발견된 경우에는 문교부장관이 그 소유자에게 반환한다.

② 경찰서장은 전항의 통지를 받았을 때에는 지체없이 당해문화재에 관하여 유실물법 제13조로써 준용되는 동법 제1조제2항의 규정에 의한 공고를 하여야 한다.

3. 매장문화재 관련 두 번째 문화재보호법 개정(법률 제2233호, 1970.8.10) 내용

제47조(국고귀속과 보상금) ① 제45조제1항 또는 전조제2항의 규정에 의하여 문화재로 인정된 물건으로서 제45조제2항 및 전조제1항의 규정에 의한 공고후 60일이내에 그 소유자가 판명되지 아니한 것은 국고에 귀속한다.

② 전항의 경우에는 국고는 제42조 또는 제46조의 규정에 의한 문화재의 발견자 또는 습득자 및 발견된 토지의 소유자에 대하여는 유실물법 제13조의 규정에 의하여 보상금을 지급한다. 이 경우에 토지의 소유자와 발견자 또는 습득자가 동일인이 아닌 때에는 보상금을 토지의 소유자와 발견자 또는 습득자에게 균분하게 지급한다. 다만, 발견에 있어서 경비를 지출하였을 때에는 대통령령의 정하는 바에 의하여 그 지급액의 차등을 둘 수 있다.

③ 문화공보부장관은 제1항의 규정에 의하여 국고에 귀속한 문화재로서 국가에서 직접보존할 필요가 없다고 인정되는 경우에는 당해 문화재의 발견자 또는 습득자나 그 문화재가 발견된 토지의 소유자에게 그들이 전항에 의하여 지급받을 보상금에 대신하여 그 보상금액에 상당한 범위내에서 이를 양여할 수 있다.

4. 매장문화재 관련 세 번째 문화재보호법 개정(법률 제2468호, 1973.2.5) 내용

제42조(발견신고) 토지 기타 물건에 포장된 문화재(이하 "매장문화재"라 한다)를 발견한 때에는 그 발견자 또는 그 토지나 물건의 소유자·관리자 또는 점유자는 그 현상을 변경함이 없이 대통령령이 정하는 바에 의하여 그 발견된 사실을 문화공보부장관에게 신고하여야 한다.

제44조의2(건설공사등으로 인한 발굴) 토목 기타 건설공사로 인하여 매장문화재가 포장되어 있는 것으로 인정되는 토지를 부득이 발굴할 필요가 있는 경우에는 제43조 제1항 후단의 규정에 불구하고 문화공보부장관이 이를 발굴하거나 그가 지정하는 자로 하여금 발굴하게 할 수 있다. 이 경우에 그에 소요되는 모든 경비는 그 건설공사의 시행자가 부담하여야 한다.

5. 매장문화재 관련 네 번째 문화재보호법 개정(법률 제3644호, 1982.12.31) 내용

제3장 매장문화재

제43조(발견신고) 토지·해저 또는 건조물등에 포장된 문화재(이하 "매장문화재"라 한다)를 발견한 때에는 그 발견자 또는 토지·해저나 건조물등의 소유자·점유자·관리자는 그 현상을 변경함이 없이 대통령령이 정하는 바에 의하여 그 발견된 사실을 문화공보부장관에게 신고하여야 한다.

제44조(발굴의 제한) ① 패총·고분 기타 매장문화재가 포장되어 있는 것으로 인정되는 토지 및 해저는 이를 발굴할 수 없다. 다만, 다음 각 호의 1에 해당하는 경우로서 대통령령이 정하는 바에 의하여 문화공보부장관의 허가를 받은 때에는 그러하지 아니하다.

1. 연구의 목적으로 발굴하는 경우
2. 건설공사(토목공사를 포함한다. 이하 같다)를 위하여 부득이 발굴할 필요가 있는 경우
3. 건설공사 시행중 그 토지 및 해저에 매장문화재가 포장된 것으로 인정된 경우로서 그 공사를 계속하기 위하여 부득이 발굴할 필요가 있는 경우

② 문화공보부장관은 제1항 단서의 규정에 의한 허가를 함에 있어서 필요한 사항을

지시할 수 있으며, 허가를 한 경우 필요하다고 인정할 때에는 발굴의 정지 또는 중지를 명하거나 그 허가를 취소할 수 있다.

③ 제1항 단서의 규정에 의하여 허가를 받은 자가 그 발굴을 완료한 때에는 지체 없이 그 결과를 문화공보부장관에게 신고하여야 하며, 신고를 받은 문화공보부장관은 발굴된 문화재의 보존·관리등에 필요한 사항을 지시할 수 있다.

④ 문화공보부장관은 제1항제2호 또는 제3호의 경우에 그 문화재의 보존상 필요하다고 인정할 때에는 이를 직접 발굴하거나 그가 지정하는 자로 하여금 발굴하게 할 수 있다. 이 경우 그 발굴에 소요되는 경비는 그 공사의 시행자가 부담한다.

⑤ 제1항 내지 제3항의 규정은 발굴된 매장문화재(동산에 속하는 문화재는 제외한다)의 현상을 변경하는 경우에 이를 준용한다. 이 경우 "발굴"은 "현상변경"으로 본다.

제45조(국가에 의한 발굴) ① 문화공보부장관은 필요하다고 인정할 때에는 매장문화재가 포장되어 있는 것으로 인정되는 토지 및 해저를 발굴할 수 있다.

② 제1항의 경우에 문화공보부장관은 대통령령이 정하는 바에 의하여 그 토지의 소유자 또는 점유자에게 발굴의 목적·방법·착수시기 기타 필요한 사항을 기재한 발굴통지서를 교부하여야 한다.

③ 토지의 소유자·관리자 또는 토지 및 해면의 점유자는 제1항의 규정에 의한 발굴을 거부·방해 또는 기피하여서는 아니된다.

④ 제30조 및 제41조의 규정은 제1항의 경우에 이를 준용한다.

제46조(처리방법) ① 제43조의 규정에 의한 발견신고가 있거나 제44조 또는 제45조의 규정에 의한 발굴로 인하여 문화재가 발견된 때에는 문화공보부장관은 당해 문화재의 소유자가 판명된 경우에는 다음 각 호에 의하여 그 소유자에게 이를 반환하고, 소유자가 판명되지 아니한 경우에는 유실물법 제13조에서 준용하는 동법 제1조제1항의 규정에 불구하고 관할경찰서장에게 이를 통지하여야 한다.

1. 제43조의 규정에 의한 발견신고가 있거나 제44조제1항의 규정에 의한 발굴로 인하여 문화재가 발견된 경우에는 그 발견자 또는 발굴자로 하여금 그 소유자에게 반환하게 한다.

2. 제44조제4항 및 제45조의 규정에 의한 발굴로 인하여 문화재가 발견된 경우에는 문화공보부장관이 그 소유자에게 반환한다.

② 경찰서장은 제1항의 통지를 받은 때에는 지체없이 당해 문화재에 관하여 유실물법 제13조에서 준용하는 동법 제1조제2항의 규정에 의한 공고를 하여야 한다.

제47조(경찰서장등의 매장문화재 처리방법) ① 유실물법에 의하여 매장물 또는 유실물로서 경찰서장에게 제출된 물건이 문화재로 인정되는 경우에는 경찰서장은 유실물법의 규정에 의하여 이를 공고함과 동시에 문화재로 인정되는 매장물 또는 유실물이 제출된 사실을 문화공보부장관에게 보고하고, 그 물건을 소유자에게 반환하는 경우를 제외하고는 제출받은 날로부터 20일이내에 문화공보부장관에게 제출하여야 한다.

② 문화공보부장관은 제1항의 규정에 의하여 제출된 물건을 감정하고, 다음 각 호에 의하여 이를 처리하여야 한다.

1. 당해 물건이 문화재인 경우, 소유자가 판명되지 아니한 때에는 그 물건이 문화재라는 취지를 경찰서장에게 통지하고, 소유자가 판명된 때에는 그 물건이 문화재라는 취지를 첨부하여 당해 물건을 경찰서장에게 반환한다.

2. 당해 물건이 문화재가 아닌 경우에는 그 물건이 문화재가 아니라는 취지를 첨부하여 당해 물건을 경찰서장에게 반환한다.

제48조(국가귀속과 보상금) ① 제46조제2항 또는 제47조제1항의 규정에 의하여 공고를 한 후 30일이내에 소유자가 판명되지 아니한 경우에 당해 문화재는 민법 제253조 및 제254조의 규정에 불구하고 국가에 귀속한다.

② 제1항의 경우에는 문화공보부장관은 당해 문화재의 발견자·습득자 및 발견된 토지·건조물등의 소유자에 대하여 유실물법 제13조의 규정에 의하여 보상금을 지급한다. 이 경우에 발견자 또는 습득자와 토지 또는 건조물등의 소유자가 동일인이 아닌 때에는 보상금을 균분하여 지급한다. 다만, 발견 또는 습득에 있어서 경비를 지출한 때에는 대통령령이 정하는 바에 의하여 그 지급액에 차등을 둘 수 있다.

③ 문화공보부장관은 제1항의 규정에 의하여 국가에 귀속한 문화재로서 국가에서 직접 보존할 필요가 없다고 인정되는 경우에는 당해 문화재의 발견자 또는 습득자와 그 문화재가 발견된 토지 또는 건조물등의 소유자에게 이를 양여할 수 있다. 이 경우에는 제2항의 규정에 의한 보상금은 이를 지급하지 아니한다.

제49조(유실물법의 준용) 매장문화재에 관하여는 이 법에 특별한 규정이 있는 것을 제외하고는 유실물법 제13조의 규정을 준용한다.

6. 매장문화재 관련 다섯 번째 문화재보호법 개정(법률 제4884호, 1995.1.5) 내용

제3장 매장문화재

제44조(발굴의 제한)

④ 문화체육부장관은 제1항 제2호 또는 제3호의 경우에 그 문화재의 보존상 필요하다고 인정할 때에는 이를 직접 발굴하거나 그가 지정하는 자로 하여금 발굴하게 할 수 있다. 이 경우 그 발굴에 소요되는 경비는 그 공사의 시행자가 부담한다. 다만, 대통령령이 정하는 건설공사 시행중의 발굴에 소요되는 경비는 예산의 범위내에서 국가 또는 지방자치단체가 부담할 수 있다.

7. 문화재보호법 개정에 따른 시행령(대통령령 제14750호, 1995.8.17) 내용

제2장 매장문화재

제31조의2(건설공사의 범위) 법 제44조제4항 단서에서 "대통령령이 정하는 건설공사"라 함은 다음 각 호의 요건을 갖춘 건축법시행령 제2조 제1항 제13호의 규정에 의한 단독주택(이하 "단독주택"이라 한다)의 건축공사를 말한다. 다만, 주택건설촉진법에 의한 주택건설사업자가 시행하는 단독주택의 건축공사를 제외한다.
1. 대지면적이 330제곱미터이하일 것
2. 건축연면적(지하층의 면적을 제외한다)이 165제곱미터 이하일 것

8. 매장문화재 관련 여섯 번째 문화재보호법 개정(법률 제5719호, 1999.1.29) 내용

제3장 매장문화재

제45조의2(매장문화재 조사용역대가의 기준) 문화관광부장관은 매장문화재 조사용역대가의 기준과 그 산정방법에 관하여 필요한 사항을 재정경제부장관과 협의하여 정할 수 있다.

제48조(국가귀속과 보상금)

④ 제2항의 규정에 의하여 보상금을 지급하는 경우 문화관광부장관은 문화재위원회의 심의를 거쳐 당해문화재에 대한 보상금지급가액을 결정할 수 있으며, 보상금지급절차 기타 보상금 지급에 관하여 필요한 사항은 대통령령으로 정한다.

⑤ 문화관광부장관은 제1항의 규정에 의한 국가귀속을 적절·신속하게 이행하기 위하여 당해문화재의 발견자·습득자 및 발견된 토지·건조물등의 소유자등에게 필요한 사항을 지시할 수 있다.

제48조의2(매장문화재의 보호) ① 국가·지방자치단체 또는 대통령령이 정하는 법인은 문화관광부장관이 고시하는 문화재관련 전문기관의 지표조사결과 매장문화재가 포장된 것으로 판정된 지역에서 대통령령이 정하는 개발사업을 하고자 하는 경우에는 미리 문화관광부장관과 협의하여야 한다.

② 문화관광부장관은 매장문화재의 보호를 위하여 필요하다고 인정될 경우에는 제1항의 규정에 의하여 개발사업을 하고자 하는 자에게 그 사업시행에 대하여 필요한 조치를 할 것을 명할 수 있다.

③ 지방자치단체의 장은 매장문화재가 포장된 것으로 인정되는 지역에서 제1항의 개발사업에 해당되지 아니하는 건설공사의 인·허가등을 할 경우에는 미리 매장문화재 포장여부와 그 보호방안을 검토하여야 한다. 매장문화재 및 주변의 경관보호를 위하여 필요하다고 인정되는 경우에는 당해건설공사에 대한 인·허가등을 하지 아니할 수 있다.

제48조의3(매장문화재의 기록작성등) 국가 및 지방자치단체는 확인된 매장문화재의 기록을 작성·유지하도록 노력하고, 그 포장된 지역에 대한 적절한 보호방안을 강구하여야 한다.

제48조의4(매장문화재조사전문기관의 육성·지원) 국가 및 지방자치단체는 매장문화재의 조사·발굴 및 보존을 위하여 매장문화재조사전문기관의 설립을 적극 육성·지원하여야 한다.

9. 문화재보호법 개정에 따른 시행령(대통령령 제16413호, 1999.6.30) 내용

제2장 매장문화재

제33조의2(사전협의대상 및 개발사업의 범위) ① 법 제48조의2제1항에서 "대통령령이 정하는 법인"이라 함은 민법 제32조의 규정에 의하여 주무관청의 허가를 받아 설립되거나 기타 다른 법률에 의하여 설립된 공공법인을 말한다.

② 법 제48조의2제1항에서 "대통령령이 정하는 개발사업"이라 함은 지표의 원형변경 등(절토·복토·굴착·수몰 등)의 현상변경을 초래하는 사업으로서 사업면적이 15만제곱미터 이상인 사업을 말한다. 다만, 개발 등에 의하여 이미 원형이 변경된 지역은 사업면적에서 이를 제외한다.

제5장 보칙

제43조의2(문화재 지표조사의 대상사업 및 범위) 법 제74조의2제1항의 규정에 의하여 지표조사를 실시하여야 하는 건설공사는 지표의 원형변경 등(절토·복토·굴착·수몰 등)의 현상변경을 초래하는 건설공사로서 다음 각호에 1에 해당하는 건설공사를 말한다.

1. 사업면적이 3만제곱미터 이상인 건설공사
2. 사업면적이 3만제곱미터 이하인 건설공사중 매장문화재가 포장되어 있는 것으로 인정되어 당해 개발사업의 인·허가를 하는 지방자치단체의 장이 지표조사를 명하는 건설공사

10. 매장문화재 관련 일곱 번째 문화재보호법 개정(법률 제6133호, 2000.1.12) 내용

제3장 매장문화재

제48조(국가귀속과 보상금) ① 제46조제2항 또는 제47조제1항의 규정에 의하여 공고를 한 후 30일이내에 소유자가 판명되지 아니한 경우에 국가에서 직접 보존할 필요가 있는 당해 문화재는 민법 제253조 및 제254조의 규정에 불구하고 국가에 귀속하며, 국가귀속 대상문화재의 범위, 보관기관 및 보존할 필요가 없는 발굴유물의 처리방법 등에 관하여 필요한 사항은 문화관광부령으로 정한다.

11. 문화재보호법 개정에 따른 시행규칙(문화관광부령 제44호, 2000.9.1) 내용

제38조의2(국가귀속대상 문화재의 범위) 법 제48조제1항의 규정에 의한 국가귀속대상 문화재의 범위는 법 제43조 내지 법 제45조 또는 법 제74조의2의 규정에 의하여 발견신고 또는 발굴되거나 지표조사로 발견된 문화재로서 다음 각 호의 1에 해당하는 것을 말한다.

1. 유적의 연대를 추정하거나 문화사 등 역사의 복원에 중요한 자료로서 역사적·예술적·학술적 가치가 있는 것

2. 화석·광물 등의 문화재로서 학술적 가치가 있는 것

제39조의2(국가에 귀속되지 아니한 유물의 처리방법) ① 문화재청장은 제38조의2의 규정에 의한 국가귀속대상 문화재로 분류되지 아니한 유물은 이를 학술자료 등으로 활용하게 하거나 일정한 장소에 매장하게 할 수 있다. 이 경우 매장장소는 가능한한 당해 유물이 발굴된 유적지내로 하고 매장할 때에는 유적지명·발굴기관·발굴사유 및 매장일자 등을 기록한 표지석과 함께 매장하여야 한다.

② 제1항의 규정에 의한 유물의 처리방법 등에 관하여 필요한 사항은 문화재청장이 정한다.

12. 매장문화재 관련 여덟 번째 문화재보호법 개정(법률 제6840호, 2002.12.30) 내용

제7장 벌칙

제89조(무허가행위 등의 죄) ① 다음 각 호의 1에 해당하는 자는 5년 이하의 징역 또는 5천만원 이하의 벌금에 처한다.

3. 제74조의2제1항의 규정에 의한 문화재지표조사를 정당한 사유 없이 거부·방해 또는 기피한 자

13. 매장문화재 관련 아홉 번째 문화재보호법 개정(법률 제7365호, 2005.1.27) 내용

제3장 매장문화재

제44조(발굴의 제한)

② 제1항 단서의 규정에 의하여 매장문화재의 발굴허가를 받고자 하는 자는 대통령령이 정하는 바에 의하여 직접 발굴을 행할 발굴기관과 그 대표자, 조사단장 및 책임조사원(이하 "발굴기관 등"이라 한다)을 기재한 허가신청서와 구비서류를 갖추어 시장·군수·구청장을 거쳐 시·도지사와 문화재청장에게 제출하여야 한다.

③ 제2항의 규정에 의한 발굴기관이 갖추어야 할 기준에 관하여는 문화관광부령으로 정한다.

④ 문화재청장은 제2항의 규정에 의한 허가신청시 발굴기관 중 다음 각호의 어느 하나에 해당하는 자가 포함된 경우에 제1항 단서의 규정에 의한 허가를 하여서는 아니된다.

1. 다음 각목의 어느 하나의 행위에 직접 관련된 발굴기관과 그 대표자, 조사단장 또는 책임조사원으로서 그 행위가 있은 날부터 2년의 범위안에서 대통령령이 정하는 기간이 지나지 아니한 자

   가. 제5항의 규정에 의한 발굴허가 내용이나 허가 관련 지시를 위반하여 고의 또는 중대한 과실로 발굴지를 훼손한 행위

   나. 제5항의 규정에 의한 문화재청장의 발굴의 정지 또는 중지의 명령이나 그 허가 취소에 불구하고 계속하여 발굴하는 행위

   다. 제44조의2의 규정에 의한 제출기한을 경과하여 발굴조사보고서를 제출하는 행위

2. 제74조의2제1항의 규정에 의한 지표조사를 거짓 그 밖의 부정한 방법으로 행함으로써 제74조의2제3항의 규정에 의하여 문화재청장이 고시하는 문화재관련 전문기관에서 제외된 사실이 있는 기관과 그 대표자 및 전문기관에서 제외되는데 직접 관련이 있는 조사단장 또는 책임조사원으로서 2년의 범위안에서 대통령령이 정하는 기간이 지나지 아니한 자

제44조의2(발굴조사보고서) ① 제44조제1항 단서의 규정에 의한 허가를 받은 자(허가를 받은 자와 발굴을 직접 행하는 발굴기관이 다른 경우에는 발굴을 직접 행하는 기관을 말한다)는 발굴을 완료한 때부터 2년 이내에 발굴조사보고서를 문화재청장에게

제출하여야 한다.

②문화재청장은 제1항의 규정에 의한 발굴조사보고서 제출기한의 연장을 신청받은 때에는 정당한 사유가 있다고 인정되는 경우에 한하여 2년의 범위안에서 그 제출기한을 연장할 수 있다.

제46조(처리방법)

③ 제44조 및 제45조의 규정에 의한 발굴 또는 제74조의2제1항의 규정에 의한 지표조사로 인하여 문화재가 발견된 때에는 문화재청장은 유실물법 제13조제1항에서 준용하는 동법 제1조제1항의 규정에 불구하고 당해 문화재의 발굴 또는 발견사실을 대통령령이 정하는 바에 따라 공고하여야 한다. 이 경우 공고를 한 후 30일 이내에 당해 문화재의 소유자임을 증명하는 정당한 근거를 제시하여 소유자임이 확인되는 자에게 당해 문화재를 반환하여야 한다.

제6장 보칙

제74조의2(문화재 지표조사)

② 제1항의 규정에 의한 지표조사는 당해 건설공사시행자의 요청에 의하여 문화관광부령이 정하는 기준에 따라 문화재청장이 정하여 고시하는 문화재 관련 전문기관이 수행하며, 건설공사의 시행자는 지표조사를 완료한 경우에는 그 조사보고서를 당해 사업지역을 관할하는 시장·군수·구청장을 거쳐 시·도지사와 문화재청장에게 제출하여야 한다. 이 경우 시·도지사는 이에 관한 의견을 제출할 수 있다.

③ 문화재청장은 제2항의 규정에 의한 문화재관련 전문기관이 지표조사를 거짓 그 밖의 부정한 방법으로 행한 경우 당해 기관을 제2항의 규정에 의한 고시대상 문화재 관련 전문기관에서 제외하여야 한다.

14. 문화재보호법 개정에 따른 시행규칙(문화관광부령 제121호, 2005.7.28) 내용

제37조(발굴조사기관이 갖추어야 할 기준) 법 제44조제3항의 규정에 의하여 발굴기관이 갖추어야 할 기준은 별표 제9의2와 같다.

제59조의4(문화재관련 전문기관의 기준 등) ① 법 제74조의2제2항의 규정에 의한 문화재관련 전문기관(이하 "문화재지표조사기관"이라 한다)은 육상지표조사기관 및 수중지표조사기관으로 구분하고, 해당 기관이 갖추어야 할 기준은 별표 14의2와 같다.

② 문화재지표조사기관으로 지정받고자 하는 자는 별지 제69호서식에 의한 문화재지표조사기관 지정신청서에 해당 기관의 인력·시설 및 기자재현황을 기재한 서류를 첨부하여 문화재청장에게 제출하여야 한다.

③ 문화재청장은 제2항의 규정에 의한 신청에 대하여 문화재지표조사기관으로 지정하는 것이 적합하다고 인정될 경우에는 2년의 범위 안에서 기한을 정하여 지정하고, 해당 기관명과 주소를 관보에 고시하여야 한다.

④ 제3항의 규정에 의하여 문화재지표조사기관으로 고시된 기관은 제1항의 규정에 의한 지정요건의 변경이 있는 때에는 지체없이 변경된 사항을 문화재청장에게 문서로 통보하여야 한다.

④ 제3항의 규정에 의하여 문화재지표조사기관으로 고시된 기관은 제1항의 규정에 의한 지정요건의 변경이 있는 때에는 지체없이 변경된 사항을 문화재청장에게 문서로 통보하여야 한다.

⑤ 문화재청장은 제1항 및 제2항의 규정에 의한 기준 및 신청서의 적정여부를 검토하기 위하여 문화재지표조사기관에 대하여 자료를 제출하게 하거나 소속공무원으로 하여금 이를 확인하게 할 수 있다.

15. 매장문화재 관련 열 번째 문화재보호법 개정(법률 제8278호, 2007.1.26) 내용

제3장 매장문화재

제48조(국가귀속과 보상금) ① 제46조제2항 또는 제47조제1항의 규정에 의하여 공고를 한 후 90일 이내에 해당 문화재의 소유자임을 주장하는 자가 있으면 문화재청장은 대통령령으로 정하는 소유권 판정절차를 거쳐 정당한 소유자에게 반환하고, 정당한 소유가 없으면 국가에서 직접 보존할 필요가 있는 당해 문화재는 민법 제253조 및 제254조의 규정에 불구하고 국가에 귀속하며, 국가귀속 대상문화재의 범위, 보관기관 및

보존할 필요가 없는 발굴유물의 처리방법등에 관하여 필요한 사항은 문화관광부령으로 정한다.

16. 매장문화재 관련 열한 번째 문화재보호법 개정(법률 제8346호, 2007.4.11) 내용

제4장 매장문화재

제54조(발견신고), 제55조(발굴의 제한), 제56조(발굴조사보고서),

제57조(국가에 의한 발굴), 제58조(매장문화재 조사 용역 대가의 기준),

제59조(처리 방법), 제60조(경찰서장 등의 매장문화재 처리 방법),

제61조(국가 귀속과 보상금), 제62조(매장문화재의 보호),

제63조(매장문화재의 기록 작성 등), 제64조(매장문화재조사전문기관의 육성 · 지원),

제65조(「유실물법」의 준용)

제7장 보칙

제91조(문화재 지표조사)

17. 정부기관 및 민간부문의 매장문화재 제도개선 요구 현황

일 자	요 청 기 관	요 청 내 용
2008.5.16	문광부 저작권정책과	지표 · 발굴조사 관련 시군구 경유 폐지 등 조사처리 기간 단축
2008.9.29	지자체 경제협의회	발굴결과 보존되는 중요유적지 보상규정 마련 일정규모 이상 발굴비용 사업자부담에서 국가부담으로 확대 문화유적 지표조사 의무면적 3만m^2에서 10만m^2 이상으로 완화 일정 면적 이하(1만m^2 이하) 발굴허가권 시 · 도 위임(전체 허가 건수의 약 54%)
2008.10.6	민관협동 규제개혁추진단	문화재지도를 지리정보체계(GIS)와 연계하여 매장가능성이 낮은 지역은 지표조사 제외 문화재보호법 제91조(지표조사) 개정 필요
2008.10.28	충청북도	지표 · 발굴조사 수요 충족을 위해 문화재조사 전문기관 추가 지정 필요 소규모 발굴지원 대상면적 확대 필요 및 자자체에서 조사된 분포지도 · 지표조사보고서 기준으로 예산지원 필요

일 자	요 청 기 관	요 청 내 용
2008.11.4	울산광역시	문화재 발굴 결정권 이양(문화재청장→ 시·도지사) 산업단지 조성시 지표조사 대상을 3만m^2→100만m^2로 상향 조정 문화재 발굴 비용 국가부담
2008.11.13	지자체 (2008년도 하반기 규제개혁 건의과제)	발굴조사결과 문화재가 없을 경우 지표조사기관의 언론공개 규정 신설로 지표조사의 객관성 및 지표조사기관의 신뢰성이 확보될 수 있도록 관련 규정 개정 기존 도로 확·포장공사시에는 사전환경성 검토 및 문화재지표조사 시 기존도로 면적 제외 발굴전담기관의 인력수급에 어려움이 있으므로 발굴비용의 현실화 및 비용의 국고 지원 지표조사 의무 기준면적 현행 3만m^2에서 상향 조정 발굴조사 후 보존된 대상토지에 대해서는 국가에서 매입비 지원 등 대책 마련
2008.12.9	국토해양부 간선도로과	발굴조사기관을 조기에 확대하여 수요공급 균형 도모 매장문화재 보호 및 조사에 관한 법률(안)에 "직권명령제" 도입 및 전담기관 설립·운영담당 근거 마련 발굴업체 선정 업무 등을 시장·군수·구청장에게 위임
2008.12.17	전경련	문화재 지표조사시 문화재유존지역 지정 등에 대한 개관적인 기준을 마련하고 조사보고서의 제출·통보기간을 명시 문화재 발굴조사 비용은 사업자가 우선 부담하되, 국가가 사후에 발굴 문화재의 중요성에 따라 비용 중 일정비율을 지원
2009.1.14	지자체 규제개선 건의과제	발굴비용 및 발굴기간의 설정 명문화 매장문화재 발굴기관의 확충 지역별, 입지별, 지형별, 기확인된 유적 분포현황 및 밀집도 등을 감안하여 지표조사 의무대상을 기준획일(3만m^2)→ 다양화 허가권한 일부 시·도 위임 : 시굴허가 3만m^2, 발굴허가 1만m^2 이하 지표조사 및 시·발굴조사에 대한 상피제 폐지 경지정리된 지역 문화재 지표조사 실시 제외
2009.2.4	국토해양부 간선도로과	매장문화재 발굴업체 선정지연으로 인하여 사업추진에 애로
2009.2.17	지식경제부 산업경제실	공익성을 감안하고 신속한 발굴을 위해 발굴기관별 연간 발굴건수 의무화제도 도입 필요
2009.3.11	경상북도	문화유적분포지도와 GIS시스템이 구축되어 있으므로 중복조사를 피하는 방향으로 지표조사 완화(탄력적으로 운영) 지표조사도 수의계약이 가능토록 법제화
2009.4.14	해양자원연구소	수중문화재 지표조사에 관한 제도개선 건의
2009.4.23	기획재정부 재정집행관리과	풍각-화양 국도건설 현장점검 -문화재 발굴기간 및 비용 과다, 발굴전문가 부족
2009.4.23	민간합동 규제개혁추진단	문화재 조사비용을 국가가 지원하는 방안 검토

일 자	요 청 기 관	요 청 내 용
2009.5.13	시도, 시군구, 민간경제단체, 지방분권촉진 위원회 공동	문화재 지표조사 범위 3만㎡이상→100만㎡ 이상 조정 사업자의 문화재 지표조사 비용 부담 완화 문화재 조사기관의 책임성 강화 -일정금액·면적이상 발굴조사에 대한 책임감리제 도입, 발굴조사 과정의 합리성, 적정성 평가 및 지도 감독 강화
2009.5.18	행정안전부 제도총괄과	건설공사에 따른 매장문화재 발굴조사비 수익자 부담의 원칙 문제점 개선
2009.6.5	국토해양부 공공기관 지방이전추진단 도시개발과	지역별 혁신도시 발전방안 중 건의사항 -문화재조사기간을 단축하고 조사인원 증원 등 조사 방법 보완 필요, 문화재 조사비용 국비지원
2009.7.16	민관합동 규제개혁추진단	문화재지표조사 -일정면적 이하(15만㎡) 문화재지표조사의 경우 시·군으로 위임 하거나 사업시행자가 직접 문화재청과 협의 -문화재지표조사의 품셈기준을 완하시키거나(예시 : 보정계수 하향 조정), 비용산정에 대한 융통성을 부여 문화재시굴(발굴)조사 -중요문화재에 대한 기준을 명확히 해야 함 -비용산정에 대한 융통성을 부여해야 함(예시 : 기 개발지는 비용 산정에서 제외하) -중요문화재가 발견될 경우 시행자 또는 조사자가 임의적으로 보고가 누락되지 않도록 관계법령의 처벌을 강화해야 함
2009.7.17	대한주택공사	문화재조사기간 단축에 따른 인센티브 지급
2009.7.20	대한건설협회	지표조사 및 발굴 소요비용을 국가가 부담하거나 당해 사무를 국가가 직접 이행토록 개선
2009.8.7	공정거래위원회 시장구조개선과	문화재 조사기관의 참여사업자 범위를 민간기업으로 확대
2009.8.14	국민권익위원회	발굴조사결과 보존해야 할 지역으로 확정되었을 경우 국가에서 발굴비용 부담 사업의 유형에 따라 발굴조사 및 지표조사를 제외할 수 있는 규정을 명문화 발굴조사를 사업승인 단계에서 언제 실시하여야 하는지를 명문화 광역자치단체별로 발굴조사 수요 및 조사기관 선정을 통합관리하 도록 하고, 발굴조사기관 선정방식을 순번제 형태로 변경(문화재 조사기관협의회 등과 협의)하는 등 발굴조사기관이 준공영제로 운영될 수 있도록 관련 법령을 개정

일 자	요 청 기 관	요 청 내 용
2009.8.27~28	국무총리실 규제개혁 정책관실	중장기적인 문화재조사 전문인력 공급확대방안 마련 필요 문화재발굴에 따른 조사비용에 대한 국비지원 방안 검토
2009.10.23	행정안전부 기업협력지원관	2009년 하반기 자자체 건의 규제개혁과제 -문화재 소규모 발굴비 범위 개선(강원)
2009.11.9	국무총리실 규제개혁 정책관실	2009 상반기 자자체 건의 중요과제 총리실 조정결과 -문화재 지표조사 및 발굴사업 사업시행자 변경(민간 → 공공)
2009.11.11	기획재정부 지역경제정책과	확정계약 도입 또는 사후정산 일부 면제방안 등 검토 문화재 조사기관·조사인력 확충, 행정처리시간 단축 등 지속 추진 발굴조사 업무처리기준 마련, 발굴조사 허가권 자자체 이양
2009.11.13	제주도 제주시	발굴허가를 받으려는 자가 발굴기관을 선정하지 못하는 경우 지정받은 발굴기관 중에서 문화재청장이 호선하여 선정하는 등 발굴기관의 준 공영제 운영방안 마련
2009.11.23	(사)한국건설 경영협회	문화재는 국가에 귀속·관리되는 공공재임을 감안, 문화재 지표조사 및 발굴비용은 국가 부담토록 개선
2009.12.3	기획재정부 기업환경과	발굴범위 설정, 중요유적 판정기준 등의 제정, 문화재 지표조사 표준품셈 제정 매장문화재조사 공영제 도입 필요성 검토
2009.12.17	충주상공회의소	문화재조사 비용지원 및 조사절차 간소화, 발굴대상 규모 조정

18. 정부부처별 부담금 현황

부처별	부처별 부담금 현황(2013년 말 기준)
산업통상자원부(9개)	전기사용자부담금, 전력산업기반기금부담금, 석유 및 석유대체연료의 수입·판매부과금, 광해방지의무자 부담금, 특정물질 제조업자·수입업자로부터 징수하는 수입금, 안전관리부담금, 집단에너지 공급시설 건설비용 부담금, 광물수입·판매부담금, 사용후핵연료관리부담금
환경부(23개)	배출부과금(대기환경보전법), 수질개선부담금, 원인자부담금(수도법), 배출부과금(수질및수생태계보전에관한법률), 생태계보전협력금, 폐기물부담금, 재활용부과금(자원의절약과재활용촉진에관한법률), 원인자부담금(하수도법), 물이용부담금(한강수계), 환경개선부담금, 폐수종말처리시설 설치·운영부담금, 총량초과부과금(한강수계), 총량초과부과금(금강수계), 물이용부담금(금강수계), 총량초과부과금(낙동강수계), 물이용부담금(낙동강수계), 오염총량초과부과금, 총량초과부과금(영산강·섬진강수계), 물이용부담금(영산강·섬진강수계), 수도권대기환경개선 총량초과부과금, 재활용부과금(전기·전자제품및자동차), 석면피해구제분담금, 전기·전자제품의 회수부과금

부처별	부처별 부담금 현황(2013년 말 기준)
금융의원회(8개)	주택금융신용보증기금출연금, 농림수산업자신용보증기금출연금, 기술신용보증기금출연금, 예금보험기금채권상환기금특별기여금, 한국화재보험협회출연금, 공적자금상환기금출연금, 주택담보노후연금보증계정출연금, 신요보증기금출연금
국토교통부(19개)	개발제한구역보전부담금, 광역교통시설부담금, 개발부담금, 수익자부담금(댐건설및주변지역지원등에관한법률), 원인자부담금(도로법), 공공시설관리자의비용부담금, 도시개발구역밖의 도시개발시설 및 추가설치비용부담금, 혼잡통행료, 교통유발부담금, 시설부담금(산업입지및개발에관한법률), 과밀부담금, 시설부담금(물류시설의개발및운영에관한법률), 손해배상보장사업분담금, 소음부담금, 지하수이용부담금, 재건축부담금, 기반시설설치비용, 존치부담금, 기반시설비용
해양수산부(7개)	방제부담금, 해양생태계보전협력금, 해양심층수이용부담금, 해양환경개선부담금, 운항관리자비용부담금, 수산물 수입이익금, 수산자원조성금
복지부(1개)	국민건강증진부담금
식품의약품안전처(1개)	의약품부작용피해구제사업비용부담금
교육부(1개)	학교용지부담금
원자력안전위원회(1개)	원자력관계사업자등의비용부담금
외교부(2개)	국제교류기여금, 국제빈곤퇴치기여금
안전행정부(1개)	지방자치단체 공공시설수익자분담금
문화체육관광부(7개)	출국납부금, 카지노사업자납부금, 영화상영관입장권부과금, 회원제골프장 시설입장료에 대한 부가금, 관광지 등 지원시설이용자분담금, 관광지 등 지원시설 원인자부담금, 중독예방치유부담금
농림축산식품부(7개)	농지보전부담금, 농산물수입이익금(농안법), 농산물수입이익금(양곡관리법, ①땅콩감자, ②쌀), 농수산물가격안정기금납입금, 대체초지조성비, 축산물수입이익금, 농산물수입이익금(FTA법)
기획재정부(2개)	연초경작지원 등의 사업을 위한 출연금, 외환건전성 부담금
고용노동부(2개)	임금채권보장기금 사업주부담금, 장애인고용부담금
산림청(2개)	대체산림자원조성비 및 분할납부이행보증금, 임산물수입이익금
중소기업청(1개)	지역신용보증재단 및 전국신용보증재단연합회 출연금
미래부(2개)	원자력연구개발사업비용부담금 방송발전기금징수금

찾아보기

신고포상금 10, 111, 112, 113, 114, 115

신규인력 108, 109, 111

실측도면 23

실효성 3, 10, 11, 46, 47, 63, 72, 74, 99, 100, 101,
       105, 121, 122, 124, 127, 147, 148

ㅇ

안정성 3, 47, 63, 72, 74, 99, 100, 121, 127, 148, 149

역사문화 공간 138, 139, 140

역사복원 10, 24

역선택 29

예측불가능성 10, 19, 82

원인자부담원칙 36, 38, 42, 46, 65, 67, 118, 119, 128

원형보존 21, 36, 39, 70

원형복원 94

원형유지 10, 17, 18, 77, 80, 97, 116, 126

유구 12, 13, 15, 16, 18, 19, 23, 24, 27, 48, 53, 54,
     57, 60, 73, 79, 82, 102, 108, 126, 136, 138,
     139, 140, 141, 142, 144

유네스코 4, 7, 22, 75, 76, 77, 103, 117, 142, 147

유물 7, 12, 13, 14, 15, 18, 19, 23, 24, 25, 26, 27, 43,
     47, 49, 51, 52, 54, 55, 56, 57, 58, 60, 61, 65,
     68, 71, 75, 76, 78, 81, 82, 84, 85, 95, 96,
     102, 103, 108, 118, 125, 132, 136, 138, 139,
     140, 141, 144, 148

유물산포지 24, 81, 82, 95, 96

유적 7, 12, 13, 15, 16, 17, 18, 19, 21, 23, 24, 26, 27,
     29, 31, 32, 33, 34, 35, 37, 38, 45, 47, 54, 57,
     59, 64, 70, 71, 74, 75, 76, 81, 82, 84, 85, 95,
     96, 100, 101, 102, 108, 115, 119, 125, 126,
     129, 134, 136, 138, 139, 141, 142, 143, 144,
     149

유적공원 16, 17

유적 분포 추정지 81, 82

유존지역 10, 17, 18, 46, 64, 67, 70, 74, 77, 82, 83,
       84, 85, 95, 96, 100, 112, 115, 116, 118, 126,
       129, 139

유지 7, 10, 13, 17, 18, 22, 31, 35, 42, 53, 64, 75, 77,
     79, 80, 86, 90, 92, 97, 107, 114, 116, 125,
     126

육상조사 53

이전보존 70, 71, 85, 128, 136, 138, 139, 141, 142,
       144

이전복원 21, 39, 59, 142

입법계획 120, 121, 122, 148

입법기구론 120

입법기술론 120

입법예고 30, 99, 122, 123, 124

입법정책 120

입법정책론 120

입회조사 23, 54, 55, 56, 70, 71, 83, 85, 94, 95, 96,
       146

ㅈ

자격기준 24, 28, 32, 34, 49, 56, 70, 84, 85, 86, 87,
       107, 125

자연과학분석 128, 138

자연유산 4, 7, 22, 75, 77, 88, 142, 147

자연환경 24, 25, 84, 88, 91, 92, 93, 145

저가수주 85, 100, 131, 149

적격심사 64, 83, 84, 87, 97, 98, 99, 105, 110

전문성 5, 10, 11, 23, 24, 30, 39, 62, 98, 124, 127,
     128, 131, 132, 149

전문인력 4, 10, 28, 31, 32, 36, 38, 49, 93, 98, 101,
       103, 104, 106, 107, 108, 109, 111, 125

전문지식 10, 19, 23, 24, 28, 29, 107, 125, 127, 128